U0960275

价值投资策略的有效性

——解读非理性资本市场

杨明高 著

中国财经出版传媒集团
中国财政经济出版社
·北京·

图书在版编目（CIP）数据

价值投资策略的有效性：解读非理性资本市场 / 杨明高著. -- 北京：中国财政经济出版社，2024. 9.

ISBN 978 - 7 - 5223 - 3383 - 0

Ⅰ. F830. 59

中国国家版本馆 CIP 数据核字第 202425FE64 号

责任编辑：孙丛丛　　责任印制：史大鹏

封面设计：卜建辰　　责任校对：胡永立

价值投资策略的有效性

——解读非理性资本市场

JIAZHI TOUZI CELÜE DE YOUXIAOXING

——JIEDU FEILIXING ZIBEN SHICHANG

中国财政经济出版社 出版

URL：http：//www. cfeph. cn

E - mail：cfeph@ cfeph. cn

（版权所有　翻印必究）

社址：北京市海淀区阜成路甲 28 号　邮政编码：100142

营销中心电话：010 - 88191522

天猫网店：中国财政经济出版社旗舰店

网址：https：//zgczjjcbs. tmall. com

中煤（北京）印务有限公司印刷　各地新华书店经销

成品尺寸：170mm × 240mm　16 开　20. 25 印张　280 000 字

2024 年 9 月第 1 版　2024 年 9 月北京第 1 次印刷

定价：88. 00 元

ISBN 978 - 7 - 5223 - 3383 - 0

（图书出现印装问题，本社负责调换，电话：010 - 88190548）

本社图书质量投诉电话：010 - 88190744

打击盗版举报热线：010 - 88191661　QQ：2242791300

序言

“沉舟侧畔千帆过，病树前头万木春。”当国外股指螺旋上升时，上证指数一直在3000点徘徊。这基本成为多数股民的共识，然而这是事实吗？一般情况下，共识抑或常识，抑或谬误。回首20年来上证走过的历史路径，每一个历史低点都在缓步上升，这一点毋庸置疑。多年前中高处的3000点与现在低洼处的3000点不能视为同一概念，因此也不必过于悲观。将来的某一天，3000点也终将成为历史，因为我相信祖国的经济，相信伟大的中国人民。

提及上证指数，绕不开“北向资金”，戏称股市里的聪明资金。第一时间掌握信息，而且具有国际化视野，也会在过于投机时折戟沉沙。不是因为不聪明，而是在过于投机时忘记了价值投资的主线。多年前的一部电视剧《黑冰》里有这么一句台词，“真正的商人只赚取有限的利润”。股市有限的利润在哪儿呢，在价格回复价值的路上，这是我所理解的价值投资。有了这个理念，金融投资才有正确的方向。选对了方向，再慢的速度也终在前行的路上，股市如是，人生亦复。

有鉴于此，综合博士期间的相关研究，集稿成书《价值投资策略的有效性——解读非理性资本市场》。该书分为四部分：基本理论、股票市场、债券市场与投资策略。

在基本理论部分，本书将深入探讨投资者心理的基础理论及其在资本市场中的作用。本部分将揭示投资者情绪如何演化为行为，并阐述这些行为如何导致定价理论低效。这部分将引用大量基础心理学、行为经济学和行为金融学的研究，以揭示投资者心理的非理性、复杂性及其非理性投资行为对资本市场的影响。

在股票市场部分，本书将探究投资者如何受到非正式和正式媒体传播信息的影响。本书将阐述这些信息如何增加投资市场的羊群效应，导致价格偏离价值。同时，本书将详细介绍价值投资策略的有效性，并引经据典，从沃伦·巴菲特、查理·芒格等投资大师的思想中汲取智慧。这部分将涵盖股票市场的历史、运行制度、投资者和基本指标，力图为读者提供一个相对全面且易于理解的股票市场概览。

在债券市场部分，本书将首先概述债券市场的历史、运行制度、投资者和基本指标。然后，本书将介绍常见的投研框架，以帮助读者更好地理解债券市场的分析和决策过程。这部分将融合经济学、金融学和历史学三个视角，以展示债券市场的全貌。

在投资策略部分，本书将概括性地介绍市场上的投资策略，包括但不限于收益率曲线交易微策略、套息策略、信用利差策略、事件策略与指数策略等。此外，本书还将讨论投资组合的构建和管理，以帮助读者实现投资目标的最大化。这部分将涵盖广泛的投资策略和工具，旨在为读者提供一种实用且全面的投资指南。

总之，《价值投资策略的有效性——解读非理性资本市场》一书旨在为读者提供一种理解资本市场的全新视角。通过深入探讨基本理论、股票市场、债券市场和投资策略，我们希望能够帮助读者更好地理解金融市场的运行机制，并在投资过程中做出更加明智的决策。正如莎士比亚所说："金钱是一种强大的力量，但更重要的是，金钱能带来智慧。"基于此，本书是我们为读者提供智慧的一种尝试。

该书缘起于资本市场，自己在A股浮沉多年，收获寥寥。博士期间，与一同窗挚友共话川蜀夜雨，突发创作此书的构想。金融服务于实体，金融更应回到实体中寻求答案。三因子、五因子甚至因子动物园，只要是与实体经济相关的指标，均可作为价值度量的尺码。而股票价格是以价值为基础，受市场各种非实体经济直接影响因子干扰形成的。基于这个大致逻辑，抱着"经世济民，孜孜以求"的科研心态与初衷展开了自己的研究。开始在想，纵然孵育不出高大上的科研成果，但能为中国金融稳定做出微薄的理论贡献也是好的。然而，该书不同于小说，讲求逻辑性与学究性，追求相对真理。因此，该书创作周期较长，也见证了我数年的求学与科研历程。学为用而生，学以致用，便是本书由来的初心。

当然，现有关于股票投资的研究较多，多年前，高翎创始人张磊写过《价值投资》，用通俗易懂的语言提出了实体经济发展状况与前景为投资基本标准的观点。本书为追求学术性与专业化，舍弃从故事与案例方面娓娓道来，而是从原理——实证——策略三个方面证实该观点，力求为市场上少量的价值投资孤泳者寻求更多理论支撑。

杨明高

2023 年 12 月 31 日

目录

第一章
投资者心理解构

在金融市场，人们的投资行为常常被一群心理小精灵操控。这些小精灵可不是善良的天使，它们包含了误判断、误偏好、窄框架等让人抓狂的心理因素。这些心理因素引导着投资者做出非理性的投资决策，这不仅会严重影响个人的投资世界，还导致整个金融市场非理性的异常波动。因此，了解和掌握这些小精灵对金融监管者与市场投资者都至关重要。金融监管者可以更好地理解市场行为，制定更加合理、有效的政策措施；投资者可以通过深入研究这些调皮捣蛋的小精灵，可以规避这些小精灵导致的“坑”和“雷”，实现理性投资与价值投资。

首先，让我们来讲讲那些喜欢搞破坏的误判断小精灵。它们总是喜欢潜心研究怎么让我们在做投资决策时犯错。例如，它们会用先入为主的方式把一些错误概念灌输给我们；还会以选择性忽视的手法让我们忽略关键信息；更可恶的是，它们会利用锚定效应把我们锁定在错误的思维定式里。实在是一群不怀好意的捣蛋鬼！

其次，让我们来看看那帮喜欢玩偏心眼的误偏好小精灵。它们就像一群小妖精，在面对不确定的情况时总是倾向于做出带偏见的决策。结果就是我们对事物的判断总是走样，弄得一团糟。它们总是搞些奇怪的决策方式，让我们犯下错误判断的罪过。

同时，还有那些经常搞破坏的窄框架小精灵和风险心理学大魔王！窄框架小精灵这帮家伙总是想方设法限制我们的决策范围，只顾自身利益，把其他利益相关者的权益抛之脑后。而风险心理学大魔王更叫人伤透脑筋，它们让投资者完全出于个人的态度和感知，对同样的风险作出完全不同的反应，让我们的投资世界充满了不确定性和混乱。

所以说，了解这些顽皮的心理小精灵对金融监管和投资决策影响深远。我们要深入研究它们，挖掘它们把戏后的机理，进而有针对性地制定精准的政策措施，让它们再也无法在金融市场撒野。只有这样，我们才能保障金融市场的稳定、可持续和高质量发展。让我们理直气壮地对它们说一句："小精灵们，别再搞鬼了！"

1.1 心理误判

投资世界就像一场充满惊喜和不可预测性的盛宴，投资者常常陷入一种奇怪的心态，既想要稳妥地规避风险，又渴望捕捉到独特的机会。在这种复杂动机的作用下，投资者难免会犯错误。他们往往无法轻易达到传统金融理论所要求的动态最优化处理水平，而更倾向于采用经验法则，即启发式方法，以处理庞大的信息量。与传统的瓦尔肯式逻辑思维相比，行为金融更多地依赖大量可依据的心理特性，而非理性假设。因此，在投资行为中存在一些常见的心理误判，包括过度乐观、过度自信、认知失调、证实偏差、保守偏差、表征性启发式偏差、易得到的理性偏差和模糊规避等。投资者们用各种心理特性演绎着一出出精彩的投资喜剧，而我们的任务是理解并应对这些情绪与行为的复杂交织，让投资市场成为一个更加有趣和富有创意的领域。

1.1.1 过度乐观

过度乐观是心理学中一个广泛研究的问题，其表现为人们总是高估自己的能力和成功的可能性。这种现象可以归因于多种心理偏差，如控制力错觉和自我归因偏差。

首先，控制力错觉是指人们常常被随机事件所欺骗，误以为自己能够掌控局势。实际上，人类面临的许多情况都是由外部因素所决定的，而非个体自身能力所为。这就像一个人在乘坐过山车时，以为自己的手舞足蹈就能左右过山车的速度和方向，结果只能面朝地面，头晕目眩，感叹人生如过山车。其次，自我归因偏差是指人们倾向将成功归功于自己的能力，而失败则归因于外界因素，如运气等。这种心理倾向反映了一种赌徒心态，即当事情向好的方向发展时，个体倾向于认为自己获得了成功，而当事情向坏的方向发展时，则认为是外界因素造成的。正如一个人走在街上，被乌云突然遮住阳光，就觉得自己倒霉透顶，却忽略了遮阳伞和雨衣这些可以应对突发情况的实用工具。

这些心理偏差的存在会导致投资者过度乐观，因为他们无法准确地评估自身的能力和情况，从而做出错误的预测和决策。因此，对投资者而言，认识和纠正这些心理偏差是至关重要的。同时，研究者也应当加强对这些心理偏差的探究，以更好地理解人类决策和行为背后的心理机制。正如研究者在研究这些心理机制时，就像是在探索一片神秘的乐高世界，不断拼凑着各种奇妙的心理积木，尝试揭示其中的逻辑和规律。

1.1.2 过度自信心理

近期的研究揭示了人们对自身判断的过度自信现象，就像是盲目自信的鸵鸟，总是埋头于自己的判断，无视周围的现实。这种过度自信表现为两种形式：一是过于狭窄的置信区间，即人们估计变量时将置信区间设置得过窄，导致其估计值所包含的真实值比例偏低。正如投资者坐在自己的小船上，以为这个小船就能涵盖整个汪洋大海，但实际上只能触及一小片水域。二是概率估计得不准确，即人们对事件发生的概率做出的估计往往存在误差。有时候人们认为一定会发生的事件，实际上只有 80% 的发生概率，而认为不可能发生的事件，却有 20% 的发生概率。就像是天气预报员，他们总是对天气预测充满自信，但时不时还是会被突如其来的骤雨给打懵。

这种过度自信源于两种心理偏差：自我归因偏差和事后聪明偏差。如前所述自我归因偏差是指人们倾向于将自己的成功归因于个人才能，而将失败归咎于运气不佳，而非自身无能。这种偏差的长期存在会让人们过于自信，自以为聪明才智无与伦比。而事后聪明偏差则是指在事件发生后，人们总是自诩早就预见到了结果。由于人们往往高估过去自己预测未来事件的能力，因此也会高估现在自己预测未来事情的能力。这种自信度过高往往给我们带来一些意想不到的滑稽场景。例如，一位自以为是的投资大师，在几次成功之后变得目中无人，以为可以无往不胜。结果，他不幸地犯下了一次又一次的错误，最终被市场狠狠地打脸。而我们在事后聪明的时候，总是毫不客气地说："哎呀，我早就看出来了，他迟早会失败！"事实上，我们根本没有预见到这一切，只是抱着侥幸的心态瞎说而已。这样的偏差让我们以为自己是未来预测的专家，实则不过是幻觉而已。

因此，我们应充分认识到这些心理偏差的存在，避免过度自信。在投资或其他领域中，保持谦虚和理性的态度是更加明智的选择。就像股市一样，谁都无法100%准确地预测未来的走势，我们只能在不断学习和积累经验的过程中，尽力做出最好的决策。同时，也要珍惜那些在失败中获得的宝贵经验教训，它们可以成为我们成长和进步的助力。这样，我们才能在波澜壮阔的投资海洋中航行得更加稳健，而非彷徨无措。

让我们在前进的路上既保持谦虚，又保持勇气，勇敢地面对挑战，在学习中成长，在投资的舞台上掌握真正的主动权，而不是成为那个可怜的狗啃泥的家伙。嗨，投资人啊，你准备好了吗？让我们一起笑傲风云，展现出我们的投资智慧吧！

1.1.3 认知失调

认知失调这一概念是由费斯汀格于1957年在《认知失调论》一书中首次提出，它是指当人们面对证据证明自己的信念或设想错误时所产生的心理冲突。人类具备惊人的自我否定机制，会放弃或改变原有的信念，以恢复认知的一致性，从而降低或逃避心理上的不适感。在书中，费斯汀格提出了两个假设：首先，当失调存在时，个体会试图减少失调，以达到认知的一致性，从而减轻心理上的不适感；其次，除了减少失调外，个体还会积极避开可能增加失调的情境和信息。个体可以通过三种方式来减少认知失调：改变对行为的认知，改变行为本身或改变对行为结果的认知。例如，如果抽烟导致认知失调，个体可以通过戒烟或改变对抽烟后果的认知来减少失调。

同时，研究表明认知失调现象在人类社会中普遍存在，并对个体行为和思维产生了深远影响。例如，在某些情境下，人们可能会坚定地维护错误的信念，以减少失调感；而在其他情境下，个体可能会采取积极行动，以改变现有的信念系统，使其更加一致。认知失调理论的深入研究不仅有助于理解人类行为和思维的动态变化，还能为心理健康和个体成长提供有益的指导。

嗐！倘若每次我们面对认知失调都能像机器一样轻松地更新自己的思维软件该多好啊！但事实上，我们人类的心理运作并非那么简单，有时候我们还会像坚持不放弃的倔强顽固派一样，死抱着自己错误的信念不放。不过，正是通过认知失调的研究，我们可以更好地了解人类思维的奇妙之处，同时也能够在实践中更好地应对失调带来的挑战。所以，让我们欢迎认知失调，向着心智的成长勇敢迈进吧！

1.1.4 证真偏差

证真偏差是指人们在评估信息时偏向于与已有信念相一致的信息，忽略或低估与之不一致的信息。这种偏差可能导致对自身看法和决策的错误评估。作为一种认知偏差，证真偏差在日常生活中普遍存在。例如，在政治立场上，人们往往寻找与自己观点一致的信息，而忽视相反的信息。同样，在商业决策中，投资者倾向于收集支持他们决策的证据，而忽略可能改变决策的证据。此外，投资者可能听到某位自称专家的人对某种新兴技术非常乐观，预测其将彻底改变行业并带来巨大利润。投资者可能会盲目相信这位专家的观点，忽视其他专家观点、市场调研数据以及潜在的风险因素。他们可能会过度投资该技术，而忽视了技术的实际可行性或市场需求的不确定性。这种证真偏差可能导致投资者做出错误决策，无法充分评估风险，从而遭受重大损失。

为了避免证真偏差的影响，人们需要努力收集并评估不同观点的证据，尝试从多个角度客观、全面地评估信息。要记住，在证据的世界里，盲目追随专家观点可能会让你像黑夜中的一只瞎猫，时而跌跌撞撞，时而迷离徜徉，一头栽进自己挖下的坑里。因此，我们应保持警惕，拥有一颗质疑的心，不轻信所谓的专家，而是审慎地思考和评估信息，以避免证真偏差给我们带来的错觉和损失。

1.1.5 保守偏差

保守偏差是指一种固持特定观点或预测的行为倾向。研究表明，一旦投资者形成了某种观点，他们通常会顽固地坚持这个观点，不容易改变。举个例子，投资者可能对电动汽车行业持怀疑态度，认为传统燃油汽车的市场份额难以被取代，而忽视了电动汽车技术的迅猛发展和环保诉求的日益增长。他们会忽略电动汽车公司的增长前景，并继续将资金投入传统燃油汽车公司。最终，保守偏差可能会导致投资者错失新兴行业的机会，无法参与到高增长领域，从而影响投资回报。

保守偏差产生的原因至少有两个方面。首先，投资者不愿意主动搜索与自己观点相悖的证据。其次，即使他们发现这些证据，他们也会过度怀疑其有效性。一些研究还发现，保守偏差可能会表现出顽固性的证真偏差效应。例如，在理论金融学领域的研究中，保守偏差表现为人们一旦相信有效市场假设后，即使面对有力的反对证据，他们仍会长时间坚守这一信念。

为了应对保守偏差带来的问题，投资者需要保持开放的思维态度，主动寻找和评估不同观点的证据。要记住，固执地坚持旧观点有时会让你像一只顽固的老猫一样，无法适应新时代的变化，最终可能被时代抛弃。因此，在投资决策中，我们应该勇敢面对信息，不要害怕创新，以更灵活的思维应对不断变化的市场环境。只有这样，我们才能紧跟时代的步伐，在投资中获得成功。

1.1.6 表征性启发式偏差

表征性启发式偏差是一种常见的认知偏差，它倾向于根据事件之间的相似程度而非概率来评估事件发生的可能性。在运用表征性启发式偏差时，投资者会考虑到事件本身或类似事件的以往经验，即以往的结果。这种推理过程被称为代表性启发法。

在金融领域，表征性启发式偏差广泛存在。举个例子，投资者在处理收益数据时，可能会完全遵循“小数定律”。这种定律会使得投资者相信，如果某家公司在多个时期的收益良好，那么该公司的收益增长应该是迅速的，并且很可能会在未来继续保持高收益增长。事实上，根据这种逻辑，该公司不可能处于“平均”水平，而其收益应该显得“平均”才对。

因此，在处理信息时，投资者需要避免使用表征性启发式偏差，在评估事件的可能性时，应该依靠概率而非仅凭直觉判断。此外，投资者还需要注意信息的来源和可信度，并努力避免受到不规范或与判断无关的描述的影响。只有这样，才能更好地处理信息并做出更准确的判断。否则，就可能陷入以“表面为真”“以偏概全”的陷阱中，就像迷失在一片看似荒芜的财务数字丛林中，无法找到正确的投资方向。

1.1.7 易获得性偏差

根据著名学者特沃斯基和凯尼曼的观点，易获得性启发式思维是一种经验法则，用于决策者评估事件发生的概率或可能性，取决于相关情况或事件在大脑中容易呈现的程度。在其他条件相同的情况下，这是一个相当合理的经验法则。然而，易获得性启发式思维也可能导致错误的判断。

例如，当我们面对购买彩票的决策时，有时候我们的大脑就像是个贪婪的小精灵，只会记住那些偶然中奖者的故事，而忽略了大多数默默无闻的失败者。我们会被中奖者的辉煌事迹深深吸引，而忽视了中奖的机会其实是微乎其微。就像是饭前看美食节目，大脑里的馋虫早已被炸鸡炸得鼻青脸肿，却无视那些吃了两片生菜就打饱嗝的人。所以，在面对决策时，让我们懂得控制自己的大脑，不要让那个贪吃的馋虫主宰我们的选择，而是采取理性的、客观的方法来评估情况，避免易获得性启发式思维带来的偏差。

1.1.8 模糊规避

模糊规避是指人们对金融形势陷入模糊境地尤其害怕的心理。通常情况下，人们普遍存在着模糊厌恶的心理倾向。例如，当我们面对股票投资时，模糊规避影响就像是穿着滑板鞋的鱼儿，不容易察觉却时刻存在。它使投资者对于那些陌生的股票保持着谨慎的态度，仿佛是看到了一个长相奇怪的外星人，不敢靠近。反过来说，这种偏差的意义在于，我们更倾向于选择那些我们熟悉或了解的事件，就像是买衣服时，我们会选择那些合身舒适、款式流行的衣服，而不是那些看起来奇形怪状、让人摸不着头脑的衣服。

然而，在投资决策时，了解市场动态就像是拥有一双透视眼镜，可以帮助我们看清形势，洞察市场的模糊程度，从而更明智地做出投资决策。因此，选择那些我们熟悉和理解的股票就像是挑选一位可靠的合作伙伴，我们能够更好地了解他们的优点和风险，与他们建立起默契的合作关系。在投资的舞台上，保持头脑清醒，不要让那些外星衣服吸引我们的目光，而是选择那些让我们真正了解和信任的股票，这样我们才能在投资的大海中行稳致远。

1.2 心理偏差

在决策的世界中，心理偏差就像是一位调皮捣蛋的小恶魔，时不时地来捣乱。它会用狭隘的视角限制我们的思考，让我们对未来抱有过高或过低的期望，让我们害怕后悔和模糊的情境，还会让我们过分偏爱熟悉的东西。然而，我们不能让这些小恶魔掌控我们的决策，否则我们就像是被恶作剧的小丑驱使着跳来跳去。

普遍存在的心理偏差主要包括狭隘框架、预期理论、后悔厌恶、模糊厌恶以及熟悉偏好等。这些心理现象有时候就像是一群调皮捣蛋的小精灵，悄悄影响着我们的决策，让我们做出可能并不理性的选择。因此，让我们在决策的战场上，装备上心理学的盾牌，认识并面对这些心理偏差。只有这样，我们才能在决策的舞台上成为真正的主宰，避免被偏见和倾向所影响。让我们牢记，决策是我们人生旅程中的重要组成部分，我们应该以理性和清晰的头脑，做出明智而富有远见的选择，就像是一位英明的国王，统驭着自己的命运。

1.2.1 狭隘框架

狭隘框架，又称为框架依赖或心理账户，是指在决策过程中，人们的视野受到限制，导致决策受到影响的心理现象。在金融决策中，狭隘框架有时就像一位喜欢穿窄裤子的人，不愿意扩展自己的视野，结果可能导致决策的局限性。虽然传统金融学认为理性人会考虑整体情况，但事实上人的视野是有限的。

投资狭隘框架是指投资者在决策过程中过度关注个别投资，而忽略了投资组合的整体表现。这种狭隘框架通常表现为横截面上的狭隘框架和时间序列上的狭隘框架两种类型。

横截面上的狭隘框架指投资者只关注单个资产的涨跌情况，而不是将所有资产视为一个整体来考虑。这种做法往往导致投资者对单个资产的风险估计产生偏差。举个例子，当股票价格下跌时，投资者往往会认为风险加大，而在价格上涨时则会认为风险减小。然而，这种观点忽略了整个投资组合的风险。实际上，投资者应将所有资产视为一个整体，通过分散投资来降低整体风险。

时间序列上的狭隘框架指投资者只关注资产的盈亏情况，而不是考虑资产背后的基本面因素。投资者往往通过频繁清点资产来了解自己的盈亏情况。然而，这种做法容易受到参考点的影响，从而导致投资决策产生偏见。例如，投资者会根据自己的成本价、近期高点、低点等参考点来决定是否卖出资产，而忽略了资产本身的基本面因素。

因此，为了避免投资狭隘框架的影响，投资者需要树立全局观念，将所有资产视为一个整体，同时注重资产的基本面因素，而非过分关注短期盈亏。此外，投资者还应采取分散投资策略，将风险分散到多个不同的投资品种上，从而降低整体风险。

总之，在投资的道路上我们应像一位睿智的农夫，不要把所有的农作物放在同一片土地里种植，而是将它们巧妙地分散种植在不同的田地里。这样，即使一块田地出现问题，我们仍能收获其他田地的丰硕果实，笑傲投资市场，笑到最后！

1.2.2 预期理论

预期理论也被称为期望效用理论，是一种决策理论，旨在描述人们在面对风险情况时做出理性决策的方式。期望效用理论认为，在不确定的情况下，个体应该考虑每种可能结果，并按照其概率进行加权平均，从而计算出每种决策的期望效用值，并选择带来最大期望效用值的决策。需要注意的是，期望效用理论适用于风险性情况，而不适用于不确定性情况。例如，投资市场涨跌的概率分布是已知的，因此期望效用理论可以帮助投资者做出决策。相反，面对一些未知的自然现象时，人们往往没有足够信息来计算每种可能结果的概率，因此期望效用理论无法应用于这种情况下的决策。

因此，确定期望效用理论适用的场景时，首先需要区分风险性和不确定性。对于风险性情况，期望效用理论可以提供有用的指导；而对于不确定性情况，人们需要使用其他决策模型进行决策。当我们面对不确定性时，就像是在一场惊险刺激的冒险经历，我们可能不知道下一个转折点会带来什么，就像不知道自己面前有多少只大白鲨在悄悄靠近。但是，当我们面对风险时，我们就像是在玩一场高策略的棋局，可以根据概率来计算每一步的风险，并为自己寻找最佳的策略。不管是冒险还是棋局，我们都需要明确自己所处的情境，并灵活运用不同的决策模型，才能做出明智的决策。保持冷静，笑对风险与不确定性，让决策的旅程更加精彩吧！

1.2.3 后悔厌恶

后悔厌恶最早由学者 Thaler 提出，意思是决策者做出错误的决策时，会对自己的行为感到痛苦。为了避免后悔，决策者通常会采取一些非理性的行为，例如在重要事项的选择上放弃独立判断，而跟随他人的选择，以减少决策失误带来的后悔痛苦。学者 Thaler 认为，后悔厌恶理论的核心包括以下三个定理：

定理 1：在被迫行动的情况下，引起的后悔比非被迫行动引起的后悔轻微。

定理 2：没有做出错误行为引起的后悔比做出错误行为引起的后悔轻微。

定理 3：在需要对自己行为的结果负责的情况下引起的后悔比无须承担责任的情况下引起的后悔更强烈。

假设你是一位投资者，正在考虑两个不同的投资机会：投资 A 和投资 B。你希望选择一个投资，使得你的后悔和厌恶感最小化。投资 A 是一家新兴科技公司的股票，这家公司备受市场关注，预计有巨大的增长潜力。然而，由于科技行业的不确定性，你担心投资 A 可能面临较高的风险。如果该公司未能实现预期的增长，你会感到后悔。投资 B 是一只稳定的股息股票，代表着一家具有稳定盈利能力的传统行业公司。这家公司在市场上享有良好声誉，并向股东支付稳定的股息。然而，由于该公司的增长潜力相对有限，你担心如果选择投资 B 而错过了其他更高风险但潜在回报更高的机会，你会感到厌恶。

在这种情况下，你需要权衡后悔和厌恶来做出投资决策。如果你对新兴科技公司的增长潜力充满信心，并且愿意承担较高的风险，即使该公司未能实现预期，你仍然可以接受，那么选择投资 A 可能会减少你的后悔感。然而，如果你更看重稳定的回报和避免错过其他机会，那么选择投资 B 可能会减少你的厌恶感。

因此，后悔厌恶理论揭示了人们在决策中常受情感因素左右，导致行为不一定总是达到最优化的结果。这一理论可以为我们深入理解人类行为决策提供重要的参考和指导，好比航海的导航仪，帮助我们在决策的大海中航行，避免着陆时的“后悔岛”和“厌恶礁”。

1.2.4 模糊厌恶与熟悉偏好

在不确定性的情形下，信息被认为是“模糊的”，即信息虽然存在，但却无法被清晰地获取或理解。通常情况下，人们会表现出“模糊厌恶”的心理特征，即倾向于选择那些熟悉的事物，而回避那些不熟悉的事物。因此，投资者在投资行为中存在“熟悉偏好”行为。

一般而言，在证券市场中熟悉偏好的典型体现在本土偏差上。具体而言，投资者倾向于投资自己所在地区、国家、熟悉的公司或行业等，而忽视其他更有潜力的投资机会。这种现象一方面源于人们对熟悉事物的自信和安全感，另一方面源于人们更容易获取和理解信息，从而降低面对不确定性的压力和焦虑。然而，这种偏好也可能导致投资者忽视其他潜在的投资机会，从而损失获得更高回报的机会。

假设你是一位投资者，面临两个不同的投资机会：投资 A 和投资 B。在考虑模糊厌恶和熟悉偏好的情况下作决策。投资 A 是一项新兴技术项目，采用了一种前所未见的技术，可能在市场上掀起一场革命。然而，由于该技术相对较新，你对其不确定性和潜在风险感到担心，缺乏足够了解，这会触发你的模糊厌恶。投资 B 是一家你熟悉并在过去有过成功经历的公司的股票。该公司已在市场上建立了良好声誉，并在过去几年保持稳定增长。由于你对该公司的历史表现感到熟悉，并对其经营模式有一定了解，你对投资 B 抱有熟悉偏好，倾向于选择此投资。

在此情况下，你需要在模糊厌恶和熟悉偏好之间做出投资决策。如果你愿意大胆尝试新技术，并坚信这项新兴技术具有巨大潜力，那么选择投资 A 可能会减轻你的模糊厌恶感。然而，如果你更加注重稳定性和对已知公司的信任，且认为过去的成功经验能预示未来的表现，那么选择投资 B 也许能满足你对熟悉事物的偏好。

总而言之，模糊厌恶是人们回避不确定性的一种心理特征，它对个体的决策和行为具有深远影响。认识并意识到这种心理特征，有助于人们更好地理解自己的决策和行为，从而做出更为明智的选择。

1.3　窄框架

1.3.1　框架效应

框架效应是一种认知偏差，指不同描述对同一问题所产生的决策判断差异。该概念由 Tversky 和 Kahneman 于 1981 年首次提出。尽管经济学中存在著名的“理性人”假设，但人类在许多方面都表现出非理性特征，其中框架效应是最显著的例子之一。具体而言，框架效应主要表现在问题表述方式对决策的影响。投资者更容易接受正面结果的信息，而对负面结果更为敏感。

举个例子，同样的医疗报告，以 90% 治愈率呈现时，人们倾向接受治疗；而以 10% 死亡率呈现时，人们更可能选择不接受治疗。尤其是面对复杂问题时，人们通常依赖简单的启发式策略做出决策。问题表述方式会直接影响人们选择何种启发式。框架效应在医学、金融和政治等领域都有重要影响，理解和认识框架效应对做出更明智决策具有重要意义。

框架效应涵盖了两种思维方式，分别是窄框架思维和宽框架思维。窄框架思维将自己限制在狭窄的范围内，对复杂问题进行简单分解，并迅速在狭隘的框架中做出决策，有点像我们在超市里面准备的购物清单，只注意到了购物车中需要的少数几样商品，而忽视了其他更多的选择。心理账户是窄框架思维的典型例子，人们会在心里划分出不同的账户，并基于这些账户做出相应的决策，这种处置效应是窄框架思维快速思考的产物。相比之下宽框架思维是一种慢思考，可以抑制人们瞬间作出决定的冲动。在宽框架效应下，人们会进行推理和复杂思考，对事物进行推演和分析，并谨慎地做出决策。宽框架思维虽需投入更多的时间和精力，但可以避免窄框架思维下草率的不成熟决策。

总之，窄框架思维和宽框架思维分别代表了快思考和慢思考的方式。例如，大脑和懒惰的猴子之间的较量，窄框架思维像是大脑上的猴子，冲动而迅速，而宽框架思维则像是懒惰的猴子，经过深思熟虑而谨慎行动。当然，要注意的是，如果我们总是过度倾向于懒惰的猴子，那就可能陷入过度思考的泥潭，迟迟无法做出决策。因此，我们需要在两者之间保持平衡，既要利用窄框架思维的快速性，又要发挥宽框架思维的深度和全面性。这样，我们才能在决策中取得更好的平衡和成果。

1.3.2 窄框架对决策的影响

首先，在窄框架效应下，由于其快速思考的特点，人们往往会迅速做出决策，这会导致他们在决策时过度自信。例如，人们更倾向于使用“花哨”的词汇来描述投资，他们更愿意强调自己的投资回报率，而忽视亏损的情况；而在实际的投资行为中，人们往往会选择出售盈利的股票，而保留亏损的股票。这些行为反映了人们倾向于突出自身优势，忽视他人优势，采取了一种“以己之长抑人之短”的策略，都属于窄框架思维的特征，最终会导致人们产生过度自信的情况。

其次，在窄框架模式下，由于决策者的思考范围非常狭窄，他们可能会被冲动所驱使，从而做出捡了芝麻丢了西瓜的决策。这种思维方式的局限性印证了著名价值投资者本杰明·格雷厄姆所说的：“投资者最大的敌人是自己。”在格雷厄姆的观点中，投资者在做决策时应该采取宽框架模式，进行多层面的推演和分析，以更谨慎的方式做出决策。这样的思维方式有助于投资者避免忽略重要信息和可能的风险，并提高他们的投资成功率。

因此，在进行投资决策时，应该注意避免过度依赖窄框架模式下的快思考，而要采用更全面、谨慎的宽框架思维方式。

再次，为了避免窄框架效应的影响，我们可以采取以下两个方法：一是多元化思考。通过不断学习和积累知识，我们可以像探险家一样，勇敢地踏出舒适区，去探索未知领域，从而在分析问题时考虑更多的因素和变量。例如，当查理·芒格分析可口可乐这个企业时，他不仅考虑了商业利润、现金流、行业竞争等基本商业分析因素，还从生物学、哲学和心理学的角度审视了该产品的影响和作用。这种多元化的思考模式能够破除狭窄框架的束缚，让我们的视野变得更加广阔，能够更全面地考虑问题。二是慢思考。慢思考反对瞬间决策的冲动，强调三思而后行。在分析问题时，我们常常会受到情绪和认知偏差的影响，做出错误的决策。慢思考能够帮助我们抑制这种冲动，通过多读书、多思考，在宽阔的框架下全面分析问题，避免错误的决策。

最后，要避免窄框架效应的影响，人们需要不断拓宽自己的知识面，从多个角度思考问题，同时采用慢思考的方式，以更加全面和客观的态度来处理问题。这不仅对投资和生活有帮助，还对人们的思维和认知能力有着重要的提升作用，就像是探索未知领域的冒险家，让我们拥抱多元化思考和慢思考的力量，驶向更远的地方。

1.4 风险心理学

风险心理学是研究人们在面对各种不确定性和风险决策时的心理过程和行为的学科。从理论角度来看，它涵盖了认知、情感和行为层面的诸多因素。在日常生活中，我们面临各种决策，有些涉及到明确的风险，如投资股票或玩悬念十足的游戏节目，而有些决策则是关于未来的不确定性，比如选择一个新的工作或者决定是否要改变自己的生活方式。

此外，风险心理学也探讨人们在面对不确定性时的决策依据。研究发现，人们在缺乏信息或者面对复杂情境时，往往会依赖启发式思维。比如，我们可能会根据过去的经验或者与他人的对比来做出决策。这种启发式思维在许多情况下是有用的，但它也可能导致决策的偏差和错误。

总的来说，风险心理学为我们理解人类决策过程中的心理机制提供了深入的洞察。通过研究人们在面对各种风险与不确定性时的心理反应，我们可以更好地理解人类行为背后的奇怪逻辑。毕竟，有时人们的决策看起来就像是用捕风网去捉蝴蝶——看似很有道理，但结果往往让人哭笑不得。

1.4.1 什么是风险

当前，对风险的有关研究五花八门，不同领域对风险的定义和应用各有不同。例如，在金融领域，风险通常指潜在损失的可能性；在医学领域，风险更多关注疾病或治疗的不良效果；在环境领域，风险涉及化学物质或污染物对人体健康的潜在危害等。在认识风险的过程中，人们不仅需要理解风险本身的定义和特征，还需要考虑风险感知、认知以及对风险的态度等因素对决策行为的影响。因此，深入研究风险概念及其与决策行为的关系对于提升人们的决策能力和风险意识至关重要。只有通过全面了解风险的本质和相关因素，我们才能更好地应对风险挑战，提高决策的质量和效果。

风险是个复杂的家伙，有时候就像一个惊喜的礼物，你永远不知道里面会有什么。首先，从传统视角来看，风险就是那些不好的事情以及它们发生的可能性和严重程度。然而，在现实世界中，风险并不仅限于过去和现在，它还隐藏着未来的一些模糊的特征。正如普瑞查所说的那样，“传统观点认为风险是那些受概率分布控制的不可预测事件。”但大多数决策还伴随着一些模糊的不确定性因素，而我们在决策时也无法考虑到它们。所以，对于风险的定义，我们需要考虑到这些不确定性因素，它们会影响我们对未来的期望和行动。

其次，从风险管理的角度来看，可以根据不确定性的程度将风险分为两类：纯粹风险和投机风险。纯粹风险是指那些只能带来损失的不确定情况和灾难性事件，比如地震或恐怖袭击。投机风险则包含了潜在的收益和损失，比如对股票型共同基金的投资、衍生金融交易、一场赌博实验或者一项体育赛事的结果。在风险管理原则的应用中，个体通常只关注如何减少灾难性损失的风险，也就是所谓的下行风险。风险管理就像是玩一场有趣的游戏，我们需要在不确定性的舞台上做出明智的决策。有时候我们面对的是纯粹风险，就像是遭遇了一场大地震，我们要竭尽所能减少损失；有时候我们面对的却是投机风险，就像是参与了一场刺激的赌局，我们需要找到平衡收益和损失的方法。

再次，在金融风险管理的背景下，格雷提出了一个有趣的概念——“元风险”，即个体必须考虑到超出精确显化风险能力之外的主观固有风险。这个“元风险”就像是一种隐藏的小精灵，总是悄悄地影响着我们的决策。所以说，风险的不确定性程度对于风险管理来说至关重要。

最后，根据风险评估与不同环境、情况或事件下的不确定性相关联，Gutman 将风险分为两类：健康风险和不健康风险。Yates 和 Stone 将风险划分为 3 个方面：损失的严重性、损失的可能性以及损失的不确定性。

行为经济学专家蒙捷曾经说过：“在所有金融学概念中，风险可能是最容易被误解的。”当我们评估投资的成功与否时，大多数人只关注收益，却忽视了风险对整体财务目标的影响。实际上，在 20 世纪 90 年代，大部分面向新手投资者的共同基金交易指南甚至没有提到风险这个问题。伯恩斯坦在他关于风险的综述性文章中指出，投资领域与其他领域不同之处在于它深深植根于风险之中。所以，我们不能仅依靠努力就期望能获得回报。当我们自以为可以预测未来时，往往会掉进陷阱。在实践中，投资者在制定和实施投资计划时，需要了解投资品的潜在价格波动情况以及与股票或共同基金相关联的风险大小等重要因素。

1.4.2 风险认知

风险认知是当前心理学研究领域的一个热点，它描述了人们对影响日常生活和工作的各种因素的心理感受和认识，并被用作测量公众心理恐慌的指标。在广义上，风险认知还包括人们对风险的一般评估和反应。学者Sitkin和Weingart将风险认知定义为个体评估情境的风险性，包括评估情境不确定性程度的概率估计、不确定性的可控性以及对估计的信心度。其实，风险认知就像是风险大门的守门员，它帮助我们意识到并理解各种影响日常生活和工作的因素。

目前，学术界对风险认知的研究方法进行了深入的探讨。其中，Slovic等人提出的心理测量范式是目前较为流行的风险认知研究方法之一。这种方法包括对测量结果进行排序、相关分析和因素分析等，被认为是风险分析领域最具影响力的模型之一。通过这个模型推导出的“认知地图”有望帮助我们解释普通人如何感知所面临的风险。然而，心理测量范式往往得出“个体的风险认知是由风险性质决定”的结论，这种结论存在一定程度的缺陷。为了解决这个问题，Michael Siegrist等研究者要求被试者对26种风险进行9级评分，结果显示认知表征的个体差异与外部变量（如信任）相关。因此，我们应更多地运用考虑个体差异的方法，以更好地理解风险的认知表征。

此外，研究风险认知的方法还有很多，比较常见的包括风险估计和风险认知的测量。风险认知的结构非常复杂，受到众多因素的影响，包括个体的特点、期望水平、风险沟通、风险可控性、风险性质、知识结构和成就动机等。可以说，风险认知就像是一张错综复杂的心理地图，既有山峦起伏的挑战，又有湖泊平静的机遇，各种因素相互交织，共同塑造了个体对风险的认知。因此，我们需要更深入地探究这些因素对风险认知的影响，以便更全面地理解人们在面对风险时的心理感受和认识。

1.4.3 风险认知的影响因素

由于风险认知结构具有复杂性，其影响因素繁多，如个体因素、期望水平、风险沟通、风险的可控程度、风险的性质、知识结构、成就动机等。

（1）个体因素。人作为复杂高等动物，具有各种人格特征、知识经验、价值观等个体因素，这些因素会影响其对风险的认知。首先，不同个体对风险中的损益比的感知不同，有些人对风险中的利益更为敏感，而有些人则可能更关注损失。可以说，有的人在面对风险时像是搏击手，乐于接受挑战；而有的人则像是胆小鬼，总是避之不及。其次，不同人格特征的个体在对风险情境的预测上也会产生差异。一些人可能是风险厌恶者，总是想着躲避一切可能的危险；而另一些则是风险喜爱者，总是追求刺激和冒险。这种差异将导致不同个体采取不同的行为反应方式。最后，个体根据以往经验行动，这在一定程度上也会左右其行为反应。这种经验通常是指来自事件结果的反馈，成为个体的行为经验。于是乎，经验成为个体在风险之路上的良师益友。

（2）期望水平。根据 Yates 和 Stones 的观点，风险可以看作是各种损失的总和，但是一个完整的风险概念应该包括一定的“机会”成分，即使只是一种避免损失的机会。因此，风险情境中的“收益”成分是构成风险概念的重要因素之一。个体对风险的期望值对于其风险认知具有参照作用。不同个体的期望值不同，会导致他们对风险的态度存在差异。在不同的投资者中，他们会根据“损失”或“获益”情境设定不同的参照点。当个体的期望值低于参照点时，个体处于一种欲望未满足的状态，因此会将该情境定义为“损失”的特征。而当个体的期望值超出参照点时，个体的欲望已经得到满足，便将该情境定义为“获益”的特征。

这就像是个体对风险的心理游戏，每个人都在寻找着自己的参照点，然后根据这个参照点来评估风险。有些人可能总是希望避免损失，所以他们将注意力放在了潜在的风险中。而另一些人可能更注重追求收益，他们将风险看作一种机会，一种可以带来潜在收益的挑战。这种态度上的差异让人们在面对风险时表现出不同的行为反应。不过，无论我们是偏向避免损失还是追求收益，我们都要明白风险与机会是紧密相连的，而适度的风险管理才能在这个心理游戏中获得更好的结果。

（3）风险沟通。Slovic 在他的研究中详细阐述了“涟漪中心的石头”，这是一种被视为信号的风险事件。他的研究表明，认知因素对于风险认知有直接的影响。如果风险信息的传播方式不当，很容易导致公众对风险的认知产生偏差。尤其是在涉及到公众利益的公共风险事件时，信息的缺乏会引发公众的高度焦虑。此外，个体接收信息的渠道、信息传播的时间顺序、方式和范围也会对其风险认知产生影响。

想象一下，风险就像是一块被投入湖中的石头，引起了一圈圈扩散的涟漪。这些涟漪会传达风险的信息，影响着人们对风险的感知和认知。但是，如果我们没有正确地投入石头，或者在传递涟漪的过程中出现问题，那么信息可能会扭曲、失真，最终导致公众对风险的认知出现偏差。当然，在风险传播中，重要的不仅是投入石头这个动作，还有信息传播的方式和时机。就像我们发微信一样，如果信息传达不及时，传播途径不畅通，那么接收方可能无法及时获得关键信息，从而对风险产生误解或缺乏正确的认知。

（4）风险的可控程度。在面临风险的情况下，个体的决策过程受到风险可控程度的影响。研究表明，当投资者认为自己能够控制行为或事物互动的结果时，他们往往更加关注可能获得的收益，即他们更倾向于追求正向结果，而非避免负向结果。我们可以称之为“收益取向”。相反地，当投资者认为他们无法控制结果时，他们更加关注可能的损失，即他们更倾向于避免负向结果，而非追求正向结果。这种取向被称为“损失取向”。

这种差异可以解释为，当个体能够掌控风险时，他们的决策更多地基于他们掌握的信息和能力，因此更自信和乐观。想象一下，你有一个驾驶飞机的机会，你会怀着信心和乐观的心态飞翔，因为你认为你能够掌握局势，应对各种情况。但是，当个体无法掌控风险时，他们更多地面临不确定性，这导致他们更为谨慎和保守。假设你正坐在一个无法控制的过山车上，你可能会感到更加谨慎，因为你无法预测未来发生的事情。对于投资者来说，了解自己的取向并将其纳入决策过程可以帮助他们更好地管理风险并制定更有效的投资策略。

所以，投资者们要像驾驶飞机一样保持自信和乐观，同时也要像坐过山车一样保持谨慎和保守。只有这样，他们才能在投资市场的起伏中灵活应对，避免过度冒险或过于保守，最终取得更好的投资回报。毕竟，投资就像是在有风险的大海中航行，而我们需要找到平衡，既要掌控风险，又要追求收益。

（5）风险的性质。目前的研究表明，人们在评估风险时存在一些心理偏差，导致他们往往高估概率小但死亡率高的事件，而低估概率大但死亡率低的事件。这种现象被称为“高概率偏差”。假设有一天你正在走在马路上，突然看到一个巨大的陨石从天而降，你会觉得非常害怕和惊讶。但是，实际上此类事件发生的概率非常小，几乎可以忽略不计。相比之下，交通事故发生的概率要大得多，但我们往往对此习以为常，不太关注。这是因为陨石事件具有突发性和破坏性，引起了我们的注意，而交通事故则长期存在，不太显眼。

（6）知识结构。研究表明，公众对特定风险事件的全面了解与其对该事件结果的客观认知之间存在着密切的关联。当公众对风险事件具有全面的知识时，他们更能够从多个角度看待该事件，并对其可能对个人和社会产生的影响做出辩证的评价。这种全面的知识有助于公众形成更为客观的认知，并在面对风险时做出适当的行动反应。换句话说，公众不仅能够接纳多个方面的信息，而且能够将其综合考虑，以更好地评估风险事件的可控性和影响程度。这种全面知识的作用可以被视为一种“超能力”，让公众在风险面前更加从容应对，就像超级英雄一样具备全面洞察力和判断力。

（7）成就动机。Atkinson 提出的冒险偏好模式解释了个体在冒险行为中对于成功渴望和对失败回避两种倾向之间的冲突结果。同样的，谢晓非等的研究表明，成就动机对个体在风险情境中的反应方式和机会威胁认知具有影响。特别是，个体回避失败的动机越强，其在风险情境中的行为更趋于保守，并对该情境的威胁认知水平更高。在机会威胁认知的情况下，个体表现出不同的行为方式，这与其认知水平有关，其中机会认知变量对个体在风险情境中的行为起着决定性的作用，其影响更为显著。

这些研究结果揭示了个体在决策过程中对于成功和失败的不同态度，并且成就动机对个体在风险情境中的行为和认知起着重要的调节作用。想象一下，如果人们在面对决策时能像孤独的蜘蛛侠一样，在高楼大厦之间灵活穿梭，同时又能对失败保持足够的警惕，那么我们的决策能力和适应性就会更强大。因此，了解个体冒险偏好和成就动机对决策的影响，可以帮助我们更好地理解人类决策行为，就像破解超级英雄的行为密码一样，让我们在面对冒险时能够游刃有余。

（8）事件风险度。Blayloek 的研究揭示了事件的风险度对个体的风险认知产生的影响。当个体面对高风险度的事件时，他们会感知到更高的风险；而当个体面对低风险度的事件时，他们只会感知到较小的风险。此外，Blayloek 还从另一个角度探讨了影响风险知觉的因素，包括决策者在评估信息时的偏好、决策者所处的环境以及决策者用数量化的资源来评估不确定性。研究结果表明，这三个因素同时影响着决策者的风险认知。因此，当事件的风险度越高，客观层面的不确定性就越大，个体的风险认知也会相应增加。如果我们将决策者比作英雄，那么他们面对的风险度就像是邪恶势力的水平，高风险度意味着更大的挑战和危险。就像超级英雄需要根据情况来调整自己的战斗策略一样，决策者也需要根据风险的不同程度来调整自己的决策态度和行为。毕竟，当我们对风险的认知更加准确时，我们就能像蝙蝠侠一样在黑暗中前行，避免潜在的危险。

在风险心理学研究领域，研究人员主要关注人们对风险的认知和判断，以及启发其判断框架所需的认知能力和理解力。尽管个体在对风险的反应中扮演着重要角色，但我们必须认识到，人们对风险的理解除了心理因素外，还受到许多更为重要的政治和文化因素的影响。假设我们将风险认知比作一场冒险，文化因素就像是不同英雄的传奇故事，每个故事都有其独特的元素和价值观。就像不同的英雄在冒险中会根据自身信仰和背景做出不同的决策一样，人们对风险的认知也受到其所属文化的影响。因此，在研究风险心理学时，我们不能只关注个体的心理反应，还应考虑到政治、文化等因素对风险认知的重要影响。

这样的研究让我想到了超级英雄联盟，每个英雄都代表着不同的价值观和文化背景。他们共同应对各种风险和挑战，正如我们在现实生活中面对风险时需要综合考虑多方面的因素。因此，在研究风险心理学时，让我们像超级英雄一样拥有开放的心态，探索不同文化、政治和心理因素对风险认知的影响，从而更全面地理解人们面对风险时的心理反应与判断。

结语

心理误判、心理偏差、窄框架、风险心理学以及其他精妙心理现象，比如情感、认知偏差等，对金融监管和政策制定产生了莫大的影响，咱们切莫视而不见啊！这般心理因素往往令监管者和政策制定者在处理金融市场烦恼时做出匪夷所思的决策，从而扰乱正常运行的金融市场，引发金融市场失灵。于是乎，金融监管和政策制定者们需洞察这些奇特心理因素的存在，并采取一系列措施以缓解其诡异的影响。这些措施包罗万象，如建立完备的风险评估体系、加强监管技艺和信息披露、提升监管者和政策制定者的金融智慧和心理素养，再加上巩固金融教育的根基，非常重要。唯有如此，方能英明地保持金融市场的稳定与蓬勃发展，刺激经济的长远增长和蓬勃兴盛。

第二章

投资者情绪分析

投资者情绪是个奇怪的东西，就像热气球里的风向标一样，左右着他们的决策。每个人都有自己独特的认知和心理，在投资过程中，这些因素都会起到关键作用。对于投资者情绪的定义，学界争论纷纷，就像争夺金牌的运动员一样激烈。1997 年，行为经济学家 Shleifer 认为投资者情绪是一种认知过程，这种认知会影响交易时的信念和交易价值的判断。Shleifer 在 2000 年进一步对该概念进行补充，他指出，投资者情绪是对未来资产收益的系统性预期偏差，这种情绪反映了不同投资者的共同误判。一些其他学者则将投资者情绪定义为投资者的投机偏好或乐观和悲观态度。Brown 和 Ciif 认为，投资者情绪是对整体市场的乐观或悲观情绪，投资者情绪的内涵其实就是人们的主观认知。不过无论怎么定义，其实投资者情绪就是人们主观的认知在股市中的反映。

对投资者情绪的研究打破了传统的金融理论的束缚，旨在分析那些非理性人群的信仰和投资行为对股市的影响。本章首先通过直接推断法来分析这一现象，并探讨它的应用优势。其次通过文献研究对直接推断法进行分类，研究行为偏误，并进一步分析这些因素对投资行为的影响。不仅如此，我们还详细介绍过度自信的检验标准和分类方式，从不同的角度分析投资者过度自信对投资行为的影响。最后引入神经金融学和情绪金融学的相关知识，以另一种方式分析它们对投资行为的影响。总之，学术研究能让我们更加深入地了解这些有趣的现象，让投资者在面对市场时能够做出更明智的决策，而不是像盲人摸象一样胡乱猜测。

2.1 直觉推断

直觉推断法则，通常被称为经验法则，就像是解决复杂问题的捷径，让我们省下了一大堆必要的搜索步骤。大家都知道，在某种情况下计算概率和收益是一项令人头疼的任务，所以直觉推断法则就像是给我们提供了一个主观上令人信服的快捷方式。一般而言，投资者喜欢将事件发生的概率与对事件的描述挂钩，而不是直接与事件本身挂钩。所以他们往往选择用直觉推断来简化偏好和数据集。说实话，有时候直觉推断法则就像是我们的思维快车道，特别是在我们面对不确定性时，它能帮助我们避免陷入烦琐的逻辑计算。毕竟，谁愿意在复杂的数学计算中迷失呢?

学术界对直觉推断和其存在的偏误进行研究，目标就是找出那些背离理性选择模型的偏误，并尽量通过调整直觉推断来减少这些偏误。在这个小节中，我们要解释直觉推断的本质，概述它的优势和不足，并探讨它在投资行为中的影响。

2.1.1 应用直觉推断的优势

投资者在决策投资时，总是想搜集尽可能多的备选项，但他们无法预测每个选择的结果，毕竟没人能预测股市会不会在投资者买入后狂跌三天三夜。因此，斯洛维奇认为，在这种情况下，决策者需要建立一个超级英雄般的决策偏好集合。与其他方法相比，直觉推断就像是一位能预知股市行情的超人，可能比任何计量模型都靠谱。事实上，即使最高深的计算方法可以得出明确的最优解，投资者也更倾向于凭直觉决策。

因此，直觉推断法受到投资者青睐的原因主要有以下几点：

（1）投资者采用直觉推断法时，无须费尽心思找寻问题的最佳解决方案，而且决策的思考和犹豫成本也不会超过你熬夜研究股市图表的时间。

（2）投资者用直觉推断法决策时，不需要掌握所有必要的信息，这就像是吃海鲜火锅时，你可以只挑你最爱的虾，而不必把整个海洋都吃个遍。

（3）考虑到多个目标时，唯一的最优解并不存在。所以，采用直觉推断法会大大提高你的决策效率，就像是用幸运草代替天文数字去选彩票号码。

（4）采用直觉推断法时，你可以随时运用自己的经验法则，不泄露任何内幕消息，直到你决定把决策过程公之于众，就像是买了个涨停的股票，装作若无其事地喝杯咖啡。

（5）实现最优化决策的困难不在于如何获取足够的信息，而在于如何正确理解这些信息。采用直觉推断法就能避免这个陷阱，还能提高决策效率，就像是绕过地雷场，小心翼翼地走。

（6）当其他方法玩不转时，直觉推断法就是救命稻草。嗯，有时候，我们就得拜托直觉上场，解决我们的困难。

（7）当直觉推断的结果和最优化计算非常接近时，投资者通常会省略时间等成本，毕竟时间就是金钱，而你可不想为了一桩小买卖破产。所以，采用直觉推断法来简化计算是最明智的选择。这种“快速又简单”的直觉推断法对于那些各个选择方案带来类似高回报的情况尤其适用。

（8）当投资者面对海量信息时，可能会感到晕头转向，毕竟谁叫咱们不是数据分析的奥运冠军呢？这时候，直觉推断法就像是投资者的好朋友，能帮助他们在信息海洋中游刃有余。

虽然以上的优势有趣又实用，但别忘了直觉推断也有其局限性。毕竟，它并不是万能的，有时候我们也得用点脑筋思考。

2.1.2 直觉推断的分类及其偏误

目前，广大研究学者普遍认可特维斯基和卡尼曼对直觉推断的分类。根据他们的研究，直觉推断可以分为代表性直觉推断、可获得性直觉推断，以及锚定和自适应性调整式直觉推断。此外，格里维茨和格里芬等学者则将直觉推断进一步细分为六种形式，包括情感式直觉推断、可获得式直觉推断、因果式直觉推断、流畅式直觉推断、相似式直觉推断和惊喜式直觉推断。接下来，我们将详细介绍其中几种常见的直觉推断形式。

（1）代表性直觉推断。代表性直觉推断是一种投资者依据相似事件或个人信息来评估目标事件发生可能性或目标人物特征的推断方法。该方法存在三种偏误。首先，实证研究表明投资者在使用该方法时，往往未能正确分析和利用相关的“基本比率”信息，而是基于小样本数据进行无效的统计推断。例如，在进行股票选择时，投资者往往不充分考虑所属行业的基本信息，从而可能产生“小数定律”偏误。其次，代表性直觉推断也容易出现“趋均势回归”偏误，即最终结果趋向于平均值。例如，格里维茨、瓦隆和特维斯基的研究发现了“热手效应”。第三，该方法还存在主观偏向，即某些事件或个人从属于规模较小的群体的概率要高于从属于规模更大的群体的概率。

我们可以说代表性直觉推断有时候像是投资者的“胡思乱想”，因为它们容易受到样本的误导，结果偏离了统计学的正确路径。所以，在使用这种推断方法时，投资者们要时刻保持冷静头脑，不要被一些表象所迷惑，要真正关注基本的比率信息。毕竟，要是让小样本的迷雾弄得你眼花缭乱，那可就有点“因小失大”了。

（2）可获得性直觉推断。可获得性直觉推断主要通过直觉来反映或评判给定信息的权重，以替代其真实的概率或频率，其中，权重的大小由决策者回忆给定信息的难易程度和回忆内容所决定。投资者通常避免购买被大多数分析师和经理人赞扬的股票，因为他们相信这种“可得性”信息可能会高估这些公司的资产份额。此外，投资者更关注国内股票产品而非国外股票。因此，投资者对样本量大小缺乏敏感性，这可能是可获得性直觉推断方法出现较大偏误的原因。为了避免这种偏误，投资者应采用更严谨和全面的信息收集和分析方法，而不仅依赖于可获得性直觉推断。让我们在投资道路上避免这些“可得而不可控”的误判吧！

（3）锚定和自适应性调整直觉推断。锚定和自适应性调整直觉推断是指从某些起始点开始，不断进行自适应调整的直觉推断方法。这个起始点可以是各种因素，比如最近的经济数据、当前的通胀率或经济增长率等。当然，投资者也可能会选择特定的起始点，有时候甚至会使用一些不相关的数据作为决策的起点。当前，有些投资者甚至会加入一些虚假的数据作为锚定点，这可能导致这种方法被误用和滥用。虽然目前尚无统一的指导准则来考虑如何调整锚定点，但在各行各业中，锚定和自适应性调整直觉推断法经常被用于做出特殊决策。

锚定的力量就像一把双刃剑！它可以让你的思维在某个点上停留，然后不断自我调整，直到你做出一个决策。但要小心，有时候我们也可能在自己的思维中迷失，陷入不切实际的锚定点。所以，在使用锚定和自适应性调整的直觉推断方法时，记得要保持冷静和理性，不要让自己被奇怪的锚定局限。

（4）记忆式直觉推断法。自诩为优秀的投资者可能更加关注那些能够确认他们观点的信息，而忽视那些否定他们观点的信息，这可能导致投资者高估他们过去投资的收益。格莱泽、韦伯的实验发现，德国投资者对自己的收益估计与实际收益相差超过 10%。在这个竞争激烈的投资世界中，或许在我们的脑海中，那些让人痛彻心扉的亏损只是在某个角落默默消失了吧！但是，投资可不是开玩笑的事情，误差超过 10% 可是一笔巨额的资金！我们应摒弃这种记忆式的偏见，以更加客观和全面的方式来评估和决策。毕竟，投资路上我们不能让记忆带着我们的钱“蒸发”啊！

（5）情感式直觉推断法。情感式直觉推断法是一种近似自动的反应机制，可用于快速对刺激因素做出决策。这种过程通常是无意识的，能够直接处理信息并作出判断，受到积极和消极感受的影响，也可能导致刻板印象和偏好的形成。斯洛维奇等人的实验结果表明，情感式直觉推断法倾向于投资新公司和处于成长期的股票和债券，这对于投资决策具有重要的启示。然而，情感反应也可能干扰认知推理分析，降低决策的准确性。研究表明，愉快的情绪可能会增加投资者使用直觉推断处理信息的倾向，而紧张的情绪则可能增加他们使用系统性处理的倾向。这意味着在情绪高涨时，投资者可能会过度依赖情感式直觉推断法，而忽视系统性处理的重要性。同时，斯塔特曼等研究者发现，情感在资产定价中起着重要作用，情感因素可能会影响投资者的决策行为和资产价格的波动。因此，投资者需要意识到情感因素对投资决策的影响，以及情感式直觉推断法和系统性处理之间的平衡，以确保做出准确和明智的投资决策。

在投资的海洋中航行，情感是我们的忠实船长，但有时它也会带来意想不到的风暴。当我们在决策的航道上遇到情感的涌动时，我们要记住，投资需要理性与感性的结合。就像调味料一样，情感给投资带来了味道，但过量使用会使得投资变得辛辣或酸涩。

实际上，直觉推断法的应用不应仅限于投资领域，在其他领域也有广泛的应用。例如，在医学诊断、法律判断、市场营销等领域都可以使用直觉推断法。在这些领域，直觉推断法可以提高决策效率，但也可能导致偏误。因此，我们需要更多的研究和讨论来建立适当的标准和方法，使直觉推断法成为一种更可靠和有效的决策工具。

综上所述，直觉推断法可以成为一种快速、高效的决策工具，但也可能导致偏误。让我们用直觉的翅膀，飞向决策的天空吧！但别忘了带上科学的指南针和偏误的防护罩，以免迷失在情感的迷宫和确认的泥沼中。让我们以冷静的头脑和开放的思维，探索直觉推断法的奥秘，为我们的决策之旅增添更多智慧与成就！

2.1.3 直觉推断法对投资行为的影响

投资者在使用直觉推断法做出决策时，往往会出现偏差。

（1）首先，代表性直觉推断法对投资行为有着显著的影响。研究表明，投资者倾向于将公司视为其所在行业或市场的代表，而不是根据公司的实际情况进行评估。科拉纳等研究者的实验证实了代表性直觉推断在网络泡沫期间和之后对投资者对网络相关公司估值的影响。在 1998 年至 1999 年的网络泡沫期间，库珀等人也研究发现，带有“COM”字样的公司平均获得了 53% 的非正常收益。这表明，投资者更多的是对公司名称的变化作出反应，而非对公司业务进行评估。当这些公司改变名称时，投资者将其视为网络股票的代表，并相应重新评估股票价格。此外，研究者还证实了代表性直觉推断法对投资者在网络泡沫破裂后的反向重命名决策中的影响。

可见，投资者在使用直觉推断法时，代表性直觉推断法对其决策行为具有重要影响。投资者应采用更理性和客观的眼光来看待投资，远离代表性直接偏见的陷阱，为我们的投资之旅带来更多的成功与成果！

(2) 许多学者认为，那些坚持使用直觉推断的分析师往往过于自信，且缺乏充分的依据。过度自信的分析师通常会低估风险资产的方差或高估其准确性，而大部分过度自信的模型预测也导致交易量的增加。为了探究这一问题，众多学者进行了实验研究，得出了以下结论：奥丁发现过度自信的交易者相较于理性交易者所获得的期望效用更低，他们倾向于持有非多元化的投资组合。凯尔等则发现过度自信的交易者相较于理性交易者获得的预期利润或效用更高，因为过度自信起到了一种承诺机制的作用。布宜诺斯也得出了类似的结果，然而，在该实验中，过度自信的交易者获得更高的利润是由于先行者优势所致。布宜诺斯、卡芭叶、沙科维奇以及奥丁都认为，过度自信交易者的存在有助于解释资产价格的过度波动，即资产价格的波动超过其基本价值的波动。因此，投资者需要警惕过度自信的影响，避免偏离理性，以免影响投资决策。

在投资领域中，自信可以是一种良好的品质，但过度自信就像是一把双刃剑。让我们想象一下，一个自信满满的交易者，他手握交易的马铃薯，心想着“我一定能获得巨大的利润！”结果却把马铃薯烧成了灰烬。这种过度自信就像是给我们的决策戴上了一副迷彩色眼镜，我们看到的只是自己所期望的美好，而忽略了风险的存在。因此，我们更应该保持谦逊而理性的态度，用冷静的头脑分析和评估市场，为我们的投资之旅增添更多的稳定和成功！

在投资决策领域，简化的决策方法已变得越来越普遍，这主要是因为计算最优解所需的成本非常高，而且计算结果也存在着不确定性和风险。因此，投资者通常会选择通用的直觉推断法作为决策的策略工具来帮助自己做出投资决策。但是，这种方法并不是完美的，因为投资者在使用直觉推断法时，也可能会受到一些偏误的影响，从而影响他们的决策准确性。为了避免这种情况，投资决策者需要采取措施来规避偏误。

此外，在金融投资领域，投资者经常使用不同形式的直觉推断来解决问题，比如基于历史数据和技术指标的技术分析，以及基于财务报表和市场趋势的基本分析。然而，不同形式的直觉推断之间可能存在相互抵消的趋势和偏差，这就需要投资者在进行决策时谨慎选择并进行比较分析。在某些情况下，投资者可能需要同时运用两种或更多的直觉推断来做出最优的决策。然而，在投资决策的背景环境经常变化时，不同的直觉推断通常会导致不同的结果。

因此，在充满不确定性的金融市场中，没有一种方法是完美的。投资者需要保持高度警惕，选择最佳的方式来帮助自己做出最优的投资决策。就像是在森林中冒险，我们需要带上各种工具，比如历史地图和趋势指南，但同时也要意识到这些工具有时会相互矛盾，就像指南针和地图的指示不同一样。所以，让我们灵活运用各种直觉推断，将它们汇聚成一个综合的决策指南，为我们的投资之旅增添更多的智慧和成功！

2.2　过度自信行为分析

过度自信是指人们倾向于高估自己的知识水平、能力和信息的准确性，或者对未来和自己掌控未来的能力过于乐观的倾向。心理学文献的研究表明大多数人在大多数时间里都存在过度自信倾向，包括自我感觉良好效应、控制幻觉和过度乐观。

对于投资者来说，了解自己是否存在过度自信倾向非常重要。一些方法可以用来减少过度自信的影响，例如经验教训法、交叉检验和风险管理。因此，了解和减少过度自信对于投资者做出正确的投资决策至关重要。投资者应该采取适当的措施来降低过度自信的影响，避免错误决策和风险的扩大。在投资的大海中航行，让我们放下过于自信的浮夸之帆，用谦逊而理性的舵手技巧来引导我们的投资之船，从容应对风浪，稳步前行！

2.2.1 过度自信的表现形式

正如我们在驾驶车辆时需要调整后视镜和侧视镜，以避免盲区，投资者也应调整自己的自信度，避免在投资决策中产生盲点。虽然自信是一种积极的品质，但过度自信有时可能会让我们陷入自己编织的美丽幻想中，而忽略了风险的存在。因此，了解过度自信表现形式至关重要。

（1）自我感觉良好效应。自我感觉良好效应指的是人们普遍认为自己的正面个人特质优于平均水平。这种效应既具有激励机制，也具有认知机制。从动机的角度来看，认为自己比别人更出色可以提高自尊心；从认知的角度来看，人们常常以自己擅长的领域作为评价标准。

（2）控制幻觉。控制幻觉指的是人们认为自己可以超越正常范围来控制某些事件的发展。例如，人们可能认为投掷骰子的人可以操控结果，或者感染风险与接触的人的身份地位有关。

（3）过度乐观。过度乐观指的是人们在考虑历史经验或进行合理分析后，过于高估有利结果的概率或过于低估不利结果的概率。这种现象在彩票中奖、罹患癌症、期望得到高分、工作机会以及婚姻持续时间等方面普遍存在。

尽管在一般常识领域中人们对自己的不确定性持正常态度，但研究表明在专业领域中，人们表现出相当的自信。在市场预测、投资银行、职业经理人、律师和医学专家等职业中，过度自信的现象屡见不鲜。然而，过度自信，尤其是过度乐观，是可以得到改变的。

2.2.2 过度自信如何影响投资者的决策

过度自信是普遍存在于许多领域的心理现象，包括日常生活和金融领域。然而，在金融决策领域中，过度自信尤为普遍。

举例来说，研究人员 Berner 和 Graber 发现，仅有 35% 的医生承认曾经误诊过患者。但是，根据患者的实际汇报，有 43% 的医生曾经误诊过患者。在一项实验中，研究人员让医生们诊断一些 ICU 病人，并使用一种诊断仪器，然后让医生们评估自己对诊断的确定程度。实验结果显示，医生们的确定程度与误诊率之间并无关联，也就是说，当医生们过于自信时，他们可能会犯错。

此外，盖洛普公司在 1998—2000 年为 UBS Paine Webber 进行了 15 次调查，要求受访者回答未来 12 个月股票市场和他们的资产组合的预期收益。结果发现，受访者普遍认为他们的资产组合表现将优于整个市场，即他们过于乐观。同时，研究人员还发现，男性普遍比女性更过于自信和乐观，预期自己的资产组合表现高于市场平均水平。尽管女性也存在过度自信的情况，但程度相对较低。这些结果表明，在金融领域中，过度自信是一种非常普遍的现象，可能导致错误的决策和损失。

过度自信将对投资者决策行为产生深刻影响：

（1）投资者的过度自信可能导致过度交易。传统金融学有一个定理称为“无交易定理”，即在没有新信息的情况下，理性人对金融资产价格的判断是一致的，因此不会有人买入或卖出，市场保持稳定。然而，由于投资者的过度自信，市场的交易量会增加，流动性会提高，市场会变得繁荣，这就是所谓的“牛市”。从这个角度来看，过度自信可能带来一定的好处。然而，更多情况下，过度自信会导致投资者过度交易。

一些研究者对此进行了分析，并得出相应的结论。马克·格林布拉特和马蒂·基洛哈朱等学者通过对芬兰股票交易数据的分析，发现交易行为与过度自信以及感觉诉求之间存在相关性。其中，感觉诉求是指一个人的性格特征，包括对刺激的追求、渴望寻找新奇和愉悦的经历、希望摆脱社会约束以及不喜欢重复经历。因此，具有较强感觉诉求的人更容易过度交易，因为交易过程和新的投资组合会带来新奇感。换言之，过度自信的投资者可能受到感觉诉求的驱使，更容易被交易过程中的新奇感所吸引，导致频繁的买卖行为。

综上所述，投资者的过度自信可能导致过度交易，尤其是对于那些具有较强感觉诉求的人。在投资决策中，投资者需要保持理性，不被过度自信所驱使，避免频繁的买卖行为。毕竟，投资市场不是一个充满刺激和新奇感的游乐场，而是需要谨慎和冷静思考的严肃领域。记住，在投资中，适度的行动胜过过度的交易！

（2）投资者过度自信会导致分散化不足的投资。对于大多数个人投资者来说，由于时间有限，他们往往只对少数股票进行分析。他们认为，只要能够在这些股票中找到几个赢家，就能够获得足够的收益。

目前，许多学者正在研究哪些投资者最容易存在分散化不足的问题。威廉·戈茨曼和阿洛克·库玛尔的研究发现，金融知识丰富的投资者在分散化不足问题上较为轻松，并且随着收入、财富和年龄的增加而减少。然而，对于那些交易量最大且分散化最不足的投资者来说，过度自信是导致他们交易过度和分散化不足的主要原因。分散化不足与过度的风险承担有关，本质上是对不存在确切高回报证券的过度投资。投资者希望能够发现被低估的证券，但这种盲目的乐观使得他们难以理性地分散投资。

换言之，过度自信的投资者常常忽视投资组合的分散化，集中投资少数几只股票。他们过分乐观地相信自己能够找到高回报的个别股票，而忽视了风险的均衡分散。这种行为可能会使他们面临较高的风险，因为投资组合过于集中，一旦其中某些股票表现不佳，损失也会相对较大。

在投资领域，分散化被认为是一种有效的风险管理策略，可以降低投资组合的整体风险。因此，投资者应该意识到过度自信可能导致分散化不足的问题，并努力以理性和全面的视角来构建投资组合。毕竟，把所有鸡蛋放在同一个篮子里是有风险的，而且没有人能够准确预测未来的市场走势。

（3）投资者过度自信会导致处置效应。处置效应是指投资者存在过早卖出表现良好股票、持有亏损股票时间过长的倾向。研究表明，这种现象与投资者的过度自信有关。过度自信的交易者通常执着于自己的信念，忽视股票价格下跌的公共信息，从而承担过多的风险并坚定持有该股票。在期货交易中，研究表明，当交易者在一天中出现亏损时，他们往往会增加自己的风险头寸，而接下来的投资表现也会更差。

对于投资者而言，认识到处置效应的影响非常重要，一味坚守个别亏损股票可能会使你陷入更大的风险。投资者要学会放下那些已经明显“下沉”的股票，为自己的投资航程保驾护航。

（4）投资分析师的过度乐观倾向也是一个备受关注的问题。研究表明，投资分析师在对待所研究公司的表现时存在过度乐观的倾向。这种倾向可以解释为一种认知偏差，即对信息的选择性处理和解释，导致对被研究公司的前景和未来表现过于乐观。

然而，这种过度乐观主义的倾向可能会引发非理性的羊群行为。投资者会受到分析师的建议和推荐的影响，从而导致市场波动和价格波动的不合理扩大。或许我们可以把投资分析师们称为“市场乐观主义者”，他们总是希望市场风平浪静，熊市无从侵袭。此外，投资分析师的过度乐观主义可能与他们的职业利益有关。分析师通常受到公司雇佣，并通过向投资者推荐购买股票来为公司赚取更多的业务和佣金。因此，他们可能倾向于忽略负面信息，而过度强调公司的优点和潜力。这种行为不仅可能误导投资者，还可能使分析师失去客观性和独立性。

因此，投资者需要对分析师的建议和推荐进行适当的审查和独立思考。不要被过度乐观的言辞迷惑，应保持理性思维，做出基于充分信息的决策。监管机构也需要对投资分析师的行为进行监管和约束，以保护投资者的利益和市场的稳定。毕竟，我们不能让过度乐观的“吹牛大王”在投资市场上胡来，让市场变成一场意气风发的“笑话大会”。

2.3 神经金融学

神经金融学作为一门新兴而迅速发展的学科，旨在通过运用神经技术来揭示人类在金融决策时大脑的运作机制。这一跨学科的领域涵盖了神经科学、经济学、心理学、决策科学、神经病学、社会学、进化生物学、法学和伦理学等多个学科。神经经济学家借鉴了神经科学领域的研究工具和技术，致力于构建人类经济行为和决策的完整经济模型。

因此，本小节的主要目的是描述神经经济学家在金融领域应用该技术所取得的相关进展。这些进展有助于我们理解金融风险和金融选择对社会的影响。本小节分为四部分，包括神经科学基础概念、神经金融学的研究方法、神经金融学中的决策与偏误，以及与收益和风险相关的神经金融学。让我们深入探索大脑中的金融奥秘，看看这些研究能否让我们对金融市场多一份洞察力，少一份无奈感。

2.3.1 神经科学基础概念

大脑可以细分为三个解剖分区，每个分区就像洋葱的一层。首先，最外层被称为皮层，是大脑的逻辑中心，负责分析和决策复杂的程序刺激。皮层中最重要的一部分是前额皮层，它与抽象思维、规划能力、计算学习的能力和战略决策密切相关；另一部分是岛叶皮层，直接由新皮层进化而来，被认为是由更老的皮层部分进化而来，且结构上属于大脑边缘系统的一部分。其次，中间层负责情感和动机，维持生命的生理过程则依靠最里面的一层。

因此，大脑的三个解剖分区具有不同的功能和特点，彼此相互作用，协调共同工作以实现复杂的神经行为。这种分层结构和分工安排是大脑高效运作的基础，也是神经科学研究的重要方向之一。本小节提到皮层时基本是指新皮层和前额皮层，并不包括岛页皮层，如图 2 - 1 所示。大脑的三个层次通过神经通路相互连接，实现信息的传递、合并和处理，其中有两条神经通路被发现与金融决策高度相关。

自亚里士多德时代以来，科学家和哲学家们普遍认为大脑存在两种主要功能，这两种功能对于人类几乎所有行为都非常重要，分别是奖赏（追求快乐）系统和风险厌恶（远离痛苦）系统。这两个激发系统可以被独立地激活或抑制。在面临潜在的金融收益或损失时，这两个机制中的一个或两个同时作用于决策过程。因此，大脑中的神经通路在金融决策中起着关键作用，这为理解人类行为和决策提供了重要线索。同时，这种分层结构和分工安排也为进一步探索大脑功能和神经机制提供了新的视角和方法。深入研究这些神经通路的机制和调节，将有助于我们更好地理解和应对人类行为中的复杂问题。

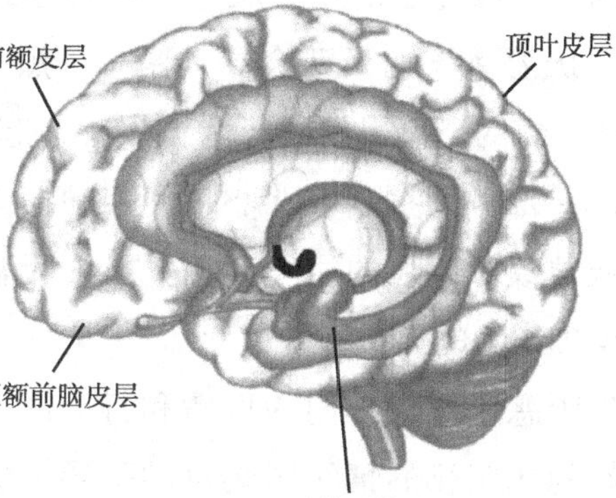

图2－1　整个大脑的描述

（1）奖赏系统。当人们感知到环境中存在潜在收益时，大脑的奖赏系统便开始发挥作用。总的来说，奖赏系统的主要作用是协调对潜在收益的搜索、评价和追逐。在奖赏系统中，传递信息的神经元主要通过神经递质多巴胺传递信号。多巴胺在历史上被称为大脑的快乐化学物质。最近的研究表明，多巴胺在注意力、情绪、学习、刺激和奖赏的评价以及追求等方面都扮演着重要的角色。当大脑区域被电流刺激时，会分泌高浓度的多巴胺，其外在表现为强烈的幸福感。科学家认为，奖赏系统中的多巴胺活跃程度似乎与积极情绪相关。奖赏系统可以方便、迅速评估环境中潜在的价值和威胁。然而，对奖赏系统反应差或不敏感容易导致人精神萎靡、缺少活力。因此，为了寻求代偿兴奋感，人们可能会沉迷于类似病态赌博或消费上瘾的猎奇性金融行为，这些短期获得可以激活多巴胺进入奖赏系统中。

（2）风险厌恶系统。大脑中另一种基本激励系统是“损失厌恶”系统。

当大脑察觉到环境中存在潜在的威胁或危险时，该系统就会被激活。焦虑、恐惧和痛苦等常见情绪源于损失厌恶系统的激活，而悲观和抑郁的思想则是其认知后遗症。与奖赏系统不同的是，损失厌恶系统覆盖了大脑边缘系统的多个区域，因此对其认知不太准确。例如，大脑中的杏仁核和前脑岛区域，其活动受血清素和去甲肾上腺素等神经递质的调节，同时也可以通过抗抑郁药物进行调节。急性激活损失厌恶系统会导致焦虑并伴有主观和生理表征。大脑损失厌恶系统的活跃会导致紧张、焦虑、厌恶、痛苦，甚至恐慌。由于失望和后悔的恐惧引发的行为偏误似乎起源于杏仁核的活跃。前脑岛是原始皮层的一部分，控制着恶心、痛苦和损失的体验。在投资实验中，前脑岛的活跃导致对风险的过度厌恶。损失厌恶系统的激素和化学通路是心理压力和生理压力的源头。

奖赏系统和损失厌恶系统对人们的思考和行为产生影响，并处于潜意识中，通常通过微妙的或明显的情绪影响自动引导人类行为。但调查者们有一系列的工具来评估大脑奖赏系统和损失厌恶系统的健康状况。

2.3.2　神经金融学的研究方法

当前，研究人员采用了许多复杂的工具来研究大脑的工作机制。在大多数情况下，神经经济学家都是在识别总体效应和决策过程中个体关键差异的基础上，通过对决策任务的信息及其框架的操作来取得重要发现。神经金融学的研究方法主要可以分为以下几种：

（1）神经影像。神经影像可能是神经经济学家最广泛应用理解决策过程的工具。大部分神经影像学使用功能性核磁共振成像（fMRI）技术，该技术利用充氧血液流变作为大脑新陈代谢的代理变量，以成像形式展示大脑在每一秒内的活动情况。除了 fMRI，还有正电子放射层扫描术（PET）等影像技术。尽管 PET 可以形成比 fMRI 大一些的成像点（3 × 3 × 3 毫米），但只有在向被试者注射放射性示踪剂的情况下才能识别出葡萄糖代谢和血流的变化。另外，一些较少使用的影像技术还包括核磁共振谱、脑电图和光学层析成像（一种用红外线监测大脑活动的技术）。由于低侵入性、少辐射曝光和相对广泛的可用性，fMRI 已成为最为常见的神经影像技术。

（2）调查性技术。除了神经影像，还有其他一些调查性技术，如基因测试、行为测量、主观报告、心理学检测、激素测验和电生理学。电生理学包括对心率、血压、电皮反应（汗液）和其他物理变量的测量，其中大部分是关于大脑边缘和中部地区反应性全脑激活的指示变量，而眼睛瞳孔的测量使研究者能够直接监测交感神经在“攻击或逃避”恐慌反应中的活动。

（3）肌电图。肌电图（EMG）是一种能够测量肌肉收缩时的脑电活动的技术。使用 EMG 时，人们可以检测到微小的高兴和关注等状态变化。

（4）单神经元记录技术。单神经元记录技术是一种有生理侵入性的技术，主要应用于对猴子和小鼠的实验研究。该技术可以模拟微小神经束的活动，例如计算不同决策选择所具有的预期价值的神经活动。

（5）标准的心理学研究工具。标准的心理学研究工具包括自我分析报告、行为观测、个性测试和其他特殊的心理测量工具，如感动、抑郁、焦虑、神经质、冲动和直觉评分量表等。这些工具在神经金融学研究中得到广泛应用。此外，预期、思索、学习、校正和计量等心理状态也可以通过神经影像技术如 fMRI 进行检测和观察。

（6）深层语音分析。深层语音分析是一种新的个人激励状态监测方法，通过测量声音强度来实现。对书面文件和录音记录的文本分析是一种有用的技术，可以测量和量化态度、信念和情感状态的既定偏好或情绪反应。

（7）饮食的控制。饮食控制包括节食治疗，例如利用某些氨基酸来内源性降低色氨酸水平，以及服用外源化学药物，包括医用药物、食品、维生素、荷尔蒙和麻醉品等。其主要目的是通过已知的神经机制显著地影响金融决策。

综上所述，神经科学与金融学的交叉研究不仅能够为研究者提供更多有价值的数据，还能够结合大脑活动数据，提高对个体行为决策甚至市场行为的预测能力。

2.3.3 神经金融学的决策与偏好

当前，存在多种因素可能导致个人财务决策的偏误。在生理方面，遗传因素对金融风险行为具有重要而深远的影响。在化学方面，摄入药品等化学物质会改变细胞内环境，进而对金融决策产生影响。此外，在解剖学方面，fMRI研究已经证实信息呈现形式、参考点的建立以及框架效应都会影响财务决策，而这些影响可以通过大脑边缘系统中脑血流所带氧气的变化来进行预测。

这些研究发现带给我们许多有趣的想法。比如，如果我们发现自己在做出金融决策时经常偏离理性，我们可以归咎于我们的基因，或者责怪我们上一顿吃的午饭中的某种化学成分。也许在我们做出决策之前，我们应该经常检查自己的脑部血流情况，确保我们的大脑能够提供足够的氧气供给，以免被财务决策中的框架效应所迷惑。那么神经系统是如何影响我们的金融决策与偏好呢?

(1) 医用药品和非法药物的滥用会改变对金融风险的偏好。决策行为在某种程度上依赖于大脑中潜在的神经化学环境。因此，饮食变化、药物使用、锻炼以及其他改变大脑中神经化学物质活性的技术都可能会影响决策。在金融世界中，药物的力量似乎也在发挥作用。一些研究人员发现，如果你对高血压病有些头疼，而你又恰巧在服用那些常见的β-受体阻滞剂药物，那么你可能会更加重视潜在的金融损失。这些药物可能会改变你大脑中的神经活动，从而影响你对风险的态度。此外，斯科特·得·莱恩研究员进行了一项有趣的实验。他让被试者面临两种选择：一种是确定但价值较低的正期望值（只有0.01美元），另一种是不确定性较高的零期望值（也就是风险选项）。结果显示，那些被四氢大麻酚中毒的被试者相较于服用安慰剂的参照组更倾向于选择风险。莱恩及其团队还发现了类似的实验结果，即酒精中毒的被试者相较于实验中的参照组更倾向于持续选择风险。

所以，不管是医用药品还是非法药物，它们都可能对我们的决策产生影响。当然，我们不鼓励通过麻醉自己来进行金融决策，但这些研究结果为我们揭示了人类大脑的奥秘。也许将来我们可以开发出一种“明智药”帮助我们做出更明智的金融决策，而不必依赖于酒精或其他不健康的选择。

（2）金融领域涉及到风险承受、回报和损失厌恶体系。目前，经济学家在改变风险决策的共识方面取得了一定进展，特别是已经发现了一些可以提升“过渡”风险决策可能性的生理或心理状态。库恩和克鲁森（2005）的研究证明奖励系统和损失厌恶系统在资产组合和投资失误中的作用。研究认为，风险追逐选择（如在赌场赌博）和风险厌恶选择（如购买保险）可以通过伏隔核（NAcc）和前脑岛两种不同的神经机制来驱动。这一发现与以下观点是一致的：NAcc 和前脑岛的活跃分别导向积极的和消极的预期情绪状态，而刺激这两者中的一个则会导致风险偏好的转变。

这也解释了为什么在赌场里赌客周围会有各种各样的赢利暗示（如价格低廉的食品、免费饮料、惊喜的礼物和潜在的高额奖金）——因为对回报的预期会激活 NAcc，从而提高个人从风险厌恶行为转向风险偏好行为的可能性。克鲁森等人明确识别出了两种能够预示购买行为的因素。NAcc 的活跃表明了对某种消费品的“偏好”，可预测出购买行为，消费者会为自己喜好的物品支付更多。然而，当感觉到一件消费品“便宜”或正在促销时，内侧前额叶（MPFC）会被刺激，这也会预示购买行为。因此，如果消费者认为某件商品“很划算”，那么他们也会被驱动去购买这些他们并不真正喜欢的商品。

在金融市场中，某些基因标志会导致参与个体倾向于做出更高风险的金融决策，同时对框架效应也更为敏感。在一项基因学研究中，实验发现拥有 DRD4 基因重复等位基因的个体在投资任务中选择比其他人高 25% 的风险，而那些拥有两个短血清素运输基因（5 - HTTLPR s/s）副本的被实验者选择多于其他人 28% 的无风险投资。神经经济学家 Mohr 等还发现，随着个体年龄的相对变化，其风险偏好也会发生变化。例如，个体早期的生活经验与其多巴胺和血清素在一生中的生理变化是相关的，经历过经济困难时期的个体和没有这些经历的个体在投资和储蓄的行为模式上存在差异。这表明，虽然遗传因素似乎对个体有终身的影响，但后天的成长过程（如家庭和幼时经历）对个体的一生行为也有显著的影响。

研究还发现，个体会从其一生的投资经验中学习，这将减小成长过程的影响。不过要记住，在金融决策中，我们不应只依赖基因或药物来解释一切，我们也需要考虑到环境和个人经验的综合影响。毕竟，即使你拥有最好的基因，如果你不懂得如何管理你的钱和风险，也不会变成一个成功的投资者。所以，不管是基因还是经验，让我们在金融决策的旅程中充满智慧和幽默，因为有时候，财务决策本身就像是一场刺激的赌局，而我们需要做的就是在风险与收益之间找到平衡点。

（3）损失厌恶。目前研究表明，神经质分值高的个体在经历损失时，其前脑岛的反应更为强烈。通过同时进行个性测试和神经成像研究，可以更准确地预测在已知损失条件下哪些个体会表现出风险偏好。另外，研究人员克鲁森等发现，在大脑结构中的右前脑岛活化是最有可能预示禀赋效应的。当个体对失去一个本来拥有的物品（如卖出该物品）所带来的潜在痛苦感觉更为敏锐时（即右前脑岛的活动强烈），他们更容易出现禀赋效应，即要求更高的价格。Har 等人的研究表明，损失厌恶并不依赖于年龄。尽管儿童由于无法进行价值预期而不会投机，但他们也被证明存在损失厌恶，并且这种厌恶并不会因为年龄小而减轻。

这些研究结果告诉我们，即使我们在面对损失时表现得非常神经质，也不要感到自卑或困惑。毕竟，我们的大脑有着自己的规律和反应模式。当我们失去某样东西时，我们的右前脑岛可能会在大脑舞台上高亢奏响，表达出对失去的物品的强烈痛苦感。这就像一位过分敏感的艺术家，对于失去的作品会表现出异常的情感。不过，这种敏感性也可能会导致我们在出售物品时要求更高的价格，这就是所谓的禀赋效应。

总之，我们的大脑有着自己独特的方式来应对不同的情境，而这些研究为我们揭示了这些方式的一部分。当然，我们也不必太过担心自己的神经质，毕竟它也让我们成为了一个独特的、充满幽默感的个体。就像有人说的那样："每个人的大脑都是一部独特的喜剧片，而我们每天都在表演着自己的小喜剧。"

2.3.4 与期望收益相关的神经金融学

收益与风险是金融决策的核心度量。一般而言，金融投资的预期收益越高，投资风险也越大。因此，研究者们从多个学科角度出发，致力于解决如何在追求最大预期收益的同时，避免或分散较大风险的问题。

近几十年来，众多研究者将认知神经科学的研究重点放在奖赏与惩罚的神经基础上，发现了一些与决策普遍相关的特定大脑区域。这些研究结果为我们提供了新的视角，帮助我们理解和预测决策行为。研究还发现，在大脑内部存在着一个参与决策处理的神经回路。Schultz 提出了一个设想示意图，展示了神经回报回路的运作方式（见图 2－2）。

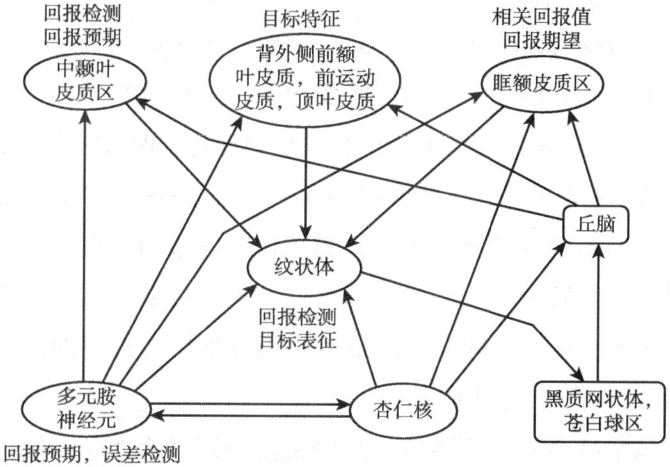

图 2－2　人基于回报过程的神经回路

神经科学家意识到回报数量和概率之间的区别很重要，并直接测试了它们对回报相关的大脑活动的影响。Knutson 等人在 2001 年发现预期回报数量会激活腹侧纹状体区域的伏隔核，而预期惩罚则会激活背侧纹状体区域的内侧尾状核。他们还开发了一个金钱激励延迟任务，并发现腹侧纹状体与回报预期相关，这一结果得到了其他研究者的证实。然而，一些学者发现回报结果会激活内侧前额叶皮质区域。Elliott 等人发现，当回报出现时，无论回报值大小，杏仁核、纹状体和中脑多巴胺系统都会产生反应。相反，前运动皮质的激活随着回报值的增加呈线性上升，而内侧和外侧眶额皮质的反应是非线性的，即相对于中间范围的回报值，最低或最高的回报值都会使该区域的激活增强。

Rogers 等人开展了一项实验，采用金钱赌博任务来探究被试在选择两个赌博选项时的神经机制。实验中，被试需在两个赌博选项中进行选择，这两个选项的收益、损失数量和概率均不相同。随后，利用功能性磁共振成像技术，研究了眶额皮质、前扣带回皮质以及腹侧纹状体在“决策选择”和“结果呈现”这两个阶段中的神经活动情况。研究结果表明，选择阶段中，高收益选项激活前扣带回皮质和右后眶外侧皮质；而结果阶段中，收益（相对于损失）激活了后眶内侧皮质和腹侧纹状体。此外，前扣带回皮质和眶额皮质的激活区域在这两个阶段中仅有很小的重合，这表明这些区域的神经活动各自对应于决策不同阶段的不同回报信息。尽管该研究对于“预期回报”和“回报结果”对应的神经机制进行了深入探究，然而随着研究的不断深入，神经科学家开始逐渐关注个体进行决策时所对应的神经机制。例如，Sabrina 等人的研究发现，当被试的决策结果在实验过程中没有得到反馈时，被试的决策效用只激活与回报相关的脑区。在风险决策过程中，时序差分预测误差（即实际决策回报值与期望回报值的差值）也会对个体之后的决策行为产生影响。

近来，越来越多的神经科学家开始关注与回报概率及预测误差相关的神经机制。Fiorillo 等人的电生理研究发现，中脑可能对回报信息的两种统计参数进行译码：（1）短暂的误差预测信号强度随回报概率大小而线性变化；（2）持久的信号强度变化与回报概率高度非线性变化，并且其最大值出现在回报不确定性达到最大时（回报概率等于 0.5 时）。Dreher 等人进一步探究这两种信号，设计了一个新实验范式，系统地变动金钱回报概率、数量以及期望回报值。该研究发现，中脑被误差预测信号短暂激活的同时，会被回报不确定性持久激活。与此同时，可以清晰观察到突触后中脑投射部位的不同激活变化：前额叶皮质对短暂的误差预测信号产生反应，而腹侧纹状体则随着持久的回报不确定性信号协变。这些数据表明前额叶皮质可能参与回报预测，而腹侧纹状体则可能参与激励过程。Abler 等人设计了一项简单的激励延迟任务，其中回报概率在 0 到 100% 之间独立取值。研究发现，在预测回报阶段，大脑伏隔核区域的 fMRI 信号随着回报概率的增加而呈线性增加趋势；而在回报结果阶段，预测误差与回报概率存在线性反向关系，伏隔核区域的活动参与了预测误差的解码过程。此外，Yacubian 等人发现，期望正收益会激活腹侧纹状体，并且与回报概率以及预测误差信号相关；相反，期望负收益以及相应的预测误差信号与杏仁核相关。这表明，腹侧纹状体和杏仁核分别参与正、负期望收益值的计算过程以及随后的预测误差计算过程。此外，Rolls 等人的研究发现，内侧眶额皮质激活与回报数量及期望值正相关，并且腹侧纹状体、中脑以及额下回与预测误差相关；前脑岛激活与期望值负相关，并且在回报值不确定时，前脑岛也会被激活。

作为新兴学科，神经金融学的研究者们采用了不同的方法，构建了不同的实验，并从神经学角度对决策过程进行研究。上述研究结果不仅丰富了神经金融学的内容，而且为后续研究提供了理论基础。

2.3.5 与风险相关的神经金融学

目前，研究者主要关注神经科学与期望收益的相关内容，并取得了丰硕的研究成果。然而，在决策风险方面，研究仍处初步探索阶段，仅取得较少的成功。Ernst 等学者设计了一个幸运轮任务，他们研究发现，与低回报、低风险相比，在高回报、高风险的情境下，腹侧纹状体在选择阶段会有更强烈的神经反应，而在预测阶段则没有。此外，预期和选择阶段具有不同的神经回路，但也存在一些重叠的部分。这表明冒风险和等待风险决策结果在选择和预期阶段对神经激活的影响可能不同。因此，风险和回报在预期和选择阶段对大脑的一般结构（包括腹侧纹状体）的调节作用也不同。此外，一些研究表明，腹侧纹状体可能随着回报的不确定性（即回报存在风险）协变。而 Weber 等人的研究发现，包含风险的选项会激活后顶叶和外侧前额叶皮质。

金融决策需要评估各种不确定因素所带来的可能损失，即存在的金融风险。在金融投资之前，一般会对预期收益的风险水平进行预测，并在随后检测相关的风险预期误差，在此基础上对金融风险水平进行修正。神经科学家已经初步发现了与金融风险预测相关的神经信号。例如，Preuschof等人设计了一个风险不断变换的简单纸牌游戏任务，研究发现前脑岛区的早期激活与风险预测误差显著相关，并且其时程与其在快速修正时一致；在风险刺激呈现一段时间后，对应风险预测的前脑岛区激活开始出现。此外，Rolls 等人的研究发现，当回报值不确定时，前脑岛会被激活。

这些研究结果为我们提供了关于大脑在金融决策中的作用的初步认识。虽然我们仍处于探索的阶段，但这些发现为我们理解决策过程中的风险评估和调整提供了重要线索。正如一位幽默的经济学家所说："金融决策就像是一场神经科学的马拉松比赛，我们的大脑需要不断调整，以应对不确定性的冲击。"因此，通过进一步的研究，我们将能够更深入地理解大脑在金融决策中的角色，并为金融市场参与者提供更好的决策支持和风险管理策略。

2.4 情绪金融学：潜意识在金融决策中的作用

传统金融学源自新古典经济学理论，其中一个著名的经济学假设是经济人假设，即人们在经济活动中完全追求物质利益，并以尽可能少的付出换取最大化的收益为目的。这种观点将人视作理性经济人或实利人，即古典管理理论中把人看作"经济动物"，认为人的行为都是为了最大限度地满足个人私利，工作目的只是为了获取经济报酬。然而，在投资行为中，由于人的信息处理能力有限以及人的本性，人们往往做出有偏误的判断。

显然，所有的投资行为都会受到情感因素的影响，而人在金融决策中往往不是完全的"经济人"，而更多地处于"社会人"状态。嘿，这就像是在说人们都是一群精明的投资大师，只关心自己的钱袋子。但是实际情况并不是这样啊！在投资中，人们常常会犯错误，因为我们的信息处理能力有限，而且我们都有自己的本性。因此，人的情绪和潜意识行为在金融决策中具有重要的影响作用。为此，本节简要介绍了情绪金融学，并将重点关注情绪和潜意识在金融决策中的影响。

2.4.1 情绪金融学

情绪金融学从潜意识的视角探究金融市场，运用精神分析法深入探讨人类心理，并阐释情绪和感受在投资行为中的驱动作用。精神分析学旨在解释感受、认知、思维和信念之间的潜在关系，特别关注感受和认知对事物与现实之间匹配度的影响，从而引发投资决策的偏误现象。当前精神分析法主要以弗洛伊德的理论为基础进行探讨。

弗洛伊德的理论假设认为，思考所产生的感受可以基本分为愉快感受和不愉快感受两种类型。因此，大多数人都经历内在冲突，其中一些经历会引发矛盾心理，即同时包含愉快感受和不愉快感受的心理状态。举个例子，很多专业投资者意识到持有股票会激发出模糊不清的感受，两种情绪相互交织——一方面是过度迷恋并持有过长时间的危险，另一方面则是可能因为卖出过早而感到痛苦。人们通过否定和压抑痛苦的感受，将其潜意识化，以“简单地”处理感受上的冲突，仿佛从未考虑过或体验过这些不喜欢的事情。因此，精神分析法强调而非忽视这些被潜意识化因素的作用，是一种动态而非静态的心理学理论。

与传统金融学相比，情绪金融学是行为金融学中一个全新的研究分支。情绪金融理论认为，在面对高度不确定的市场环境时，投资者普遍会受到情绪的影响，从而产生投资决策的偏差。因此，情绪金融理论认为，投资决策可能是在潜意识力量的影响下做出的，而这种影响通常不为人们所察觉。此外，情绪金融理论认为，如果我们能更全面地了解这些影响，并让投资者意识到它们的存在，将有助于减轻市场参与者的焦虑和压力，并进一步提高投资决策的质量。

所以，情绪金融学可以说是相当有意思的研究领域。它从潜意识的角度来研究金融市场，运用精神分析法深入挖掘人类的心理世界，揭示情绪和感受对投资行为的影响。

2.4.2 投资者的情绪对投资行为的影响

心理学家普遍认同快乐、伤心、愤怒、兴趣、轻视、厌恶、骄傲、恐惧、惊奇和后悔等状态被归类为情绪。这些情绪可是我们生活中的好伙伴啊！然而，琼·埃尔斯特提出了6个可观测的特征来定义情绪：（1）认知先行；（2）意向对象；（3）生理激发；（4）生理表现；（5）效价；（6）行动倾向。这就是说，我们在面对情绪时，大脑先行动，然后就有意向去看东西、搞出生理反应、做些表情、发出各种效价（好坏评价）以及产生一些行动倾向。因此，对于投资者而言，了解不同情绪下的心理状态十分重要，常用的方法是情感评估，这就像情绪“考试”！其实，情感是可以评估的，因为人们可以判断某种刺激因素是好还是坏，积极还是消极的。需要注意的是，尽管情感反映了一种评估，但它并不一定需要或排除认知反应的存在。

目前，一些学者的研究表明，投资者的情绪会影响他们的行为。换言之，即投资领域存在“心情投资”！倘若投资者能够正确评估自己的情绪，从而了解不同情绪下的心理状态，这有助于他们在不同情境下做出正确的投资决策。投资者的心情影响投资者的决策，就像图2－3上所示的那样。所以，大家在投资的时候要记得把心情调成正确的频道哦！

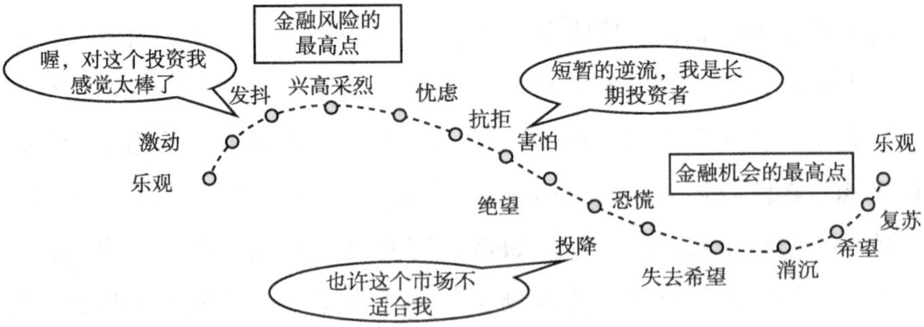

图2－3 股票投资心理分析

经济学家罗伯特·希勒在其著作《非理性繁荣》中指出，投资者的情绪状态是导致股市繁荣的最重要因素之一，这一观点在20世纪90年代的股市中备受关注。为了证明投资者的情绪会直接影响他们的行为，研究者们也对此进行了广泛的研究。

有一份研究使用来自全球26个证券交易所的数据，证明在阳光明媚的清晨，投资者更可能处于良好的情绪状态，这种心情会促进投资者投资股票的回报率。也就是说，阳光明媚的早晨可能会给投资者带来阳光般的心情，让他们更乐观地对待股票市场。此外，还有其他的研究表明，当交易者的睡眠被打乱时，市场回报率会出现下跌。

不过，需要注意的是，个人的情绪状态并不一定会直接导致股票市场的定价。即使在阳光充足的日子里，人们仍然可能保持理性，不会做出非理性的投资决策。毕竟，即使是在阳光灿烂的日子里，人们也不会把自己晒伤在股票市场的风口浪尖上。另外，即使人们在好心情下进行了投资，理论和实证证据都表明，市场行为可以与理性的定价相一致，这意味着市场定价并不会受到情绪的影响。也就是说，尽管好心情可以让投资者们在市场上活力满满，但他们也不会因为心情好就乱来，市场依然能够保持冷静理性的价格形成机制。

此外，还有一些研究表明，开心的投资者更加谨慎，更加避免风险，因为他们不希望自己的投资行为破坏自己的好心情。原来，开心的人也是个小心谨慎的家伙，他们不想让一丝糟糕的投资行为打破自己的好心情。因此，情绪的影响因人而异，需要具体情况具体分析。毕竟，每个人都有自己独特的情绪盒子，里面装满了各种各样的情绪糖果，我们需要根据具体情况挑选出最适合的情绪糖果进行投资决策。

除了以上的研究角度，Kamsta等研究者将由于白天变短所引起的低落情绪与投资市场周期联系了起来，认为情绪对于投资风险选择有一定的影响。然而，在投资者的风险态度与情绪低落之间的联系方面，目前尚未有明确的证据。心理学家Damasio AR指出，人们的想法是由包括感知和符号所代表的影像构成的。这些影像与正面或负面的感觉和生理（或身体）状态联系在一起。在神经层面上，生理标志源于个体的经历，而经历则搭建了一个经验和心理状态之间联系的桥梁。实际上，情感反应是身体不同状态的认知表现，大脑利用情绪来解读特定的环境。人们会乐于接受那些正面标志的刺激而刻意回避那些负面的。就好像我们乐于接受正面标志的刺激，不愿接受负面标志的刺激一样，我们喜欢吃甜食而不喜欢吃苦瓜。一个人很容易把握情感反应，因为反应是一个去评价正面刺激和负面刺激的简单方法，这也提供了一个方便有效的决策办法。毕竟，在人生的十字路口上，我们总是希望走向阳光明媚的道路，而不是灰蒙蒙的小巷。

综上所述，投资者的情绪会影响他们的投资行为。如果一个人能够意识到这一点，时刻关注自己的情绪，将有助于提高其投资决策的准确性。使用情感反应来评价正面和负面刺激也为投资者提供了方便有效的决策工具。毕竟，我们的情绪不仅是心灵的指南针，也是投资决策的小助手，让我们在投资之路上能够更加从容自如地掌控自己的情绪航向！

2.4.3　投资环境的不确定

金融市场是投资行为发生的情境，人们参与资产定价。资产价格反映了投资者对未来的预期，而市场本身具有内生的不可预知性。这种不确定性会引发神经和心理层面的情绪反应，主要表现为焦虑感，从而带来压力。看着股票的价格涨涨跌跌，投资者们就像坐过山车一样，时而兴奋，时而紧张，这种情绪变化让他们感受到了投资之路的起伏。

此外，资产评估的实际过程是复杂和不确定的，因此人们不得不利用直觉来分析市场，这进一步提高了他们所感受到的压力。投资行为依赖于解决两种不同次序的不确定性：一种是由决策时无法避免的信息不对称引发的不确定性；另一种是由未来不可知所决定的不确定性。这就好像投资者要在一片茫茫的海洋中航行，需要面对信息的不对称和未来的不可知。

由于焦虑感会迅速蔓延且带来心理上的痛苦，因此投资者们需要找到应对焦虑的方式，就像找到了抵御恶劣天气的雨伞一样，或者像找到了面对崎岖山路的越野车。毕竟，投资环境的高度不确定性给投资者带来了巨大的情绪变化，进而影响了投资的决策行为。所以说，投资者在面对不确定性时，需要像面对情感的大海一样，学会驾驭自己的情绪之船，才能稳稳地驶向投资的彼岸！

焦虑是投资者常常面对的情绪之一。投资决策通常伴随着兴奋和焦虑这两种情感，这与弗洛伊德的精神分析理论是相符的，他认为投资决策会激发愉悦和不愉悦的感受。这种情感状态会导致投资者将对损失的痛苦思考与对收益的兴奋感分离开来。根据精神分析理论，如果个体长时间处于这种状态，那么就会面临进入分裂而非整合的精神状态的风险。投资者要么保持现实基础上的整合状态，忍受不确定性带来的焦虑，要么将痛苦的感受分离出来进入兴奋偏执的分裂精神状态。然而，当投资者面临不利于投资的事件时，前一种选择会变得异常困难。

本小节旨在强调投资决策中情绪的重要性，并呼吁投资者采取积极的方法来缓解焦虑感。投资者应该认识到自己情绪反应的作用，并寻求适当的情绪管理方法，例如通过定期运动、冥想和自我反省等方式。此外，他们还可以考虑寻求专业咨询和支持，以帮助他们更好地应对投资环境的不确定性。投资者就像是情感过山车上的乘客，面对市场的起伏和不确定性，有时感到兴奋，有时又倍感焦虑，但只有学会驾驭自己的情绪之车，才能稳妥地驶向投资的目的地。

结语

本章着重探讨了投资者情绪对投资决策的影响，还介绍了神经金融学和情绪金融学这两个牛角尖学科在此问题上的成果。如今经济和科技飞速发展，对投资者情绪的研究也日益多样化，洋溢着大数据和情绪分析等高级技巧。华丽转身，电脑语言在金融领域的应用愈发普遍，人工神经网络和人工智能成为分析投资者情绪量化的重要工具，不仅能进行横向研究，利用编程技艺实时盯着股市动向和投资者情绪，将主观因素框进量化考虑，还能借助网络爬虫技巧从网媒中吸取知识，以更新投资者对市场情绪的了解。如此一来，不管对于股市还是国内经济的态度，都一清二楚，这能帮助投资者更聪明地了解市场，制定更科学的投资策略。互联网技术、多维度数媒分析手法、AI 和机器学习也在渐渐融合，投资者情绪量化分析的研究将愈加博大精深。这样就可以更好地理解投资者情绪对金融市场的影响，助力投资大咖们制订更有科学依据的投资策略。

第三章

投资者行为研究

2005—2007年可谓中国证券市场的“炒鸡岁月”，深圳成指和上海综指直线上升，普通投资者信心满满，但没看到潜藏的风险。虽然当时我国GDP增长率为11.4%，勉强比前几年的平均水平（9%）高点，但2008年股市却像过山车般跌宕。接下来4年，中国股市就像过山车一样，一大堆投资者亏得稀里哗啦。这样诡异的股市情景似乎在全球范围内都上演过。1992年，日本股市狂震，导致日本经济连续低迷20年。还记得2000年1月10日吗？惊天一合的美国在线和时代华纳合并，曾经被寄予厚望，结果2003年合并后的公司亏损了990亿美元，大概相当于新西兰2008年GDP总值。这些事情引起了一堆学者的关注，他们认为高管们的行为非常不理性。

面对这种不理性的投资现象和股市的大起大落，传统金融理论解释起来愈发牵强，无法服众。于是越来越多的学者转投研究投资者行为，探究更深层次的结论。本章要着重介绍前景理论及其对投资行为的影响。首先，通过卡尼曼和特维斯基这两位大神的小实验，得出前景理论的基本原则。其次，我们还要继续开展对“亲朋好友”效应和有限注意力如何影响投资行为的分析，看看这些因素对投资者造成了什么偏见。接下来，咱们还要从投资者的信任行为角度深入研究投资行为，看看信任行为如何巧妙解释传统金融学根本搞不清楚的金融现象。最后，通过系统综述理论研究认知能力和广义金融决策的关联，探知认知能力如何影响投资者的行为。

3.1 前景理论

根据卡尼曼和特沃斯基等学者的研究，前景理论被视为替代传统智慧的最佳现实选择。该理论是一种关于传统的行为理论，旨在解释处于不确定世界中的个体或群体的行为方式。传统金融理论假设个体按照有效市场假说和主观期望效用两大理论的规定行事，即个体扮演理性人的角色。然而，在现实金融市场上，存在某些投资者不愿意遵循标准理论。因此，前景理论提供了更好的框架来描述不确定性环境下投资者的选择行为，而不确定性恰恰是金融市场决策的特征之一。

作为金融领域的前沿人物，塞勒指出，不完全理性的经济行为（即不符合传统观点规范的行为）的出现至关重要，因为这会导致金融市场中对基本价值的较大偏离。基于此，前景理论能够很好地解释不完全理性投资者的行为，已经成为当前投资者最重要的现实选择。本小节首先介绍前景理论的核心和基本原理，然后进一步分析它如何影响投资者的金融决策。前景理论就像是一把开启金融市场大门的钥匙，让我们更好地理解那些不按牌理出牌的投资者行为。在这个金融舞台上，前景理论如一盏明灯，照亮了投资者在不确定性环境中的选择之路。它告诉我们，人们并非一味追求最大化效用和符合理性经济人的形象，而是受到主观情绪和期望的影响，做出更复杂多变的决策。

3.1.1 前景理论的核心

前景理论作为一种重要的行为经济学理论，专注于研究投资者在面对不确定性和风险时的决策行为。它能够更好地解释金融市场中投资者的行为现象，例如投资者对确定性结果的偏好（阿莱悖论）、股票相对于债券出乎意料地高于平均收益率、投资者过度购买保险和进行期望收益较低的冒险活动、投资者对损失更加敏感以及过度关注小错误等。因此，在金融世界中，前景理论为我们提供了一扇了解投资者行为的窗户。它告诉我们，投资者并非机械地追求效用最大化，而是受到主观情绪和认知的影响，做出不同寻常的选择。因此，让我们跟随前景理论的脚步，探索金融决策背后的奥秘，以更好地理解投资者行为的多样性与独特性。

首先，我们要搞清楚前景理论的核心，即投资者在不确定性和风险可测度条件下的决策行为。西蒙指出，投资者在生理上无法像传统认知所假设的那样按照最优化和效用最大化的方式行动。传统认知假设金融市场以透明和对称的方式为每个投资者提供准确可靠的信息，因此投资者可以通过效用最大化来做出理性决策。然而，传统认知假设的制度存在一些限制，例如错误和非对称信息的存在，以及反常的个体激励，这些都会导致无效率和次优行为的出现。由此，在信息非对称的情况下，基金经理进行高风险投资但很少承担自身经济损失的风险，他们可以隐瞒此类行为并规避投资者的监管，这就引发了道德风险问题。因此，前景理论提供了一个更为详细的投资者行为分析框架，有助于深入理解金融市场中投资者的行为和决策，为金融市场监管和风险控制提供了有益的思路和方法。前景理论就像是为金融市场的行为画上了一抹独特的色彩，让我们能够更深入地洞察投资者的决策心理。

3.1.2 前景理论的基本原理

根据卡尼曼和特沃斯基两位大师的前景理论，可以发现人们在决策过程中受到几个原则的影响。第一，确定效应意味着人们过度关注确定的结果，而忽视可能的结果。你可以想象一下，这就像是在一场比赛中只看到终点线而忽略了整个过程，让人捉摸不定。第二，反射效应表明人们在面临损失时倾向于冒险，而在面临确定的好处时则更为保守。这就像是面对损失时，人们愿意去冒险，但面对确定的好处时，他们更愿意守住“一鸟在手”的原则。第三，损失规避效应说明人们对损失比获得更加敏感。可以说，我们往往对于损失比较敏感，就像是痛痛快快花一百块买的东西，要是打折了十块我们可能都不舍得买。第四，迷恋小概率事件意味着人们容易被小概率事件所吸引，即使可能性微乎其微。这就好比你买了一张彩票，虽然中奖几率非常低，但你还是被这个小小的可能性所吸引。最后，参照依赖表明人们的决策常常基于参照点，就像是我们总是拿某个事物或者价值作为参考，来判断其他的好坏。

卡尼曼和特沃斯基在其论文中进行了多项小实验，实验结果如下：

第一项实验发现，当面临两个选项时，大多数人会选择固定收益的选项而不是更高期望收益的风险选项。这被称为"确定效应"，即人们在面临收益时更加风险厌恶，可能是因为不愿意冒险丢掉现有的利益。

第二项实验揭示了当面临损失时，大部分人更倾向于承担更高的风险以避免损失。这被称为"反射效应"，意味着人们在面临损失时更愿意冒险去争取逆袭的机会。

第三项实验表明，即使是一个绝对公平的赌局，大多数人仍然不愿意参与，因为他们对损失的敏感程度远大于对同等数量的获得的快乐感。这被称为"损失规避效应"，说明我们往往更加在意可能承担的损失而不是同等收益。

第四项实验显示人们往往会购买彩票和保险，即使他们的期望收益低于购买价格，这表明人们可能更注重可能性而不是期望值，对于小概率事件抱有幻想。

最后，第五项实验提出的两种选择，人们往往会将自己的收入与其他同事进行比较，从而产生"同侪悖论"，导致大多数人选择了前者。研究认为，人们在做决策时往往使用某种容易评价的参照物来判断，而不是计算物品的真正价值。

通过这些实验，我们可以看到前景理论在解释人们决策行为方面的重要性。它向我们展示了人们是如何在不确定和风险的环境中做出决策，并揭示了一些关于人类行为的有趣现象。正是这些不合乎传统经济学理性人假设的决策行为，让我们对金融市场中的投资者行为有了更深入的理解。不论是在面对不确定性还是选择风险时，人们的决策都受到情感和认知的影响。因此，前景理论为我们提供了更全面的视角，帮助我们更好地理解投资者行为，并为金融市场监管和风险控制提供了有益的思路和方法。

因此，在面对小概率事件时，人类对风险的态度存在一种矛盾。一方面，人们倾向于风险偏好，喜欢在适当的情况下冒险一试。另一方面，人们也倾向于风险厌恶，面对潜在的损失时会感到不安和担忧。前景理论指出，在涉及收益时，我们更倾向于风险厌恶，而在涉及损失时，我们则更倾向于风险偏好。这是因为我们更关注可能遭受的损失，而对于可能获得的收益则不那么看重。然而，当涉及小概率事件时，风险偏好会发生奇怪的转变。人们会在认为合适的情况下非常乐意冒险，这可能是因为小概率事件往往伴随着高额的回报。在实际决策中，个人对概率的估计往往不是按照贝叶斯法则进行，而是使用了心理学上的启发式思维方式得出结论。这意味着在思考时，人们会加入自己的情感因素，并且尤其是赋予小概率事件相对增大的权重。这种现象被称为“小概率事件偏差”。与此相反，在面对中等以上概率事件时，个体会赋予相对减小的权重，因为这些事件的发生概率相对较高，人们更倾向于保守和谨慎。此外，改变评价事物时的参照点可以改变对风险的态度。在决策时，我们应该尽可能地减少对参照点的依赖，并且对得失的判断应该基于事实而非情感因素。只有这样，我们才能更加理性地面对风险，做出更加明智的决策。

3.1.3 投资者心理变化及投资行为偏差分析

投资是一个理性的活动，而不是情绪的舞台。当市场波动时，情绪可能会像过山车一样起伏，但作为聪明的投资者，我们应该保持冷静，不受情绪的左右。控制情绪就像是坐在过山车上时保持稳定的手，让你在风云变幻的市场中保持清醒和理性，做出明智的投资决策。那么，通过对投资者心态的变化和行为偏差进行充分的心理学分析，前景理论就是如何控制情绪的那只“手”。

根据前景理论的文献，并结合投资者在投资决策过程中的心理变化和行为表现，我们可以将投资者的行为偏差划分为认知性错误和情绪偏差两类。

（1）认知性错误对投资行为的影响。认知性错误对投资行为的影响是显著的。卡尼曼和特沃斯基两位学者认为认知性偏差可划分为固执己见与信息处理两部分。

首先，投资者容易受过往信息的影响，忽视新信息带来的投资价值，从而做出保守的投资决策，这被称为保守偏差。同时，投资者根据以往经验，会先确认投资决策，再寻找相关信息证明其决策的正确性，表现为确定性偏差。然而，事实上个人认知水平必然有限，以往的投资经验也未必正确无误，所以这类偏差会使投资者无法客观冷静地分析股票市场信息，更无法做出科学的投资决策。其次，投资者会利用历史经济的阶段性现象对未来预期进行推测，若历史与未来存在相似性则可证明决策的准确性，但相似的概率极其渺茫，这类现象被称为代表性偏差。此外，投资者常常产生幻觉，认为自己可以控制投资结果，事实上却并非如此，因此控制幻觉也是投资者认知性错误表现之一。最后，一旦投资结果显现后，部分决策错误的投资者会后悔之前所作出的投资决定，若改为相反的决策或许结果便是盈利，这样的情况被称为后视偏差。综上所述，投资者在进行投资决策时要注意避免上述认知性偏差，尤其要认识到个人认知水平的局限性，并且要不断学习和纠正自己的认知偏差。

同样，信息处理部分可以划分为锚定效应、心理账户偏差、框架依赖及可得性偏差四类。其中锚定效应类似于确定性偏差；框架依赖是指决策的产生受提问的固有模式影响颇多；越容易想到的结果越容易被投资者接受的可得性偏差等都是投资者在决策过程中需要改正的错误认知。这些非理性的认知偏差导致投资者在经济逆周期条件下更加因循守旧。因为人类的感觉系统受环境影响过大，所以投资者往往因受宏观经济的负面影响，对个股的优异表现犹豫不决，从而放弃个别潜力股的投资机会。如图 3－1 所示，典型的个人投资者的认知偏差情形。

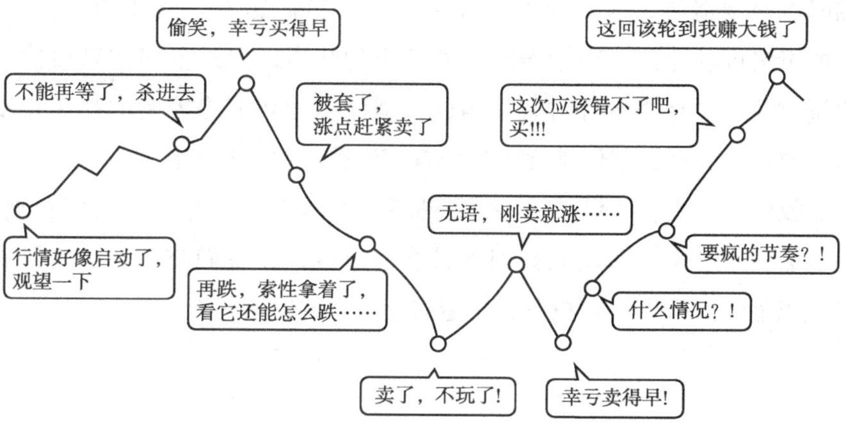

图 3－1　典型个人投资者的认知偏差

（2）情绪偏差对投资行为的影响。情绪偏差是除认知性偏差外的另一种心理变化表象，它通常表现为过度自信、损失厌恶、惰性偏差、自我归因、自我控制、赠与及后悔偏差等。相较于认知性偏差，情绪偏差更接近于人类性格的本质，因此更难以改变。投资者的情绪偏差与其个体性格密切相关，而这种偏差通常会导致非理性决策。

据前景理论的结论，大部分投资者都是风险厌恶型的。从经济学角度来看，风险厌恶与损失厌恶是等价的，因为风险越高，承担损失的概率也越大。投资者通常认为投资市场“所到之处”充满了风险，随着这种情绪的不断积累，投资者也越来越厌恶风险，进而更加厌恶损失。

与认知性偏差不同，情绪性偏差与个体性格息息相关，投资者的性格对其情绪产生重要影响，从而导致非理性的投资决策。由于情绪性偏差与个体性格有紧密联系，因此要求投资者从根本上改变这种缺陷的可能性较低。在投资过程中，专业人员应引导投资者适应分析逻辑，而不是简单地试图纠正投资者的非理性情绪。

尽管情绪偏差不易纠正，但我们也不能完全否定情绪的作用。毕竟，人生是多彩多姿的，没有一点点情绪怎么能够体验其中的乐趣呢？所以，投资者在面对投资决策时，可以适度地利用情绪的力量，但也要注意在合适的时机控制情绪，以避免其对投资决策的负面影响。就像调味料一样，适当的情绪可以为投资决策增添一丝调皮的味道，但过量使用则可能使整个投资方案变得有些不合时宜。因此，理性思考和情感控制的平衡是投资者取得成功的关键，就像美食中的佳肴需要精确的配料比例一样。

在投资过程中，我们不妨将情绪视为一位调皮的小精灵，有时会捣蛋，但也能为我们带来一些出人意料的惊喜。所以，让我们与这位小精灵和谐相处，以理性的眼光面对投资，创造属于自己的财富传奇！

3.2 熟悉偏向

华尔街流行一句格言，即“投资你所熟悉的”。然而，当投资者过于偏向于“熟悉的”资产，意味着可能放弃“不太熟悉的”但收益更高且风险更低的资产。当出现这样的机会时，投资者仍然表现出对熟悉资产的偏好，这种偏好被称为熟悉偏向。熟悉偏向的存在意味着缺乏投资的多样性和分散化。

在本节中，我们首先从“本地”与“本国”两个背景对熟悉偏向做相应的定义，其次从相关制度和相关行为两个方面分析投资者基于熟悉偏向所导致的行为偏差。

3.2.1 两种背景下投资者行为的熟悉偏向

相较于从理论模型或实证数据中得出无偏向的资产组合，如果投资者持有的资产组合偏向“熟悉的”资产，我们就称其出现了熟悉偏向。

因此，在熟悉偏向的背景下，许多研究者进行了深入研究，并得出了以下结论：

（1）分散化投资能够增加收益，特别是对于未知的资产。然而，具有本地偏向的投资者倾向于选择他们熟悉的本地资产。科沃尔和莫斯卡维兹通过对共同基金经理的调查发现，他们倾向于投资总部位于本地的企业。

此外，休伯曼的研究发现地区性贝尔运营公司的客户更倾向于持有本地股票份额而非其他地区的。

（2）投资者对本地企业的偏好可能会导致这些公司的股票价格溢价。如果企业的地理分布与投资资金的地理分布不匹配，那么本地偏好会对股价产生影响。鸿、库比克和斯坦的研究也得出了类似的结论。

（3）由于在熟悉的资产上投资者能够获得更多信息，本地偏向可能是一种理性反应。伊科维奇和韦斯本纳发现，与持有非本地资产相比，个人投资者在本地资产上可以获得3%的超额收益，这表明这些投资者利用了对本地的了解。同时，马萨和西蒙诺夫的研究发现，当投资者面临“熟悉的冲击”时，例如职业变动或迁徙，他们对资产组合的熟悉偏向影响会减小，这支持了本地知识假设。

另外，在国际层面的熟悉偏向更加明显，投资者的投资组合过度偏向国内股票。例如，弗伦奇和波特根据ICAPM模型得出了最优的资产组合比例，但同时发现国内股票在投资组合中所占比例异常高，这并不符合理性投资的原则。

综上所述，熟悉偏向是投资决策中的一个重要现象，它在“本地”和“本国”两种背景下都存在。投资者应该意识到熟悉偏向可能带来的风险，努力拓宽自己的投资范围，实现更好的投资回报。这和旅行是一样的道理，不仅要留恋家乡的美景，还要探索更广阔的世界，你可能会发现让人眼前一亮的投资机会！

3.2.2 相关制度导致投资行为的熟悉偏向

在现实世界中，由于受交易成本、汇率风险、不对称信息、公司治理和标准的差异等因素的影响，市场并不是完全一体化的。很多研究试图通过在不同程度上质疑一体化资本市场假设来解释熟悉偏向现象。以下是五个解释：

首先，本地风险对冲。当本地资产能够更好地对冲风险，例如通货膨胀或收入下降时，投资者倾向于持有更多的本地资产，以降低风险。从理论上讲，如果本国资产与国内通货膨胀高度相关，投资者应该偏好投资本国资产。

第二，汇率风险。外国资产带来的收益率有效性是本币收益率和外币升值的综合作用，因此外国资产也会伴随着额外的汇率风险。投资者可以通过使用远期合约来对冲汇率风险，但这种对冲并非免费，会增加成本，并可能限制小额投资者进行更加分散的投资。因此，在比较国际资产和国内资产时，熟悉偏向可能更加显著。现今，一些研究支持了汇率风险的解释，例如自欧元推出以来，欧元区内的熟悉偏向有所减轻。然而，汇率风险并不能完全解释风险偏好的全部特征，因为在欧元区内仍然存在明显的对本国股票的偏好。相关研究发现，汇率风险只能解释国家之间本国偏好方差的20%至30%。

第三，交易成本。我们可以通过交易成本来解释熟悉偏向对本地资产的倾向。研究发现，即使是非常小的交易成本，也可能由于收益协方差矩阵的奇异性，导致最优投资组合偏向本地资产。换句话说，本地资产的交易成本更低，这也成为投资者偏向熟悉资产的一个原因。

第四，分散化投资可以通过跨国公司来实现。投资者对熟悉资产的偏好可能可以通过在本地投资跨国公司、购买美国证券存托凭证、国家封闭式基金、交易型开放式指数基金等产品来实现国际多元化投资。例如，一位美国投资者投资于芯片制造商英特尔，其收益可能受到英特尔在各市场利润率变化的影响，因为英特尔股价部分受这些市场利润率的影响。然而，研究也指出，跨国公司并不是外国资产的最佳替代品，因为跨国公司在其收益方差中只有2%来自其在外国市场的运营。

第五，不对称信息。不对称信息也可以解释投资者对熟悉资产的偏好。这意味着投资者之所以选择投资熟悉的股票，仅仅是因为他们对其更了解。相反，他们无法准确预测外国资产的收益，因此认为外国资产的风险更高。研究发现，投资者更倾向于在外国资产收益高时购买它们，而在收益低时卖出它们。这种追求高收益的行为表明信息的不对称性。然而，经济和文化距离成为信息流动的障碍，进一步强化了投资者对熟悉资产的偏好。例如，研究表明，随着外国银行分支机构的增加、双向电话业务的增加、股票交易市场的交易时间的延长，本国投资者对外国资产的偏好会减轻。此外，研究还发现，由于信息更易获得，较大国家的资产更多地为外国人所持有。

对于不太老练的投资者来说，经济和文化的距离似乎变得更加重要。乔弗里的研究指出，相对于机构投资者，家庭投资者在持有外国资产时更容易受到信息代理变量的影响，如语言、距离和资产市场透明度。家庭投资者更倾向于依赖与国家相关的因素而不是公司相关的因素来选择资产，这表明信息不对称会限制他们进行分散化投资。因此，投资者应该努力获取更多的信息和知识，以便能够更加理性和有效地做出投资决策。

在这个信息爆炸的时代，投资者可以通过多种渠道获取信息，如金融新闻、研究报告、专业分析和在线资源。同时，参加投资教育课程、与专业人士交流、阅读投资类书籍也是提升投资知识和技能的好途径。通过增加自身的知识储备，投资者可以更好地理解市场趋势、分析资产价值，并做出明智的投资决策。

综上所述，熟悉偏向在投资决策中起到重要的作用。交易成本、分散化投资以及不对称信息都可以解释投资者对熟悉资产的倾向。了解这些因素对投资者的决策有何影响，可以帮助我们更好地理解投资行为，并为投资者提供更加全面和准确的投资建议。

3.2.3 相关行为导致投资行为的熟悉偏向

最新的研究揭示了投资者的偏见导致他们对所投资的资产有着熟悉的倾向。具体而言，这些偏见包括对自己所属公司股票的过度钟爱、自信过度、懊悔、爱国主义和社会认同等。这些行为可以解释为何投资者宁愿错失获利机会也要投资他们熟悉的资产。需要注意的是，这些偏见可能导致投资者在决策中忽视其他潜在的获利机会，从而限制了他们的收益和风险分散能力。

（1）对自己所属公司股票的过度投资。有一个有趣的现象是，很多员工犹如恋爱中的人一样迷恋自己所属公司的股票，总是对它们怀有无尽的爱意。然而，姆尔布洛克的研究发现，相比于分散投资组合，长期过度投资自己所属公司的股票不仅会增加个体风险，还可能因为公司破产而导致劳动收入和财富的缩减。虽然投资本公司股票可能享受税收上的优惠，但令人意外的是，只有极少数的员工意识到这种行为可能存在风险估计错误。就像在一段热恋中，很少有人会注意到伴侣身上的缺点。例如，本纳兹的研究发现，仅有16%的员工认为投资本公司股票比投资更广泛的市场指数更加有风险。尽管员工对这类资产非常熟悉，但实际上，它们带来的风险远远超过分散化投资。邹电、莱布森和马德甲恩的研究发现，过度投资自己所属公司的股票之所以出现这种风险估计错误，并不是因为信息不足，而是因为我们受到了熟悉偏向的影响，就像热恋中的人总是忽视对方的缺点一样。

（2）过度自信。过度投资自己所属公司股票的倾向揭示了投资者对自身国内收益能力高度自信的一种有趣现象，就像是他们认为自己是投资界的“大神”充满自信一样。奇尔卡和韦伯的实验发现，德国投资者对预测德国资产的能力更有信心，而美国投资者则对预测美国资产更有信心。尽管在实验环境中，投资者可以获得同样的德国和美国公司信息，但结果显示他们在预测国内收益率时存在过度自信的行为。此外，巴尔伯和奥丁发现，过度自信的投资者倾向于更多地投资于他们熟悉的资产，这更加说明了过度自信在解释熟悉偏向方面的作用。过度自信的行为可能导致投资者低估风险和高估预期收益，从而影响他们的投资决策。嘿，也许我们都需要点自信，但在投资领域还是要谨慎行事哦！

（3）懊悔。索尔尼克提出了一个很有意思的模型，他为投资者设计了一个“懊悔秤”，用来权衡投资组合中外国股票的比例。只有当外国资产能够带来一种让人心生懊悔的额外价值时，投资者才会考虑将其纳入投资组合，而这种懊悔价值会随着投资者懊悔厌恶程度的增加而增加。虽然在不同国家，人们对懊悔的厌恶程度可能相对平衡，但投资者仍然表现出对熟悉资产的偏向。此外，索尔尼克的研究结果揭示了一个有趣的发现，投资者在权衡懊悔价值、预期收益和风险之间寻求平衡，这或许是导致他们表现出熟悉偏向的原因之一。所以，在投资中，除了考虑收益和风险，懊悔也是一个不容忽视的因素，毕竟我们可不想让自己后悔不已啊！

（4）爱国主义和社会认同。在摩尔斯和沙伊的研究中，他们控制了资本、分散化收益、信息优势以及熟悉度等各种因素后，惊喜地发现了一个有趣的现象——爱国主义测度与本国偏向之间有着显著的相关性。这意味着，哪怕我们考虑到分散化投资所带来的货币收益，投资者们仍然更倾向于将自己的钱投资在国内资产上，因为这样做可能会给他们带来某种正能量，也许是一种爱国的满足感，谁不喜欢让自己的钱为国家做贡献呢？毕竟，投资不仅仅是追求利益，还有一些理想和情感在其中哦！

通过对本小节的精彩探讨，我们发现了一系列可能影响投资者投资决策的理论。从制度方面来看，汇率风险、非对称信息、公司治理以及产权相对薄弱等因素，就像一群限制疯狂投资的“守门员”，让投资者们难以将资金轻易分散到陌生的领域。而在行为方面，投资者们对自己所属公司股票的风险评估似乎存在一点“失调”，或许是因为他们太过自信地预测熟悉资产的收益率，或者是出于避免懊悔的心理，更倾向于将资金投入本地市场。此外，社会认同也起到了一定的推动作用，让投资者们对熟悉的资产更加“钟情”。总之，无论是制度因素还是行为因素，它们都在投资者的心中扮演着不同角色，影响着他们的投资决策。

3.3　有限注意力

在传统金融学的殿堂中，标准理论模型一度奢望投资者能够像超级英雄一样，利用所有的信息来做出明智决策。然而，来自心理学的调查和偶然的偷窥发现，人们在决策时并不能把握住所有的信息。学者休伯曼和雷格夫带着英创远达的案例，向我们诠释了投资者有限注意力的真相。

有限注意力是认知限制和信息爆炸的结合体，必然造成投资者不能够涵盖所有信息的结果。想象一下，要评估一家公司所涉及的海量信息，需要花费大量时间和精力。而且，投资者还要考量的公司数也相当庞大。尽管个人投资者更容易受限于有限注意力的影响，但有证据表明，诸如分析师和基金经理等专业人士也有可能忽略一些关键信息。

因此，当投资者的注意力有限时，他们的投资行为会受到一定的影响。与此同时，有限注意力也能解释一些现象，比如对公共消息反应不足、股票收益的联动性以及公司经理的策略行为等。本小节主要探讨投资者有限注意力作为一种代理变量，分析基于有限注意力的投资行为偏好，并结合相关文献研究，探讨投资者有限注意力对公司决策的影响。

3.3.1 投资者的有限注意力代理变量

近期的金融学研究玩出了一些花样，它们采用了一些实证代理变量来研究投资者有限注意力对金融市场的影响。这些代理变量的选择真是琳琅满目，主要包括以下三个方面：交易量和流动性、股票价格波动，还有新闻报道和公告发布的数量和质量。

首先，交易量和流动性成为实证代理变量，因为有限注意力可能会限制交易员们对市场深度和流动性的评估。这就像是去菜市场买菜，如果注意力不集中，说不定会错过优质的食材，结果只能把剩菜拿回家。

其次，股票价格波动也是一个实证代理变量，因为有限注意力可能导致投资者对新信息的理解和反应出现偏差。这就像是看魔术表演一样，如果你分心不集中，那个魔术师就可能在你面前不经意间完成了惊人的魔术，而你却一无所知。

最后，新闻报道和公告发布的数量和质量也被纳入考虑，因为有限注意力可能会导致投资者在处理大量信息时产生疏漏或错误。这就像是读报纸，如果一大堆新闻摆在面前，你可能只会选择瞄一眼头条新闻，而错过了其他重要的信息。

通过这些有趣的实证代理变量，研究者们希望能更好地理解投资者有限注意力对金融市场的影响。也许他们的研究可以给我们提供一些别开生面的见解和有趣的建议，让我们在金融市场中能够更加明智地行事。毕竟，在投资的世界里，有限的注意力可是我们的“神奇宝贝”，要好好利用才行！

（1）投资者的注意力不能集中在相关信息上的竞争性刺激。投资者在金融市场中往往面临着分散注意力的竞争性刺激，这会导致他们难以集中注意力于相关信息上。卡尼曼和特维斯基指出，注意力在某一任务上的投入会导致对其他任务的注意力分散。而黛拉·维格纳和波莱特的研究发现，投资者在星期五更容易偏离股票估值任务，从而对收益公告的关注程度较低。

他们的研究还发现，与其他工作日相比，股票市场对于星期五的收益公告反应较弱，而随后的股价漂移程度较大。此外，弗朗西斯、帕格奇和斯蒂芬以及贝格诺利、克莱门特和瓦茨的研究也表明，对于非交易时段发布的盈利消息，投资者的反应不足程度更高。

这些研究结果表明，当投资者的注意力被其他任务或引人注意的信息分散时，他们很难有效吸收公司的相关信息。因此，投资者可能对特定信息的关注程度受到限制，导致在股票估值时无法充分利用相关信息。

这些发现为我们理解投资者注意力有限性对金融市场的影响提供了重要的启示。在投资的世界里，竞争性刺激可谓是个顽劣的调皮鬼，总是想方设法分散我们的注意力。但我们不能让它得逞！通过更深入的研究和理解，我们可以找到一些方法来应对注意力的分散，提高对关键信息的有效利用，让投资决策更加明智、更加成功！

（2）信息的清晰性和处理难易度。当某些信息在环境中显著突出或与其他刺激形成鲜明对比时，它们会更加引人注目，从而使人们更有可能关注和处理这些显著的信息，从而忽略掉那些不惹人注目的信息。许多学者的研究结果证实了这一理论，即公共信息的显著消息会对股价产生影响。此外，人们更容易被那些易于获取和处理的信息所吸引。投资者通常根据信息的记忆难度来决定关注程度，并对事件的概率进行估计，容易记住那些易于概括总结的信息。尼斯伯特和罗斯的观点认为，当刺激在时间、空间和感知上更接近时，信息会更加显著和易于处理。心理学研究证实了显著效应的普遍性和稳健性。这些研究结果表明，当信息不显著且难以处理时，投资者在关注和处理信息方面可能面临更大的困难。

(3) 交易量和网络搜索。对于衡量投资者注意力的实证代理变量，达·恩格尔伯格和高认为谷歌搜索量可以直接反映投资者的注意力水平。竞争性刺激、信息明晰度和处理难度是决定投资者注意力的因素，而交易量和网络搜索量可以被视为反映投资者注意力的结果。而 Hou、Peng 和 Xiong 则利用交易量和市场状态作为投资者注意力的代理变量，研究了投资者注意力对市场反应不足和反应过度的影响。

在金融领域，注意力就像是投资者的"心灵守门人"，它决定着我们关注哪些信息、处理哪些数据。但有时候，注意力可能像捉迷藏一样，被那些吸引人的、容易处理的信息所吸引，而忽略了那些默默无闻的、难以理解的信息。我们需要认识到这种显著效应对投资决策的影响，以便更加明智地利用我们有限的注意力资源，不被表面的风光所迷惑，而是真正关注那些重要而具有潜力的信息，为我们的投资决策增添一抹智慧的光芒！

3.3.2 有限注意力与投资行为偏向

对市场信息的关注度目前研究界出现了两种声音。由于股价能够快速反映市场信息，一些学者认为投资者对市场信息的关注度越高，股票市场就越有效率。然而，一些研究认为，投资者对市场信息的过度关注可能会加剧他们对市场价格的影响，进而影响市场的效率。在此背景下，投资者有限的注意力与他们的投资行为之间存在着相互作用。

首先，对于过度自信的投资者而言，他们可能对私人信息产生过度反应，因为他们认为自己的信息要比实际更精确。这种过度自信导致他们过度关注股票市场，进一步放大了过度自信的影响，导致价格惯性和逆转现象。

其次，注意力水平的提高对于不熟练的投资者而言，可能导致 IPO 股票在发行第一天的收益较高，但长期表现却较差。然而，研究也表明，投资者注意力水平的提高有时会降低市场效率，因为不熟练的投资者对市场价格的偏向性加剧，进一步影响了市场的定价。

此外，注意力对投资者在市场中的买卖交易行为可能产生非对称性的影响。研究发现，在个人投资者的买入决策中，相较于卖出决策，注意力发挥着更为重要的作用。这是因为在购买股票时，投资者需要在众多股票中进行筛选，而在出售股票时，受到卖空约束的影响，投资者通常只关注少数几只股票。因此，对受卖空约束的个人投资者而言，吸引注意力的事件更可能增加股票的购买而不是卖出。

再次，个人投资者的购买行为受到注意力的驱动。研究表明，在获得盈利冲击之后，小额交易者会净买入股票。同样，在获得利好或利空的极端收益信息之后，个人投资者也会净买入股票。在极端利空的盈利冲击之后，异常交易数量更多，这也表明坏消息可能比好消息更加显著。

最后，由于卖空限制和搜寻成本的存在，注意力的提高可能导致股票的买入量高于卖出量。当股票吸引投资者的注意力时，其价格会上涨。例如，研究发现，股票的异常高交易量通常会导致下个月股票价格上涨。这些研究结果均表明，注意力对于买入和卖出行为的影响存在非对称性，这一现象是由卖空限制所引起的。

综上所述，投资者的有限注意力对金融市场的影响是多方面的。我们需要认识到注意力在投资决策中的作用，并注意避免过度关注或忽视某些信息，以确保我们的投资决策更为理性和准确。当然，在这个信息爆炸的时代，我们也需要时刻提醒自己，不要让注意力成为投资的绊脚石，而是成为我们前进的助推器！

3.3.3 投资者有限注意力对公司决策影响

根据前两节的讨论，我们可以得出结论：投资者的注意力有限性对股价有显著影响。因此，那些关注自己公司股票价值的经理们在决策过程中应该考虑到投资者的注意力有限性。赫什莱佛、林和张在他们的论文中研究了有限注意力对信息披露的影响。他们的模型中，信息充分掌握的参与者决定是否向注意力有限的公众披露特定信息。由于投资者的注意力有限，他们不会将全部注意力放在被披露的信息或隐含的未披露信息上。

黛拉·维格纳和波莱特的研究发现，当投资者的关注程度较低时，追求短期股价最大化的经理人会选择披露不利消息。这主要是因为当投资者的关注程度较低时，负面消息对股价的影响较小。这也能解释许多研究中的实证发现，即公司倾向于在股市将要收盘时和收盘后发布不利消息，而星期五发布的公告通常包含更多的公司负面信息。

因此，经理人们需要认识到投资者的注意力有限性，并在信息披露决策中加以考虑。他们应该根据投资者的关注程度来判断何时发布特定信息，并权衡信息披露对股价的影响。这样的认识和策略将有助于提高信息披露的效果，并在一定程度上引导市场对信息做出更加准确的反应。

当然，我们也不能忽视投资者在股票市场中的注意力因素，因为他们可能会错过一些重要信息，导致对股价的判断和决策产生偏差。所以，在这个竞争激烈的金融世界里，投资者和经理人都需要警惕注意力的局限性，并寻找合理的方式来优化决策，以获得更好的投资回报。毕竟，在股市中，注意力既是一种挑战，也是一种机会，让我们用智慧来把握它吧！

3.3.4 投资者有限注意力导致的其他心理偏向

据前两节的论述，我们可以得出结论：投资者的注意力和处理能力的有限性是导致其投资决策偏向的主要原因。具体而言，由于有限的注意力和处理能力，投资者往往会表现出显明性效应、窄框架、损失厌恶、心理核算以及易得性直觉推断等行为偏向。这些偏向会影响投资者对股票的评估和选择，从而影响其投资行为。

然而，这些偏向并非孤立存在，它们之间相互影响，共同作用于投资者的决策。例如，显明性效应和易得性直觉推断可能导致投资者高估某些股票的价值，从而在投资决策中出现偏向。相反，损失厌恶和心理核算可能导致投资者低估某些股票的价值，同样会影响投资决策。因此，在进行投资决策时，投资者需要认识到这些偏向的存在，并采取相应措施进行纠正，以提高投资决策的准确性和有效性。

（1）窄框架、损失厌恶和心理核算。研究表明，有限注意力的投资者倾向于在较窄的范围内考虑问题，并忽视更广泛的视野。Hirshleifer 的研究发现，注意力有限的投资者倾向于将决策问题简化为离散选择，即二分为两个选项，并使用参考点，而不去估计结果的完整概率分布。相对于某个任意的参考点，有限注意力的投资者对损失的敏感性高于对收益的敏感性。这可能是因为损失比收益更加显著。根据问题是否被表述为预期收益或损失，人们会做出不同的决策。在金融领域，投资者更关注损失而非收益。此外，由于投资者和分析师们更加关注潜在的损失，投资者对风险的感受也会受到影响。这种注意力有限的决策行为可能引起投资者心理上的偏见，并对资本市场、公司决策和投资行为产生广泛的影响。在社会层面，这种损失会被放大，导致人们的言谈和媒体报道更偏向于负面和情绪化的消息。

（2）功能锁定和易得性直觉推断。有限注意力的投资者由于处理能力有限，会依赖于直觉推断、启发式法则、心理模型等决策方法。以新成立的高科技企业为例，它们通常处于负盈利状态，有限注意力的投资者往往使用“价格收入”或者“点击量”等指标来评估这些公司。虽然利用直觉推断能够降低决策的处理成本，但也会导致决策错误，例如过于依赖于某些特征而忽略其他重要因素。另外，直觉推断还可能导致功能固化的问题。

经过研究发现，有限注意力对资本市场、公司决策以及投资行为产生了广泛的影响。在股票投资方面，当某些投资者未能获取到公共信息时，股价可能会对该信息反应不足。此外，有限注意力也会影响投资者的交易行为以及公司的决策。最后，有限注意力也会导致投资者出现一些投资心理偏误，从而进一步影响他们的投资决策。

3.4 基于信任行为的个人投资者交易

伯特·罗斯从毕业于哈佛大学后担任股票经理数年，然而后来离开了股票市场。令人惊讶的是，他将所有的资产都放进庞氏骗局者伯纳德·麦道夫所经营的基金中，最终导致了投资的惨败。有些人可能会认为罗斯过于愚蠢，才会把所有的鸡蛋放在同一个篮子里交给麦道夫。然而，这种投资行为并不是特例，而是一种普遍现象。许多不熟悉投资的投资者只进行了简单的调查，就将自己的存款托付给个人和机构，如投资顾问、共同基金和养老基金。这说明大多数投资者对这些个人和机构有着信任。

本节将分别介绍“理性预测”投资者和“信任”投资者，并基于“信任博弈”对信任行为对投资者行为的影响进行分析。

3.4.1 “理性预测”投资者

根据经济学和金融学中的“理性预期”分析，大部分投资行为都是令人困惑且难以解释的。这些分析假设投资者是冷静、精于计算、纯粹自利的行动者，同时信任其他人如公司经理和投资专家等。然而，一个理性的投资者必须先假设公司的内部人员和投资专家都有机会从自己身上进行偷窃。因此，从理论上讲，当今证券市场上的绝大部分投资者都不可能是理性预期的投资者。

相比之下，“理性预测”投资者具有以下特质：（1）他们预计公司经理和投资专家会撒谎、作弊、偷窃和滥用职权。因此，他们需要确认这些人受到了足够的制约，这将使投资过程变得极其烦琐，需要巨大的成本。（2）“理性预测”投资者需要确认每个有窃取能力的人的恶行能够被完全制止，并且每个人都有充足的激励去全力以赴、尽职尽责。这意味着该投资者不仅需要熟悉证券法律和投资顾问规定，而且需要了解所有公司雇佣合同和合规制度的细节。（3）假设投资公司使用资金购买公司股票和债券，“理性预测”投资者还必须假设这些公司充满着不道德、机会主义的代理人、董事、高级职员和员工。因此，“理性预测”投资者将不仅需要调查所有投资公司，而且需要了解公司法、证券法以及适用于这些公司的雇佣合同和合规制度的细节。

3.4.2 “信任”投资者

经过综合分析，发现“理性预测”投资者在进行投资行为时需要付出昂贵的成本，不仅需要耗费大量的投资精力，还需要具备广博的知识储备。然而，实际上，绝大多数参与公共证券市场投资的个人并不符合“理性预测”投资者的要求。毕竟，要同时具备冷静计算、精于计谋和纯粹自利的特质，简直就像要求一只狗同时拉着三条尾巴走路一样困难。

相较于“理性预测”投资者，“信任”投资者在一定程度上放弃了对其他投资者的理性预期假设，即他们并不总是认为其他人都是冷静、善于计算、道德、纯粹自利的。“信任”投资者愿意相信某些人和机构是“值得信任的”，因此他们相信这些特定的人和机构能够限制住自利的冲动，不会利用投资者的信任为个人谋取私利。这种信任就像是在黑暗中给人递上一块巧克力，你永远不知道里面会不会藏着一颗坚果。

因此，研究者认为“信任”投资者的信任具有三种基本特性。首先，信任是在信任者拥有充分信息的基础上建立的，因此信任行为需要信任者处于一种不设防的状态。就好像是在天上飞的超级英雄，他们需要放下所有的武器和盔甲，才能真正信任别人。其次，信任者必须意识到受托人可能会利用他们没有防备的状态谋取私利。这就像是在宇宙中旅行，你必须时刻警惕外星人的意图，免得被绑架到火星去。最后，信任需要双方都相信，尽管受到自利动机的诱惑，但受托人不会利用自己的优势地位谋取私利。这就像是一场棋局，你得相信对方不会用隐形的手去偷偷操控棋盘。

3.4.3 信任行为对投资行为的影响

近年来，“信任博弈”作为一种实验博弈被广泛使用和借鉴，以测试在不同环境下个体对他人的信任情况。该博弈也被称为“投资博弈”，通过这个实验发现，现实中存在大量的“信任”投资者。

基于“信任博弈”实验的综合分析，研究者发现了“信任”投资者的两类特性：（1）信任投资者的信任是一种普遍现象而非特例，大部分人不仅愿意信任熟悉的人，还愿意信任陌生人、非人类的事物，以及像公司或“市场”这样的机构。这就像是在信任博弈中，有些人不仅相信自己的朋友会还钱，还相信连陌生人都会遵守承诺，甚至相信猫咪也能做出可信的承诺。（2）信任行为存在显著的“历史效应”。当历史数据和经验表明信用良好时，大部分人将对信任的安全性充满信心，并且更容易接受无防备的状态。相反，不愉快的经历会使被试者变得不再轻易信任他人，不愿意向别人呈现无防备的状态。因此，信任显然存在学习过程，就像是我们在生活中学会了谨慎选择合作伙伴，不会轻易相信谁会在寻找下一份工作时把自己的履历交给一只调皮的猴子。

首先，正如“信任博弈”中所展示的，当受托人用良好的信誉回报委托人的信任时，双方皆能获益。如果人们表现得可靠且值得信任，那么信任行为就是合情合理的。在现实生活中，这类观察结果对理解投资过程意义重大。在证券市场中，投资者的信任行为对其投资决策起着至关重要的作用。首先，相对于理性预期投资，证券市场可能更多地建立在信任投资的基础上，这有助于解释许多费解的市场现象，例如价格泡沫。在 20 世纪 90 年代的信息技术股票和 21 世纪初的房地产市场，价格上涨到远高于经济基础所能支持的水平。在价格泡沫出现时，投资者并不关心经济基础，而是关注历史数据。

其次，基于信任行为的投资者会信任某些机构或投资基金经理人。大多数投资者通过向投资顾问等付费来实现证券投资的多样化组合。如果这些投资者依赖于受政府严格监管的共同基金、高度规范化的投资公司，他们被欺诈的可能性非常低。然而，像罗斯这样的投资者投资的不是共同基金，而是麦道夫的对冲基金产品——一种只针对“更富有”“经验老练”的投资者开放的、相对较新且不规范的投资工具。对于这种投资产品，即使是经验丰富的投资者也有可能被欺骗。

最后，美国证券市场是全球最大、最重要的经济机构之一。直至今日，个人投资者持有大量的公司债券和股票，其中包括直接持有的证券和投资于养老基金、共同基金等资产组合。这些投资的基础是信任行为，这意味着投资者不需要相信每个证券专家和企业内部人员都是诚实可靠的，但至少对整个市场的运作报以信任。这就像是你不需要亲自了解每个建筑工人，只要相信整栋大楼是由经过认证的建筑师和工程师设计和建造的一样。

3.5 认知能力与金融决策

从人们日常的思维模式来看，认知能力似乎与金融决策的成功密切相关。然而，目前很难获取同时包含认知能力和金融表现数据的数据集，因此很难直接建立认知能力与金融决策表现之间的联系。此外，由于认知能力与金融表现的关系非常复杂，即使有丰富的数据集，也可能难以量化认知能力对金融决策的影响。如果研究者想研究随着年龄的增长，投资决策的质量是改善还是恶化，那么他们需要考虑许多现实问题。

因此，本小节将讨论学者们目前对该问题进行的深入研究，以及投资者的认知能力对投资组合决策的影响。虽然研究这个问题非常重要，但我们不得不承认，这是一项具有挑战性的任务。由于数据集的限制和复杂性，很难得出明确的结论，就像是在看一场看不懂的魔术表演，我们迷茫而困惑。然而，学者们的努力和研究结果仍然为我们提供了有价值的洞察力，给我们提供了一盏微弱的灯光，让我们在黑暗中摸索前行。

3.5.1 认知能力能影响金融决策

目前多项研究表明，认知能力水平对股票市场参与决策、广义经济决策和金融决策有着显著的影响。

首先，本杰明、布朗和夏皮罗的实验研究发现，认知能力和累积净资产呈显著正相关，具有较高认知能力的受访投资者更倾向于参与股票市场。看起来，聪明人更喜欢在股票市场上捞金子。其次，凯斯蒂和威利斯的研究表明，具有高智商的家庭更有可能参与股票市场，而在未参与股票市场的家庭中，较聪明的投资者更有可能最终选择进入股票市场。此外，如果一开始就持有股票，那么具有更高认知能力的投资者退出股市的可能性较小。再次，麦克阿代尔、史密斯和威利斯的心理学研究发现，随着受访投资者的计算能力的增强，金融财富在其总资产中的比重会上升，而具有更高记忆力得分的家庭会积累更多的总财富和金融财富。这意味着，聪明人会用他们强大的计算能力和记忆力来赚更多的钱，而其他人只能眼馋不已。第四，斯坦戈和津曼的研究发现，指数增长偏误与股票资产持有比例呈负相关关系，具有更多偏误的家庭更倾向于借多存少，而认知能力与股票市场参与决策之间有着显著的相关性。也就是说，那些容易犯错误的家庭倾向于把钱借给别人，而不是储蓄和投资，而聪明人则会更加谨慎地进行股票市场的决策。最后，克里斯特利斯、亚佩利和帕杜拉的研究发现，认知能力与直接股票市场参与水平及总体股票市场参与水平之间高度相关，其中总体股票市场包括互惠基金和托管投资账户。在控制已知的股票市场参与的决定因素后，在计算能力、语言流畅性和记忆力方面一个标准差的增加分别导致总体股票市场参与水平提高1.8%、1.7%和1.3%。上述研究均指出，认知能力在股票市场的决策中发挥着重要的作用。简而言之，聪明人在股票市场中的表现更好，他们似乎能够找到那些被其他人忽视的机会，就像是发现了宝藏一样。

3.5.2 认知能力老化如何影响投资决策

许多人普遍认为，随着年龄和经验的增长，个体在投资决策方面会表现出更高的准确性和智慧。但是，根据心理学和实验研究的结果，这种观点并不一定成立。无论是从心理学角度来看，还是从实验角度来看，虽然年龄和经验在一定程度上会对投资决策产生影响，但这并不是唯一的决定因素。年纪越大就一定越会投资决策，这种看法有点像是一盘红烧肉能否美味，取决于厨师的技艺而非厨龄的长短。认知能力、情绪控制和信息加工速度等因素同样重要。在做出投资决策时，我们应该结合自己的实际情况，理性分析市场情况，并尽可能减少心理偏差的影响，以便做出更加明智的决策。

在心理学层面上，有很多证据表明随着年龄的增长，认知能力会下降，这会对投资决策产生负面影响。首先，身体机能和认知能力的下降使人更容易分心，并难以分辨有用的和无用的信息。科尔尼奥蒂斯和库马尔的研究表明，随着年龄的增加，注意力、记忆力等身体机能和认知能力会下降。尤其是记忆力的衰退会减弱个人的信息处理能力，同时导致老年人感知条件概率的能力下降。此外，基本智力水平也会受到影响。研究者发现，由于记忆力和注意力受到衰老的负面影响，基本智力水平随年龄的增长呈现下降趋势。而视觉和听觉等感官功能也会随着年龄增长而衰退，这也会导致更低的智力水平，在70岁之后智力的下降更加明显。

除了生理因素，社会经济和人口学因素也会影响认知能力的老化。研究者发现，受过高等教育、资源更丰富以及从事启发性思考工作的人，其认知能力衰减相对较慢，因为他们能够积极弥补老化的不利影响。相比之下，年龄增长引起的认知能力下降在老年妇女以及年长的非裔美国人和西班牙裔身上体现得更加明显。虽然年龄和经验可以帮助投资者积累更多的知识和技能，但随着年龄的增长，认知能力的下降可能会影响其投资决策的质量。心理学的研究证据表明，由于年纪大的人对新信息反应不当，那么他们通常会较慢且不太有效地处理和整合新信息。因此，年龄增长可能对人们做出有效投资决策的能力产生不利影响。然而，虽然认知老化会带来消极作用，经验积累这一积极的渠道也可以促使年长的投资者有可能做出更好的投资决策。具体来说，年长的投资者可能比年轻的投资者掌握更丰富的投资经验以及对投资的基本原则有更深刻的认识。年长的投资者在投资行为中主要表现为：投资的意向效应更弱、持有的投资组合更分散、较低程度的过度自信；此外，随着投资者学习和获得更多的经验，他们的行为偏误将会被削弱。

考虑到年长和更有经验的投资者表现出不同的投资原则，我们需要探究是否可以利用这些原则来提高他们的投资决策效率。首先，研究人员丹尼尔等进行的实验表明，随着年龄的增长，投资绩效呈倒“U”形，且峰值大约为40岁。这种驼峰形状反映了经验和老化的共同作用。阿加瓦尔等研究人员的调查结果也表明，在不同信贷市场上，家庭贷款利率也呈现出倒“U”形的特征。丹尼尔等研究人员还发现，年长投资者的投资绩效在大约70岁时会突然显著地下降，这与心理学上的研究结果一致。总之，认知老化对年长且更有经验的投资者的绩效产生了显著的负面影响。

其次，科尔尼奥蒂斯和库马尔基于“技巧”回归方程进行了进一步的探索，以研究年龄和经验对绩效的影响。实验发现：（1）认知老化会对有效处理新信息的能力产生负面影响，投资者的选股技巧也会随着年龄增长而下降；相反，投资经验的积累对这两种能力都具有一定的促进作用。（2）虽然年长的投资者持有的投资组合包含的股票种类更多，但是由于精确感知相关性的能力会随着年龄的增长而下降，年长投资者可能并不具备相应的“投资多样化技巧”。

结语

本章进一步探讨了投资者行为的多个方面，包括前景理论、熟悉偏向、有限注意力、信任行为和认知能力。传统金融学虽然是金融市场的基石，但由于其过于理想化的假设条件，对现实中的非理性行为解释力有限。因此，前景理论应运而生，它是经济学和心理学的甜蜜碰撞，通过实证研究总结了投资者行为偏差的各种古怪原因。根据前景理论，投资者的行为偏差可以分为两类：认知性偏差和情绪偏差。引导和纠正这些行为偏差不仅在金融市场上意义重大，还可以给行为金融学研究带来新知。

接下来，让我们谈谈熟悉偏向。熟悉偏向对投资者行为有着举足轻重的影响，从而影响了他们的投资决策。在制度方面，一些讨厌的因素如汇率风险、非对称信息、公司治理和产权纠纷等，会限制投资者把钱放在自己不熟悉的资产上。研究表明，投资者对于预测他们熟悉资产的收益率时，常自己过度自信，或是出于怕后悔的心理而更倾向于本地资产，这导致他们很可能无法正确估测自己所持公司股票的风险。再者，熟悉偏向也暗示着投资者可能持有次优的投资组合，然而摊散投资嘛，不仅能带来高收益，也能降低风险。所以，了解和纠正熟悉偏向，对于制定有效的投资策略和做好风险管理，简直是迫不及待的事情。

然后，就有限的注意力资源来说，它不仅对投资者交易行为有重要影响，对公司决策也得避而不及。随着行为金融学的进步，我们越来越认识到投资者的注意力是限量版货，忙碌之余还得花力气寻找信息，这对资产定价、投资决策有着深远的影响。有限的注意力还能解释为什么会计原则和制度有些违背常理。比如，各种怪癖，像显而易见的效应、狭隘的思维、对损失的畏惧、设立心理账户，还有那种凭空产生的决策，都是不受限的注意力资源搞出来的。这种心理怪癖会导致投资者做出神奇的决策，进而影响公司把握商机和取得业绩。所以，在投资和公司决策中，我们别忘了注意到闭塞的注意力是如何发挥影响力的，并采取一些措施来降低它的负面作用。可能的方法包括提供更好的信息质量和可获取性，激发一下投资者的注意力，以及创立一份更清晰、更公正的制度和政策。

此外，新近的研究文献给我们提供了一个有趣的发现——投资时的信任就像是砌房子的基石，没有它就不稳固。在理论上，投资者应该关注股票或基金的业绩，但实际上他们更关注基金经理的能力。如果基金经理离职，即使基金的业绩没啥变化，投资者也可能急忙赎回。所以说，信任和人际关系在投资决策中扮演了极重要的角色。

最后，比较聪明的人更有可能涉足股票市场。然而，金融市场中，不同智商的投资者会做出不同决策，这导致了他们之间显著的绩效差异。研究还发现投资能力会随着年龄增长而下降，年龄在影响认知能力上发挥着关键作用。更重要的是，老化的不利影响难以逆转，所以对于那些收入低、教育程度也低的投资者，这种下降趋势就更明显了。

因此，在投资决策中，我们要给信任和关系一点重视。同时，我们也得意识到不同投资者的认知能力确实存在差距，所以我们得采取相应措施来填补这些差异。或许这包括提高投资者的投资能力，增强对基金经理和投资公司的监管，还有制定更加透明和合理的投资政策等。

总而言之，行为金融学这个新兴领域自 21 世纪以来吸引了很多学者的关注，取得了相当大的进展。不过作为一个不太成熟的领域，它肯定还有改进的地方。行为金融学需要继续发展，要成为现代金融领域中扬眉吐气的学科，就必须建立起基于行为的核心模型。要实现这个目标，我们还需要建立一个更加完善的理论框架，让行为金融学能够更全面地完善现代金融学核心理论的有限性，并得到广泛认可。不过，这个任务对行为金融学来说还是相当充满挑战和遥远的。

第四章

低效的金融市场与价值投资理论

金融市场发挥着“看不见的手”的作用，通过竞争形成价格机制，促进资源有效配置，实现市场良好运行，这种运行良好的市场即为有效市场。实际上，大多数市场并非完全有效。金融市场是一个更开放的市场，宏观经济和投资者情绪都存在大量的不确定性，易引发金融市场价格扭曲，导致市场资源配置失灵，减弱市场经济运行效率。1970 年，美国著名经济学家尤金·法玛提出了有效市场假说（Efficient Markets Hypothesis，EMH）。该假说认为在法律健全、功能良好、透明度高、竞争充分的股票市场，一切有价值的信息已经及时、准确、充分地反映在股价走势当中，包括企业当前和未来的价值。除非存在市场操纵，否则投资者不可能通过分析以往价格获得超额利润。该假说同样适用于金融市场，认为股票、债券和其他金融资产的所有信息将用于评估这些资产。在金融市场上，价格是根据市场可获得信息最佳使用而决定的。因此，金融市场有效假说对货币和资本市场的贡献在于它提出了市场的有效性，并将金融市场分为以下三类：弱有效市场、半有效市场和强有效市场。

在弱有效市场中，股票、债券和其他金融资产的当前价格已包含了过去交易的历史价格与交易量等信息，这些信息公开透明且获取成本很低。在这个市场中，没有任何一个买家或卖家能够利用这些公开的可获得信息赚取超额利润，因为任何有利可图的机会都将被快速地反应在资产价格中。

在半有效市场中，所有公开的可获得信息都已经包含在股票、债券和其他金融资产的当前价格中，包括历史价格和交易量、财务状况、信用评级和宏观经济预测等。这意味着，所有理性的买家和卖家都利用所有可获得信息来评估资产价值，从而使得任何人都无法利用公开信息赚取超额利润。此外，有效市场假说提出了金融市场的有效性概念，指出股票、债券和其他金融资产的价格反映了市场上可获得的所有信息。有效市场假说进一步区分了不同类型的市场，因为在不同的市场中，信息的透明度和公开程度不同，这将影响到市场中赚取超额利润的机会。

强有效市场假说认为金融资产的当前价格反映了所有与其价值相关的信息，包括公开和内部的信息。这些内幕信息可能来自于发行股票和债券的公司内部人员，如董事、经理或主要股东，或者其他具有特殊渠道获取信息的人员，如会计师、代理人或新闻记者等。本章主要是围绕资产定价和投资者受信息影响的市场行为进行讨论，首先介绍一般资产定价理论，其次分析引起金融资产价格波动的非理性市场行为，最后阐述基于非理性行为所导致的市场波动应采用的投资策略。虽然这些讨论对于非有效市场很有意义，但在强有效市场中，投资者无法通过利用内部信息来赚取超额利润，因为这些信息已经反映在资产的价格当中。

4.1 资产定价理论

有效市场假说存在两个缺陷：有限套利和人类非理性。资产定价理论根据是否存在套利机会可分为因子定价模型和随机状态模型。因子定价模型是一种广泛采用的资产定价方法，起源于 CAPM 模型。CAPM 模型认为单只股票的回报主要取决于两种风险：（1）系统风险，即不能通过分散化消除的市场风险，例如利率、经济衰退和政治事件等；（2）非系统风险，或称为特异性风险，与特定股票相关，不受整体市场走势影响。随着市场信息变得更加详细和广泛，原有的系统风险和非系统风险也被进一步划分为三因子、五因子以及因子动物园。随机状态模型源于 B－S 公式，主要应用于完全市场假设条件下。然而，在市场缺乏效率且不完全的情况下，这种模型需要进行扩展。扩展后，该模型分为两类：带跳跃的连续结构化模型和离散的结构化模型，后者是以带跳 GARCH 族模型为基础扩展的。

4.1.1 套利与无套利定价理论

在投资过程中，当投资者能够获得利润而无须承担本金损失时，就存在套利机会。套利交易的一个前提是投资者发现了错误定价，然后建立头寸直到错误定价被消除，而头寸规模不受投资者风险厌恶系数和初始财富水平的影响。Ross 基于这一前提推导出套利定价理论（APT），它在权衡风险和价格方面有所突破。APT 涉及无套利原则和因子模型。无套利原则利用一价定律，规定具有相同风险的证券在市场上的销售价格应该相同。因子模型通过选取一组与证券收益率相关的基本因素，构建一个线性计量回归方程来确定证券收益率对于这些因素变动的敏感度。APT 不要求市场中的所有投资者具有同样的预期，但只要少数投资者发现套利机会就可以使证券价格回归正常。同时，它也不要求投资者具有风险厌恶行为。因此，APT 是建立在投资者一般理性的基础上，比 CAPM 更符合现实金融市场。但 APT 同样存在局限性，证券收益率可能与许多因素相关，模型本身不能确定这些相关因素的本质和数量。在实证检验中，经济学家需要选择最重要的因素，即投资者最关心、对该类风险需要高风险溢价的因素。

相对于套利理论，无套利定价理论假定未来资产价格的折现过程在风险中性测度下是一个鞅过程，即购买资产的收益率期望等于该资产的风险收益（折现因子）。具体而言，市场存在价格波动的概率，而理论定价中有一个波动概率，通过概率等价变换将真实概率转化为理论定价概率，在这个理论定价概率中，资产折现过程的期望值等于当前值，即买入哪些资产的收益与风险补偿的折现因子相关，当两个资产的折现因子相同时，不存在套利空间。

4.1.2　CAPM、CCAPM 与 APT 模型

Sharpe 等学者在 20 世纪 60 年代提出的资本资产定价模型（CAPM）被公认为现代金融经济学的基石。CAPM 使用贝塔值来度量资产风险，贝塔值也被称为因子载荷，表示单个证券对于证券组合方差的影响程度。CAPM 不仅可以避免随着证券种类增加而呈指数增长的计算问题，还可以估计资本资产价格。CAPM 假设投资者具有同质预期，在理论上，他们会选择按市场价值加权的股票投资组合，即市场组合。通过投资市场组合，投资者可以最大化地实现风险分散化。然而，CAPM 的实证检验结果并不如其理论完美，引起了经济学家们的讨论和解释。经济学家认为：一方面，市场组合包含了金融市场中的全部资产，但有的资产不常交易或从不交易，这就导致了市场组合不可观测，且市场组合一般选择股票指数来代替，故这一代理指标的有效性可能存在缺陷；另一方面，如果实证支持 CAPM，那么金融市场中的资产定价都是准确的，这就意味着没有人可以从证券投资中获益，证券研究将失去意义，没有人有动力研究证券，证券价格无法正确反映证券的信息，证券价格将偏离价值，因此，从这个角度上讲，CAPM 不能通过实证检验。

CAPM 模型还有一个问题是没有考虑到微观基础，即投资者的消费行为如何影响其投资决策。为了保证未来的消费水平，投资者愿意牺牲期望收益来购买证券。当未来生活费用增加时，证券的收益率会更高，这样就可以预防通货膨胀风险导致的证券需求影响到资产组合的选择及其期望收益。为此，Rubinstein、Lucas 等学者提出并发展了消费资本资产定价模型（CCAPM）。需要注意的是，虽然 CAPM 和 CCAPM 在现代金融经济学中具有重要地位，但它们仍然有一些局限性，并不是完美的模型。因此，我们需要不断开展研究，进一步完善和改进资产定价模型，以更好地理解金融市场中的现象和规律。

在终身消费计划中，投资者需要在当前消费和未来消费之间进行权衡。当最优的消费计划达成时，每增加一单位货币用于当前消费所带来的效用

必须等于一单位货币投资于未来消费所带来的边际值。由于在缺乏消费机会时，一单位收入对于投资者的价值比在机会充足时更高，因此资产与消费增长具有正相关关系。从消费角度出发，消费量的增加意味着资产风险的增加，但同时也预示着更高的预期回报。而与消费增长正相关的资产将会获得更高的均衡风险溢价，随着消费增长规模的变大，其均衡风险溢价也随之增加。因此，资产的期望风险溢价可以表示为消费风险的函数：

$$E(R_i)=\beta_{ic}RP_c \quad (式4-1)$$

其中，资产组合 C 表示模拟消费资产组合，即与消费增长相关性最高的资产组合；β_{ic}表示资产 i 的超额收益，R_i 回归于模拟消费资产组合的回归系数，或者与 CAPM 中系数的解释方法一致，理解为资产 i 对于模拟消费资产组合风险的贡献程度；RP_c是与消费不确定性相关的风险溢价，表示模拟消费资产组合的期望超额收益，即：

$$RP_c=E(R_c)=E(r_c)-r_f \quad (式4-2)$$

从模型设定以及参数表示来看，CCAPM 与 CAPM 高度相似，不同点主要在两个方面。一是追踪的因素不同：CCAPM 追踪模拟消费资产组合，考量的是消费机会的风险；CAPM 考虑市场组合，考量的是资产组合中单位价值的风险和收益。二是市场投资组合的回归系数β不同：β在 CCAPM 中不一定为 1，事实证明β远大于 1，得到等式：

$$E(R_M)=\alpha_M+\beta_{MC}E(R_c)+\varepsilon_M \quad (式4-3)$$

其中，α_M 与 ε_M 表示经验偏差，R_M 表示市场组合的超额收益，β_{MC}表示市场组合 M 的超额收益，R_M 回归于模拟消费资产组合的回归系数，β_{MC}也不一定等于 1。

CCAPM 模型的主要特点是将消费对冲与投资机会变换相结合，但也存在一些不可忽视的缺陷。一是并非所有资产都能够交易，因此 CCAPM 在实证上面临代理指标有效性问题。二是消费增长数据发布的频率较低，因此测量误差可能会增大。尽管存在这些缺陷，研究表明 CCAPM 比 CAPM 更能成功解释资产的收益（Jagannathan 等）。未来，我们需要进一步探究如何处理这些挑战，以便更好地应用和发展 CCAPM 模型。

4.1.3 因子模型

资产定价模型中，曾经占据主流地位的多因子模型是由 Fama 等人提出的三因子模型。该模型从公司基本面出发，结合市场现象的经验观察，认为 CAPM 并不能完整解释市场风险。尽管公司规模和账面市值比不是真正的风险因素，但仍可将这两种公司特性作为未被解释的部分风险的代理指标。

Fama 等将上市公司分组，并求出不同组构成的投资组合的收益率之差。其中，按照市值规模做差得到的变量记为 SMB（small minus big），按照账面市值比做差得到的变量记为 HML（high minus low），得到的定价模型如下：

$$E(r_k)-r_f=a_k+\beta_{kM}[E(r_M)-r_f]+\beta_{kSMB}E[SMB]+\beta_{kHML}E[HML]$$

（式 4－4）

其中，r_M 为市场组合的收益率，r_k 为资产 k 的收益率，r_f 为无风险利率，β_{kM}、β_{kSMB} 和 β_{kHML} 表示 3 个因子的风险载荷，以 β_{kM} 为例，它度量了资产 k 的超额收益与市场组合的超额收益之间的比例系数。根据 APT 理论，若这些因子载荷导致的风险溢价能完全解释资产的超额收益率，三因子模型有效，方程中的截距项 α_K 应显著为 0。

此外，Banz 曾研究公司规模和收益率之间的关系，但其研究成果发布不久后，规模效应就迅速消失了。因此，即使运用三因子模型，我们仍无法完全理解市场风险。Chen 等人选择五个因子作为系统风险的代理指标：行业增长指数（IP）、通货膨胀率预期变动百分比（EI）、未预期通货膨胀率变动百分比（UI）、投资级公司债与长期政府债券收益率之差衡量的信用风险（CG）、长期与短期政府债券收益率之差衡量的期限风险（GB），构建如下的五因子模型：

$$R_j=\alpha_j+\beta_{jIP}IP+\beta_{jEI}EI+\beta_{jUI}UI+\beta_{jCG}CG+\beta_{jGB}GB+e_j$$

（式 4－5）

其中，R_j 为资产 j 的收益率，α_j 为截距项，β_{jIP}、β_{jEI}、β_{jUI}、β_{jCG}、β_{jGB} 为因子载荷，以 β_{jIP} 为例，表示资产 j 的收益率与行业生产增长率之间的协方

差，即资产 j 对于行业增长率风险的贡献系数。用回归的剩余残差来估计公司特有价值 e_j。根据套利定价理论，若这些因子载荷在统计上显著，那么这些因子对于股票收益率就具有很好的解释力。Chen 等在进行实证研究时同样考虑了市场组合，他们将价值加权以及等值加权的纽约证券交易所指数分别作为市场组合的代理指标代入模型。结果显示，市场组合代理指标在统计意义上均不显著，因子中 IP、CG 和 UI 在两组检验中均在统计意义上显著，表明五因子模型对于证券风险溢价具有较好的解释能力。

为研究市场异象，经济学家们开始将情绪因素引入到多因子模型中。情绪的代理指标可分为直接和间接两类。直接指标是通过对投资者进行问卷调查等方式获得的数据，这类指标主观性较大，一般不用于实证研究。间接指标又分为单一指标和复合指标。单一指标即通过某一指标来反映投资者心理状态，但指标数量过少，代理有效性存在不足。相比之下，复合指标则采用数学方法将多个单一指标整合起来形成一个新的指标。Baker 等人提出的构造复合情绪指标的主成分分析法（Principal Component Analysis）被认为是一种较为完善的方法，其能够以较少的指标反映大部分信息。根据已有研究，可将消费者信心指数、新增开户数、换手率、投资者 IPO 首日净买入量等作为代理情绪的指标。然而，需要注意的是，这些指标的选择应该结合具体研究对象和研究背景，同时也需要考虑指标本身的可靠性和有效性。

4.1.4　随机状态模型

随机状态模型主要应用于期权与期货等金融衍生品的定价。自 20 世纪 70 年代以来，金融衍生品市场一直处于迅速发展阶段，如今已经成为金融市场不可或缺的重要组成部分。然而，无论是在学术界还是业界，如何对金融衍生品进行准确定价一直是一个长期存在的议题。作为金融衍生品市场的核心组成部分，期权在金融市场中扮演着至关重要的角色。因此，如何精确地对期权进行定价，是金融衍生品定价的基础性问题。需要指出的是，期权定价涉及到的变量较多，包括标的资产价格、波动率、无风险利率等。同时，期权的特殊属性也使得期权定价比其他金融衍生品更具有挑战性。因此，研究者们在实践中采用各种不同的方法和技术，不断探索和完善期权定价理论。

Black 和 Scholes 在 1973 年提出的 B - S 模型是经典的金融衍生品定价模型，假定波动率为常数且收益率服从带漂移的布朗运动。然而，大量研究表明，这些假设与真实的衍生品市场并不相符。事实上，随着金融市场的不断变化，B - S 公式定价误差的波动率微笑现象已经广泛存在。为解决这一问题，Hull 和 White（1987）提出了随机波动率模型，即假定波动率也是一个随机过程。Heston（1993）将随机波动率模型应用于期权定价，并求出了基于随机波动率模型期权的封闭解。Bollerslev 和 Zhou 认为单一的波动率扩散过程不能解释高频收益率的复杂特征，随机波动率应该存在两个或更多风险源。Chacko 和 Viceira（2003）同样认为波动率应该由不同频率的多个组件构成。这些研究思路和研究范式将随机波动率模型从一维扩展到了多维，从而更好地解释了金融市场中的复杂特征。然而，多维随机波动率模型的引入也带来了一些挑战，在计算和经济解释方面都变得更加复杂。

相对于连续时间序列的 B - S 模型，基于收益率构建的离散随机模型更适用于许多金融市场数据，这类模型主要基于 GARCH 模型，能够更好地捕捉时间序列的非线性特征和波动率聚集现象。与连续模型一样，GARCH 模型同样引入 Levy 跳过程，并同时引入部分历史信息，如 Levy - GARCH、MIDS - GARCH 以及带历史波动率的 GARCH 模型等。这些模型的引入对于解决离散金融市场的定价问题具有重要意义。

4.2 市场行为理论

经济学研究表明，金融市场中的资产价格不仅受到基本面因素的影响，还受到投资者心理因素的影响。投资者的情绪和行为偏差在金融市场中通过价格反映出来。而在实践中，投资者的非理性行为相对较多，其中较为常见的包括损失厌恶、处置效应、羊群效应和噪声交易四种。损失厌恶，是指投资者更加关注自己可能遭受的损失而不是潜在的收益，导致他们对同样的损失和收益有着不同的反应。处置效应，是指投资者往往过于依赖过去的信息，在资产价格达到其购买价值之后仍然持有该资产，或者在价格低于其成本时却迅速割肉。羊群效应，是指投资者倾向于跟随市场的大众趋势，而非根据自身分析做出决策。噪声交易，是指投资者基于无关信息或错误信息作出的交易，这些交易会引起市场价格的波动。在实践中，考虑到投资者的非理性行为，金融市场中出现了许多定价模型。其中，基于行为金融学理论的定价模型能更好地解释市场价格的波动和趋势，指导实际交易。随着技术的发展，金融市场也不断出现新的投资方式和新的市场变化，这些变化也会进一步影响投资者的心理行为和市场价格的波动。因此，对投资者心理与市场价格的研究有着重要的理论意义和实践意义。

4.2.1 损失厌恶

损失厌恶是行为金融学领域中的一个经典概念，它描述了人们对于损失和收益的态度不对称。在投资决策中，损失厌恶现象尤为明显，研究表明投资者往往会更加关注自己可能遭受的损失，而忽视潜在的收益。这种非理性倾向使得投资者的风险偏好与经典经济学理论产生了较大的偏离。传统的风险规避理论认为，人们在面临不确定性时，会主动选择规避风险，以期望获得更好的结果。然而，行为实验却发现，人们对待损失和收益的态度和偏好并不总是风险规避的。在面对确定性损失时，人们往往会增加自己的风险容忍度，主动承担风险，这一行为表明，人们厌恶的不是风险，而是损失。为了避免损失，人们愿意承担风险，并不仅是为了期望收益最大化。Kahneman 等学者用价值函数刻画了投资者对于损失的敏感度，它呈现出一种 S 型曲线（参见图 4 - 1）。价值函数在参考点以上的收益部分呈现凹形，说明投资者会为了获得确定性的收益而降低风险的容忍度，表现出风险规避；而在参考点以下的损失部分，价值函数是凸函数，表明投资者为了避免确定性的损失会增加自己的风险容忍度，表现出风险偏好。需要指出的是，投资者的这种非理性倾向是系统性存在的，它并不会通过统计平均而得到消除。因此，在金融市场中，投资者的情绪和行为偏差会通过价格反映出来，引起市场价格的波动和趋势。为了更好地理解市场价格的变化，行为金融学已经发展出许多基于非理性行为的定价模型，它们能够更好地解释价格的波动和趋势，并对实际交易提供指导。

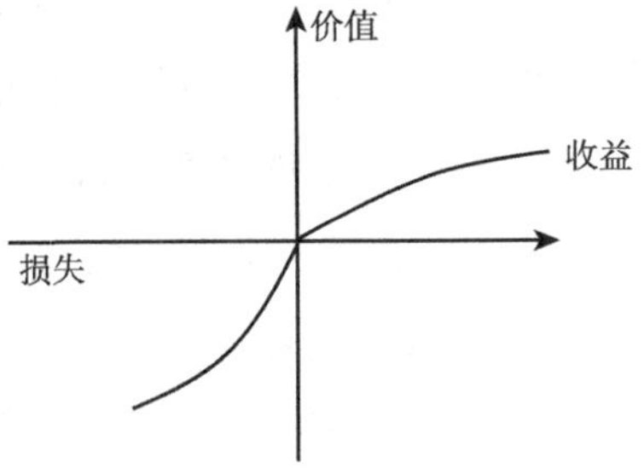

图 4-1　价值函数

4.2.2　处置效应

投资者在面对股票卖出时往往会存在处置效应，即倾向于卖出价格高于买入价的股票，而继续持有价格低于买入价的股票。Shefrin 等人曾定义处置效应，并通过行为实验验证了其存在性。当投资者需要获得流动性时，80% 的投资者会选择卖出盈利的股票，而继续持有亏损的股票。Odean 通过随机抽取某大型折扣公司的交易数据，也发现投资者更倾向于卖出盈利的股票，而继续持有亏损的股票。这种现象表明处置效应主导了投资者的行为决策。但在年末，投资者会倾向于卖出亏损的股票以获得税收优惠，相比盈利股票，损失股票的平均卖出比例显著增加。这种行为是因为投资者可以通过卖出亏损股票来抵消其他投资所带来的盈利，从而减少自己所需缴纳的资本所得税。然而，这种行为常常会导致投资者在面临未来风险时，过度依赖已有收益的股票，而忽略了与之相关联的潜在损失，不仅会影响投资者的决策效果，也会对市场价格产生影响，引起不必要的波动。因此，从理性的投资角度来看，投资者应该避免处置效应的影响，制定合理的投资计划和风险管理策略。

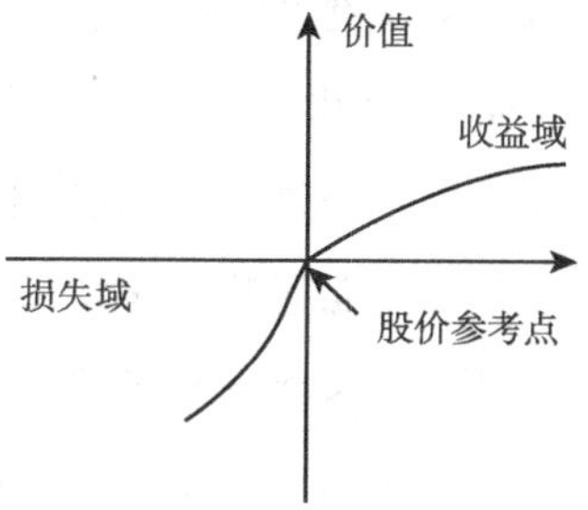

图 4-2 风险选择

处置效应不仅存在于股票市场，还存在于其他市场。Genesove 等研究美国波士顿住宅市场的房屋销售情况，发现在房价下降时，房产所有者往往会坚持高价出售，而在房价未下降时则更容易接受低价出售，这种行为会有效减缓购房者的积极性，导致房主继续持有暂时贬值的房产。此外，Coval 等分析芝加哥期货交易所职业交易员的联邦政府债券期货交易数据，发现处置效应也存在于期货市场。在遭受损失后，交易员会变得更加风险偏好。具体来说，上午遭受损失的交易员下午进行超出平均风险水平的交易概率比平常增加 10%，交易次数增加 28.6%，交易规模增加 9.5%。这些研究结果表明处置效应是一种普遍存在的非理性行为，不仅存在于股票市场，还存在于其他市场。同时，处置效应对投资者、市场和经济可能会带来负面影响，因此，投资者和交易员应该认识到处置效应的存在，并制定合理的投资计划和风险管理策略规避其不利影响。

股票的买入价作为参考点，风险选择函数以上部分为凹形，表明投资者通常是风险厌恶的，他们更愿意立即出售已获得确定性收益的股票。风险选择函数以下部分函数则呈现凸形，表明投资者更为风险偏好，他们宁愿承担风险也要规避卖出股票获得确定性损失。这种对损失的厌恶促使投资者表现出处置效应，并且他们不倾向于以税收互换的方式来减少税负。所谓税收互换，是指投资者在卖出一只亏损股票的同时买进一只类似风险的股票，从而在不改变资产组合的风险暴露前提下实现税收减免。然而，投资者因为害怕确认的损失，而不愿采用这种策略。具体来说，投资者卖出亏损股票带来的确定性损失会让他们感到痛苦，而这种痛苦程度可能高于减少税负所带来的心理安慰。因此，投资者不会采取税收互换的方式来最大化自己持有的投资组合收益。这种处置效应和损失厌恶是一种普遍存在于股票市场中的非理性行为，可能对投资者、市场和经济产生不利影响，因此需要采取相应的风险管理策略来规避其影响。

测量处置效应的主流角度有两种：一是基于频率的角度，即通过观察投资者在某段时间内的交易行为来推断出处置效应；二是基于时间的角度，即通过观察投资者在不同市场环境下的交易行为来推断出处置效应。针对处置效应的研究方法很多，主要包括模拟法、VAR、实验法等。Grinblatt 等（1995）提出了用“资本利得突出量”来检验处置效应现象。薛旎（2006）通过实验发现，处置效应在被试对象中超过一半，且处置效应会在一定程度上减弱股价的波动性。为了检验处置效应与股价波动之间的关系，王宗润等（2012）将资本利得突出量引入 GARCH－V 模型中进行分析，发现其与股价波动呈负相关，并能解释股价波动的持续性。肖琳等（2018）采用 PGR－PLR 和生存分析法来分析券商的交易数据，研究发现，融资融券业务增加了市场的投机性并强化了处置效应，且投资水平越高的投资者其处置效应越低。谈千里（2019）用 VAR 方法分析沪深 300 的周价格指数和每周期末投资者数量，发现 2015—2018 年期间投资者的处置效应较弱，而羊群效应则相对较强。综上所述，处置效应是股票市场中的一种常见行为偏差，通过不同的研究角度和方法来衡量处置效应，可以更全面地理解其对市场的影响，并为投资者提供有效的风险管理策略。

处置效应是股票市场中的一种行为偏差。有学者通过不同的角度和方法研究了处置效应与市场状况的关系。张伟强等（2005—2009 年）通过分析权证交易数据，发现亏损交易的持有时间普遍比盈利交易长，而盈利交易的卖出比例较高，这种交易方式导致整体亏损。翟泓森等（2010—2014 年）通过上证 A 股成交量和涨跌幅数据发现，在表现平稳的市场中，处置效应仍然显著存在，并且处置效应会对投资者的表现产生负面影响。屈正阳的研究发现，投资者调整盈亏参照点的速度与市场是否属于牛熊市有关，并且在两种市场中的调整速度存在巨大差异。边江泽等通过投资者在股票市场中的报单数据，分析其行为偏差如何影响委托交易策略，结果发现，投资者更倾向于积极报单实现已盈利的股票。这些研究结果表明，处置效应是一种非常普遍的行为偏差，会对投资者的表现产生负面影响。因此，为更好地管理风险和提高投资回报，投资者需要认识到自己可能存在的处置效应，并采用科学的交易策略来规避风险。

处置效应是股票市场中的一种行为偏差，涉及投资者的个体特征和操作习惯。苏政豪采用实验方法发现，具有较长投资经历的投资者的处置效应更弱，这表明，投资经验可以有效减少处置效应对交易决策的影响。伏天媛运用证券营业部的客户交易数据进行实证研究，发现女性的处置效应比男性强，意味着女性可能更容易引发羊群效应。这一结论进一步证明了性别在处置效应中的重要作用。李瑄利用实验的方法分析投资者因年龄、性别、受教育程度、炒股年限的差异对处置效应的影响，发现女性比男性、年龄大比年龄小的、缺乏投资经验比有投资经验的投资者的羊群效应更强。这说明，在不同的个体特征和操作习惯下，处置效应的表现存在差异。洪婕系统地检验了处置效应对投资者的影响，结果显示，资金量大的投资者相比小投资者会更急于卖出盈利的股票和亏损的股票。这一研究结果强调了投资者的资金规模在处置效应中的作用。综上所述，处置效应与投资者的个体特征和操作习惯密切相关。为了有效规避处置效应对交易决策的影响，投资者需要根据自身情况采取相应的交易策略。同时，从实证研究角度出发，也需要进一步探索处置效应与投资者异质性之间的关系。

处置效应是投资者在股票市场中的一种行为偏差，已经成为行为金融学领域的热门话题。本小节聚焦于机构投资者与个人投资者的处置效应强弱差异，并探讨了其他类型投资者中处置效应的表现。熊大顺将投资者划分为机构和个人两种类型，并构建 Odean 买入法指标，用营业部数据检验发现机构投资者的处置效应强于个人投资者。这表明，机构投资者相对于个人投资者更能够克服处置效应的影响，取得更好的投资收益。罗炜等分析风险投资在企业 IPO 减持中的处置效应，发现当股价处于参考点以下时，风投机构表现出明显的处置效应；而当风投机构在被投资企业有董事席位时，处置效应明显减弱。这说明，风投机构的处置效应在不同情境下表现出不同的特点。

除了机构投资者和个人投资者之外，在社保基金、监管者等中，处置效应同样存在。郝旭光等从心理学角度研究发现，证券市场监管者中具有损失厌恶、代表性偏差、处置效应者占有高比例，这些心理与处置效应之间存在显著的相关性。这一研究提示我们，在制定政策时需要考虑到监管者自身的心理因素对市场的影响。综上所述，机构投资者相对于个人投资者具有更强的交易决策能力，可以有效规避处置效应对投资收益的负面影响。未来的研究可以进一步探索其他类型投资者中处置效应的表现，并结合实践经验提出更加精准的交易策略建议。

4.2.3 羊群效应

羊群效应是指众多投资者参与金融市场，形成群体活动的现象。在面对不确定性时，市场中大多数投资者会受到自身内在需求、市场中其他参与者的行为表现以及宏观环境等因素的影响，选择趋同的决策行为。这种心理和情绪的传递，导致市场出现两类截然不同的现象：一是被模仿者的行为是正确的，并能够促进市场趋向有效，那么由此引发的羊群效应就会加速市场对于新信息的吸收，提升市场效率、增强金融环境的稳定性；二是被模仿者并没有做出正确的判断，那么这种错误行为再被市场中其他参与者不断模仿而强化，就会扭曲股价、降低市场效率、减弱金融环境的稳定性。羊群效应最突出的解释理论是信息的阶梯式传播。Asch 以及 Deutsch 等进行实验，发现社会压力形成了非理性的羊群效应。Milgram 通过实验研究权威对人们行为的影响，结果表明人们因服从权威而导致羊群效应。这些研究提示了群体行为中人与人之间相互作用的重要性。在金融市场中，羊群效应会导致投资者盲目跟风，进而形成过度波动和价格不合理的局面。为了避免这种情况发生，投资者需要更加理性地分析市场信息，把握市场趋势和投资机会。同时，监管部门也需要加强市场监管，及时公开市场信息，防止传递失真，减少羊群效应的发生。

羊群效应是指金融市场中投资者的趋同行为，是违反贝叶斯法则的一种决策方式。在这种情况下，投资者将其他人的行为作为自己的决策依据，而不是根据自己的私有信息做出决策。Lakonishok 等人将其定义为市场中投资者买卖相同股票的行为。因此，“模仿”是羊群效应的重要特征。

在实证研究中，羊群效应可以从个体和市场两个角度进行分析。个体角度强调个人的决策对他人产生的影响，包括信息流羊群效应、声誉羊群效应和调查性羊群效应等；市场角度则侧重于多股票集体趋同的现象，并提供了哲学方法论上的支持来检验羊群效应。由于数据可得性和操作可行性的问题，个体观点更适用于定性分析，市场观点更适用于采用市场数据进行量化检验。为了避免羊群效应对金融市场的不利影响，监管机构应加强市场监管，公开市场信息，防止信息传递的失真，减少羊群效应的发生；投资者也应更加理性地分析市场信息，把握市场趋势和投资机会，避免盲目跟风。

羊群效应是金融市场中的一种现象，研究者通常使用横截面收益标准差（Cross - sectional Standard Deviation，CSSD）和横截面收益绝对偏差（Cross - sectional Absolute Deviation，CSAD）两种指标来测度其强度。其中 CSSD 是基于标准差的指标，适用于对称分布的市场环境；而 CSAD 则是一个更加全面的指标，能够较好地反映非对称分布的市场特征。然而，Tan 等人发现，CSSD 存在灵敏性问题，可能会低估羊群效应的影响。因此，近年来的文献普遍采用 CSAD 方法来测度羊群效应。

在中国股市中，宋军等人和蒋学雷等人采用了高级方法来检验羊群效应的存在性。后续的一系列改进型研究关注于羊群效应在不同市场环境下的表现是否存在差异，例如 Morck 等人和李洪涛等人比较成熟市场与不成熟市场中羊群效应的差别。另外，也有一些研究分析投资者个体之间的差异是否会对羊群效应产生干扰，班耀波等人发现机构投资者也会因为羊群效应而模仿其他投资者的决策行为，这证实了 Scharfstein 等人的结论：基金经理出于对名誉的担忧会模仿其他基金经理的投资决策行为。虽然羊群效应在金融市场中普遍存在，但它会导致市场失灵和不良后果。对此，监管机构应该采取措施控制羊群效应的影响，例如加强信息透明度和市场监管。同时，投资者也应该更加理性地分析市场信息，避免盲目跟风，从而减少羊群效应带来的负面影响。

本小节旨在分析投资者异质性对羊群效应的影响。羊群效应是金融市场中普遍存在的现象，会导致市场失灵和不良后果。因此，研究投资者异质性对羊群效应的影响具有重要意义。Scharfstein 等人的研究指出，基金经理等专业的投资者应该根据上市公司的基本面信息进行理性投资，因而引入机构投资者能促进金融市场有效性。然而，考虑到人类生物特征，每个人都会产生非理性心理，在外界信息的冲击下自发形成非理性的投资行为，这再次说明了“理性人”假设的问题。因此，机构投资者也会受到羊群效应的影响，他们也可能因为名誉及其他原因而模仿其他机构投资者的决策行为。

对于个人投资者和机构投资者之间的差异，余剑峰的研究表明，人的模仿行为受到其所处圈子和阶层的限制。以个人投资者和机构投资者为例，二者存在预期形成上的差异。崔丽等人通过元胞自动机模拟法发现，个人投资者由于存在适应性预期形成羊群效应，而机构投资者由于理性程度高而没有强烈的羊群效应。从控制论的观点看，前者属于正反馈加强波动，后者属于负反馈削弱波动。此外，戴淑庚等人、刘东玉等人的研究也表明，二者在信息获取渠道和分析能力上的差异会对羊群效应产生影响。

因此，我们需要深入了解个人投资者和机构投资者之间的差异，以便更好地理解羊群效应的影响。监管机构应该采取措施制约羊群效应的影响，例如加强信息透明度和市场监管。同时，投资者也应该更加理性地分析市场信息，避免盲目跟风，从而减少羊群效应带来的负面影响。

4.2.4 噪声交易

金融市场是由投资者依据自己获取的信息对证券进行理性评估，并根据评估结果选择交易行为。这个过程本质上是一个价值发现的过程，即大多数投资者通过共同作用来确定证券的内在价值。然而，当股票价格和内在价值出现系统性偏差时，就会产生噪声（noise）。Black 等最先意识到噪声交易的重要研究价值。他们认为，噪声交易者的投资决策是基于噪声而非信息。因为如果投资者的交易决策基于信息，通常会带来可观的利润；而如果基于噪声进行交易，则往往得不到预期的回报。然而，在现实金融市场中，主要通过股票交易来产生流动性，而噪声交易者的存在使得频繁交易成为可能。由此，噪声交易者逐渐实现了价格发现，并以此对期权、期货等金融衍生工具进行定价。噪声交易者数量之多，让众多知情交易者可以通过反向交易而获利，哪怕是付出信息成本。因此，噪声交易者虽然经常被视为市场中的“麻烦制造者”，但其实际上起到了重要作用。他们的存在为金融市场提供了流动性，有效推动价格发现和定价过程，并最终推动金融市场的稳定运行。

在有效市场中，套利是无成本无风险的，因此当知情交易者发现某些股票被错误定价时，他们可以建立头寸进行套利，从而赚取无风险利润，并促使股票价格回归其真实价值。然而，在现实环境中，知情交易者往往难以从噪声交易中获得纯粹的真实信息来指引自己的投资组合和风险管理。同时，由于基本面风险、噪声交易者风险和操作成本等因素的限制，错误定价也难以被及时纠正，噪声将继续存在。因此，基于噪声交易的方式难以被完全根除，股票价格也将长期围绕其内在基础价值波动。此外，噪声交易者的行为还会对市场带来一定的不确定性和波动性。然而，噪声交易者的存在也有积极作用，他们提供了流动性和交易机会，促进了资本市场的运转。因此，虽然噪声交易者可能会导致市场出现一些不理性现象，但他们仍然是金融市场的重要组成部分。

De Long 等提出了噪声交易模型（DSSW），该模型认为噪声交易者的存在会引起风险溢价，这种影响有四种效应：多多益善效应、空间效应、弗里德曼效应以及价格效应。Koutmos 在 Sentana 等的分析方法基础之上，对发达国家股市进行实证研究，结果表明，在短期内，受到噪声干扰的收益率增强，并且随着波动率的增加而增强。此外，噪声的影响具有不对称性，即当市场上涨时，噪声的影响更加显著，而当市场下跌时则相反。Hong 等针对自 1998 年以来由高科技股票引发的股市暴涨和暴跌现象进行了研究，发现市场中泡沫的产生遵循以下规律：由于投资者对上市公司基本面的信念存在差异，已持有者将股票卖给更乐观的后续投资者，后续投资者则认为还有更多更乐观的投资者愿意接手。这种预期会导致股票价格出现大幅波动，并增加市场不稳定性。以上研究结果揭示了噪声交易对股票市场的影响及其机制，对投资者和决策者具有重要意义。

过度自信导致股价超过价值和预期回报，市场表现为过度交易和波动。Ozdenoren 等发现噪声交易行为影响企业资产价格，进而影响企业现金流，导致市场过度波动。索罗斯提出“反身性”理论来阐释股市泡沫现象。他认为泡沫来自两个部分：主导股价的潜在趋势和对它的误解。当这两者互相强化时市场预期与现实相差就会越来越大，让投资者的“错误信念”被合理性放大（或认为存在即合理）。当价格趋势由于某种因素导致反转时，由于被趋势所掩盖的误解被暴露在阳光之下，导致趋势运行到相反方向，继而自我强化。因此他认为股市呈现出虚假繁荣的起因是错误的自我强化，最终价值无法支持价格导致自我毁灭。张恩众根据中国股市的波动聚集特征选取了 1990 年 12 月 19 日（交易所成立日）至 2007 年 10 月 17 日（当日沪市达到最高点 6124 点）为样本区间，进行日级别数据的 GARCH 模型分析。此外，作者还考虑到牛、熊市的不对称性，对样本区间进行分段来建模，证实沪市确实存在正反馈现象，并且在信息对股价刺激方面好消息与坏消息表现出不对称性。徐建将“过度波动”定义为股价波动超过恰当的阈值，这抓住了本质特征：股价对信息反应过度。根据股价均值回复的特性，这种过度反应超过某个时间段后将会发生反转，相应地股价的自相关关系由正转负，从而证实这种反转的自相关关系导致股价过度波动。陈国进等运用实证分析方法，结果表明上海 A 股中机构投资者是股市暴涨暴跌的助推器。韩鑫韬等使用经验分布函数研究了股市暴涨暴跌事件，据此分析了英美等发达国家和中国股市的暴涨暴跌事件，发现中国股市暴涨暴跌的频率较少，但幅度最大，而英美等国的规律则相反。这背后的逻辑是，中国股市受到政策等因素的影响，具有行政命令驱动的特征；而发达国家股市遵循自由的市场经济体制，其投资者的职业素养较高，能够快速吸收并分析突发事件的影响，因此股价波动表现出事件驱动的市场特征。

4.3　并非有效的市场中价值投资理论

在我国证券市场，存在大量非理性投资行为，特别是谣言对投资者情绪与行为影响较大。同时，大多数投资者抱着短期持有投机而不是投资的心态，导致价值投资策略在我国股票市场存在较大的套利空间。价值投资策略在我国证券市场是否有效的问题，不仅揭示了非理性投资对股价的影响，也揭示了我国证券市场不能有效地服务实体经济的根源。这是因为非理性投资造成了股价扭曲，进一步引起了资金错配。资金错配表现在以下几个方面：（1）发展良好（或较差）的公司因为股价被市场扭曲而过高估计，导致部分资金使用率低下，甚至闲置；（2）发展良好的公司（或发展较差的公司）因股价被扭曲而低估，导致股价下跌而缺乏流通资金，从而影响其运营。如何使金融市场有力地服务实体经济一直是金融学研究的热门话题。解决这个问题的一个关键是要提高投资者的理性认知水平，降低非理性投资行为的比重。同时，加强监管力度、打击市场谣言、促进信息透明度和公平竞争，也非常重要。最终，实现金融市场与实体经济的良性互动，需要政府、企业和投资者共同努力。

Graham 等人提出价值投资策略，包含市场波动、安全边际、内在价值三要素。Fisher 进一步发展了动态价值投资策略，通过从经营收益保证公司内在价值持续增长这一角度解释公司的成长。Lynch 在 20 世纪 80 年代继承并发展了动态价值投资这一思想，现代成长投资理论初步显现。此后 Buffet 等人遵循价值投资策略并保持长期的优异回报，致使实务界和学术界对 Buffe 投资方法的研究热情经久不衰。

尽管经过西方成熟资本市场半个多世纪的洗礼，价值投资策略已经发展成为被广泛接受的主流投资哲学和重要投资风格，但其有效性也一直受到学术界的质疑。Rothchild 等人认为，市场价格至少低于内在价值三分之一才有投资价值。Lakonishok 等人发现，价值组合的收益率高于成长组合，且收入增长率和市现率是影响股票收益率最重要的因素。然而，该策略的不足之处是对从 20 世纪 80 年代以来共同基金经理的业绩持续跑输标普 500 指数的现象解释不充分。Fama 等人也发现，价值投资在绝大多数市场都可以获得超额收益，但选取的指标缺乏经济解释。Adams 分析了价值投资在组合投资策略中的重要性，并给出了构造组合的建议。Piotroski 等人认为，包含财报分析和价值比率的二维投资策略比仅由价值比率构成的一维投资策略产生更高的回报，但该研究方法更像是数据挖掘，缺少内在的逻辑解释。因此，虽然价值投资策略在西方资本市场上被广泛应用并已形成较为完善的理论体系，但其有效性仍受到学术界的争议。未来的研究需要进一步探讨如何改进该策略，使其更好地适应新的市场环境和经济现实。同时，加强对投资者的教育，提高他们的理性认知水平，降低非理性投资行为的比重，也是解决价值投资策略有效性问题的关键之一。

价值投资策略的核心是以内在价值为依据，避免价格扭曲造成资金错配，从而实现风险规避和长期稳健回报。然而，以个体投资者为主体的实施方式难以达到这一目标，因此需要国家层面的介入。在国家层面，建立一个机构来实施价值投资策略，旨在更好地服务于实体经济，促进金融市场的稳定发展。该机构通过买入或卖出股票来影响市场，使得股价回到财务报表所反映的内在价值水平。这样不仅可以避免价格扭曲造成的资金错配，还能促进非理性投资行为的消失，帮助中国证券市场走向成熟、稳健和有效。需要注意的是，该机构的存在只是为了达到上述稳定发展的目标。一旦大多数投资者采用跟随策略，即认同该机构的投资理念和操作方法，价值投资策略就会失效，该机构也将退出历史舞台。但这种假定只有在真实可靠的财务数据基础上才能成立。因此，建立一个国家层面的机构来实施价值投资策略，可以更好地服务于实体经济，同时也能够增强金融市场的稳定性和有效性。

结语

全球经济不断发展，金融市场的重要性日益凸显。在金融市场中，资产定价理论、市场行为理论和价值投资理论是研究金融市场的重要分支。

资产定价理论是现代金融学的基础之一。该理论探讨了资产价格形成的原因和机制，并提出了套利与无套利定价理论、CAPM、CCAPM 与 APT 模型等多种定价模型。其中，套利与无套利定价理论认为，在没有套利机会存在的情况下，市场上所有的资产都应该以相同的利率进行定价。CAPM 模型则通过衡量风险和收益之间的关系来解释股票价格的波动，而 CCAPM 和 APT 模型则更加强调市场整体风险的影响。

市场行为理论是对金融市场效率和价值投资理论的重要挑战。该理论认为，损失厌恶、处置效应、羊群效应和噪声交易等投资者情感和心态会使市场价格产生偏差，在某些情况下会导致市场失灵，从而使得价值投资策略在金融市场中具有一席之地。

价值投资理论具有一定的实践意义，但并非所有的市场都是有效的。在某些市场中，由于信息不对称或者其他原因会引起市场失灵，导致价值投资理论失效。中国股市的 8 轮暴涨暴跌就曾引起全球性关注，价值投资理论的有效性受到了挑战。因此，建立各种模型如随机状态模型、因子模型等深入研究各种市场环境下价值投资理论的有效性非常有必要，同时，在分析过程中，需要考虑到市场流动性、信息传递速度等多种因素。只有深入挖掘这些因素之间的关系，才能更好地应对市场风险和实现可持续的投资回报。

资产定价理论、市场行为理论和价值投资理论都是探讨金融市场运作机制的重要分支。这些理论不仅有助于我们更好地理解金融市场的运作机制，而且能指导我们在金融市场中进行有效的投资决策。但需要注意的是，并非所有的市场都是有效的，因此，深入研究各种市场环境下价值投资理论的有效性，有助于更好地应对市场风险和实现可持续的投资回报。

第五章
基于非正式渠道传递的谣言对股价波动的实证研究

金融市场的波动一直是各类投资者关注的焦点，尤其是在股票市场中，价格波动的原因和规律总是扑朔迷离。传统的金融理论认为，市场参与者是理性的，他们会根据公开的信息来做出最优决策。然而，在现实中，我们经常看到投资者的行为并不完全符合理性假设，这使得金融市场的波动很难用传统理论来解释。此外，股市中谣言的传播也对投资者的行为产生了重要影响。那么，谣言究竟是如何影响投资者行为的呢？这一问题在现实中并没有得到较好的解决。

行为金融学作为一种新兴的研究方法，试图从心理学和社会学的角度来解释投资者在金融市场中的非理性行为。本章基于行为金融理论，提出了一个假设：谣言可以改变人的投资行为，其传导的关键环节是谣言改变人的情绪，继而影响投资者对待风险的态度。这一假设揭示了谣言与投资者行为之间的潜在联系，并为解释股价波动提供了一个全新的视角。

为验证这一假设，笔者建立了涵盖情绪因子的行为风险决策模型，设计了相应的风险决策实验。通过实证分析，发现投资者在受到负面谣言冲击时，会明显提高其风险规避程度；当投资者受到正面谣言冲击时，会显著降低风险规避程度（买方除外）。这些实验结果并不支持基于传统金融理论的原假设，而是支持我们基于行为金融学提出的备择假设。

想象一下，在一个充满谣言和虚假信息的金融市场中，投资者如何做出合理的决策？他们可能会被情绪所左右，进而在风险决策中表现出非理性，这种现象在现实生活中并非罕见。例如，在某次股市暴跌之后，各种负面谣言纷纷涌现，许多投资者情绪低落，纷纷抛售手中股票，加剧了市场的恐慌。反之，在股市大涨时期，正面谣言满天飞，投资者普遍乐观，纷纷加大投资力度，从而推高股价。这些例子都说明了谣言对投资者行为的重要影响。

本章通过揭示谣言对投资者风险决策行为的影响机制，旨在提高人们对股市谣言传播及其影响的认识，从而有助于投资者更好地应对市场中的不实信息。同时，这一研究成果也对政策制定者具有重要意义。在制定相关政策时，政府可以考虑加强对金融市场谣言传播的监管与打击力度，以维护市场秩序和保护投资者利益。此外，投资者自身也应提高警惕，不轻信谣言，避免受到情绪的影响，从而做出更加理性的投资决策。

本章以行为金融学为理论基础，通过实证实验探讨谣言对投资者风险决策行为的影响，希望能为投资者、政策制定者以及金融市场研究者提供有益的启示，为解决现实中的问题提供理论支持和实践指导。

5.1 相关理论

5.1.1 非正式渠道信息

本章旨在探讨非正式渠道传播的谣言对股价波动的影响。根据有效市场理论假说，股价能够迅速反应相关信息。因此，如果股价出现异常波动，就意味着有新的信息冲击。本章将从信息冲击的角度来研究股价波动，并将信息传播渠道划分为正式渠道信息和非正式渠道信息。正式渠道信息主要包括报纸、新闻和会议等途径传播的信息，而非正式渠道信息则包括面对面交流、人际书信、电话传播、电子邮件和电子论坛等方式。

正式渠道信息能够传达国家重大政治经济事项，满足企业和机关的日常运作需求，但这并不意味着非正式渠道信息没有生存空间。非正式渠道信息具有其独特之处，如能够表达人员的真实思想、加强人际亲和力，就能成为正式渠道传播的补充。只不过非正式渠道信息有一致命缺点，易引起信息失真，加剧了按照文本分析方法研究这类信息对股价波动的影响在技术上的困难。加之不能排除其他因素对股价波动的影响，研究可能存在遗漏变量和内生性问题。

如何研究非正式渠道信息对股价偏离的影响呢？利用真实股票市场数据来检验谣言与股价的关系可能会受到预期等因素的干扰。然而，根据实验经济学理论，受控实验可以获取“干净”的数据，排除内生性问题。同时，非正式渠道具有表达人员真实思想、加强人际亲和力的特点，这意味着非正式渠道信息与人的心理状态有关，适合纳入行为经济学理论。

我们将以行为金融学中与投资心理相关的理论为基础，以股市谣言这个典型的非正式渠道信息为研究对象，采用行为实验的方法研究其对股价波动的影响。

首先，本章回顾行为金融学的发展历程及其主要理论观点。行为金融学是一门研究人们在金融市场中如何做出决策以及这些决策如何影响金融市场运行的学科。它起源于20世纪80年代，是对传统金融理论的一种补充和发展。行为金融学主要包括两个方面的研究：一是研究投资者在金融市场中的行为偏差，二是研究这些行为偏差如何影响金融市场的价格形成和波动。

其次，本章介绍前景理论及其在风险决策中的应用。前景理论是由Kahneman和Tversky于1979年提出的一种描述人们在面临风险决策时如何选择的理论。该理论认为，人们在面临风险决策时，往往不是根据期望效用最大化原则来选择，而是受到损失厌恶、非线性概率加权和参照点效应等心理因素的影响。在前景理论的基础上，本章将构建一个包含情绪因子的风险决策模型，以解释投资者在面临股市谣言时的风险决策行为。

然后，设计一个风险决策实验，以研究股市谣言对投资者风险决策和投资行为的影响。实验分为两个阶段：第一阶段为股市谣言传播阶段，第二阶段为投资者根据谣言做出风险决策和投资行为的阶段。在实验过程中，通过对比实验组和对照组的数据，分析股市谣言对投资者风险决策和投资行为的影响。

最后，分析验证实验结果，并得出结论。实证分析拟采用双重差分模型，以排除其他可能影响投资者行为的因素。通过对比实验组和对照组的投资行为差异，本章将揭示股市谣言对股价波动的影响机制，以期为相关政策制定提供理论依据。

5.1.2 行为金融心理学基础

损失厌恶和窄框架是行为金融学中的两块基石，它们从心理学的角度解释人们的风险决策行为，为一些主流经济学无法解决的“市场异象”提供合乎逻辑的答案。经济学对于心理学是理论借鉴而非生搬硬套，心理学的引入让经济学不断完成自我创新，从内涵到外延进行了量变的调整和质变的突破。本章旨在从投资者的心理和情绪出发，研究投资者思维模式——损失厌恶和窄框架的存在性和不可避免性，与前沿发展方向和轨迹密切连接。在控制了其他因素不变、排除了投资者行为变化的其他解释路径的前提下，本章探究信息会如何对投资者心理和行为造成影响，再反过来，从投资者持有的投资组合中风险资产的阶段性波动特征反推信息对于投资者心理和情绪的影响，证明了损失厌恶和窄框架这两个行为金融学中的重要概念在人们的思维方式中是普遍存在的，外界力量也无法根除它们对于投资者情绪和心理的影响。

Kahneman 等创造性地使用价值函数（见图 4－1）来刻画投资者的损失厌恶，价值函数有三大特点：（1）函数的定义域是与参考点相比较的偏差；（2）在参考点以上的地方，函数呈现凸性，在参考点以下的地方，函数呈现凹性；（3）位于参考点以下的图形更加陡峭。通过以上对函数性质的描述，可以注意到这一函数在参考点处是最陡峭的，这与 Markowitz 假设的效用函数相悖，该函数在这一区域变化较缓。图像的性质反映了损失厌恶所具有的特点，表明对于收益的变化，人们对于财富损失的变化更加敏感。

投资者对于存在风险时更愿意避免损失，而不愿意承担风险去实现自己的收益最大化。因此，在有确定性损失存在时，投资者的投资决策会更加冒险，即风险偏好；在有确定性收益存在时，投资者会更倾向于保守谨慎，即风险规避。实证数据表明，损失给人们带来的效用是收益带来的效用的两倍（Amos 等，Kahneman 等）。

Redelmeier 等通过行为实验发现人们倾向于将每一决策作为单一事件进行考虑，并非作为一个整体，尽管将所有决策作为整体来考虑是更合意的行为，人们可以获得更多收益。经济学家们把这种不考虑全局的行为称为隔离选择（Choice by Segregation）。Kahneman 等在研究企业组织中上下级的决策行为时，将人们不考虑未来的决策机会和历史的决策数据进行隔离选择的行为定义为窄框架（Narrow Framing），研究认为窄框架会加重人们的损失厌恶情绪，从而在投资决策中表现出更加目光短浅且厌恶风险。De Bondt 等提出心理账户概念，认为人们在做决策时，会在心里将一个决策分为几个部分来考察，并对每一部分赋予不同的风险态度。例如股票投资者获得收益时，会将这笔钱在心里默认放入与本金不同的账户，对于该账户中的钱有更高的风险容忍度。虽然心理账户提出的时间比窄框架提出的时间晚，两个概念的研究背景也不同，心理账户侧重于对自我财富的投资管理，窄框架注重决策者对于多个决策在时间、空间上的考量，但心理账户被认为是窄框架的具体表现形式，本章引入心理账户概念使得窄框架概念更通俗易懂。

本章的研究重点是揭露人们心理和情绪如何影响其投资决策行为。因为人们固有的思维方式——窄框架和损失厌恶的存在，当投资者产生积极进取的投资情绪时，他们会形成正面乐观的预期，认为自己有很大概率甚至是一定会获得收益，因此投资者在整个投资过程中的风险容忍度就会增高；当投资者产生消极抵触的投资情绪时，他们形成负面悲观的预期，他们认为自己有很大概率甚至是一定会遭受损失，因此他们的风险容忍度会降低。当外界力量试图对投资者这种不理性的思考方式进行纠正时发现，投资者的窄框架和损失厌恶依然存在。人们心理特征的主要表现在对于外界事物的主观判断，这种判断是基于他们所获得的信息并且体现在他们的行为当中。股市中的信息是影响股市波动的核心所在，因此本部分研究不改变股票真实价值的虚假信息——谣言对投资者心理、情绪的影响，但情绪和心理具有抽象性，不可直接观察得出，需要借助直接反映投资者心理情绪的投资者行为来进行表征。而单一投资者的心理和情绪的变化体现在单一个体的投资行为中，不具有代表性，由此将投资者视为一个整体，他们的行为就可以用投资者的平均持股比例来刻画，从而排除掉个体之间的差异，得到具有稳健性的结论。该部分通过对平均持股比例进行研究证明了损失厌恶和窄框架的存在性以及这些非理性思维方式的不可避免性。

现有的研究文献为了分析信息对股价波动的影响，直接采用真实的金融市场数据进行实证，这种方法不可避免地带来两个问题：（1）数据难以量化或者没有权威的来源，如市场整体的财富水平，投资者受教育水平的精确分布等；（2）这些变量随时间变化，表现出不确定性，例如市场整体的财富水平受到股票涨跌幅度的影响，投资者风险厌恶水平与市场指数暴跌等极端事件的发生频率有关。以上两点破坏了研究的前提假设，对信息与风险决策行为相互作用机理的梳理造成困难，这种困难的根源是变量的数量众多并且关系复杂。为了规避此种内生性问题，本文采用行为实验法，这一方法的好处是能够对影响风险决策的变量，如市场财富水平、股票流动性、投资者背景等变量进行控制，同时排除真实的市场信息对人们未来预期的影响，从而可以单独研究投资者损失厌恶和窄框架非理性心理对其风险态度偏好的影响，以及由此造成被试是否做出理性或非理性投资行为的影响。被试卖出（买入）股票的过程的算法可以抽象为：首先判断是否持有风险资产，其次判断是否持有安全资产，最后选择两者的持有比例，以上过程也可以认为是本文对风险投资决策的定义。换言之，被试卖出（买入）风险资产的股票越多（越少）则持有安全资产的货币就越多，被试表现出更加风险规避的特征；被试卖出（买入）安全资产越多，则持有风险资产的股票就越多，被试表现出更加风险偏好的特征。本章采用双重差分（简称 DID）计量模型来检验谣言效应。

5.2 理论假说

5.2.1 基于有效市场理论的假说

根据有效市场理论假说（EMH），投资者完全理性，任何情绪上的波动都不会影响投资者做出最优投资决策的选择。股票价格完全能够反映投资者一切可以获取到的市场信息，因为他们可以通过套利机制保证市场达到资源的最优配置，在此条件下投资者无法获取超额收益（Fama）。

现在讨论谣言这一信息。在赵静梅等的研究中，谣言被定义为“经媒体公开报道并经上市公司澄清的虚假信息或者误导性信息”；信息论科学中对信息的定义：信息是消除事物不确定性的事物。综合二者的观点，将谣言定义为没有任何信息量的虚假信息（因为谣言并不能消除投资者对股价不确定性的认知）。此处的信息量是信息论意义下的、用比特来度量的信息量。谣言无信息量的特点意味着它与未来股价分布无关，并且也不会改变被试对收益的预期。

根据EMH，本章假设股价已经反映信息，因此谣言不包含EMH中的三类信息：历史信息、公开信息、私有信息，因为这三类信息会改变公司的基本面价值和投资者的预期，从而影响证券市场投资者的心理情绪，进而改变投资者的风险态度偏好，影响投资者的风险投资决策行为。推论是：整个实验中投资者的心理、情绪以及风险态度都不会受到影响而改变，从而知情交易者的投资决策行为与谣言无关。当然，这一点是否成立有待检验，而按照普通人常识性的直觉会认为谣言对人的情绪和风险态度有影响，因此本文根据这种影响偏正面还是负面进一步将谣言细分为正面谣言和负面谣言，这种分类可以很好地刻画现实的投资环境中在市场中通过小道消息渠道传播的所谓“利好消息”和“利空消息”。

此外，由于在本章所设计的风险决策的行为实验中，被试被要求进行3期风险决策，并且实验要控制所有外生变量，实验规则要完全相同。根据

EMH，被试不存在有任何的学习效应，也就是说被试的 3 期风险决策不会发生任何改变，不会随时间的推移，因学习效应而改变。

被试在无谣言组、负面谣言组和正面谣言组 3 组间的决策行为无显著差别，而且在无谣言组、负面谣言组和正面谣言组分别的每个实验的组内的 3 个阶段的决策行为均无显著差别。

5.2.2 基于行为金融学理论的假说

自 EMH 提出，被用来研究金融市场的有关问题而且被广泛接纳盛行以来，一直受到来自真实市场的各种挑战，不断有新问题、新理论和研究发现动摇这座理论大厦的根基。因此经济学家们开始借用心理学中成熟的结论和概念来增强经济理论的解释力，促使经济学不断完成自我创新。根据心理学理论，在外界信息的刺激下，神经系统处于不同程度的激发态，其外在的表现就是人的情绪。它们会直接影响人对于选择行为的偏好，进而表现出积极或消极的行为动机（Gaulin 等）。目前已经有许多心理学文献构建了研究人的心理情绪如何影响人的风险决策行为之间的内在机制的模型。其中占有基础地位的理论是“风险感受（risk - as - feeling）假说”（Loewenstein 等），它的核心是在特定的情绪状态下，人对风险决策的反应与平时日常认知的状态不同，在情绪化的决策与理性化的决策这两种矛盾的力量的博弈中最终达到平衡。

在该部分的研究中，尽管积极和消极这两种不同性质的谣言不影响股票的真实价值，从而股票的期望收益和风险也不会受到谣言的影响，但谣言可能冲击被试的神经系统，让其处于不同程度的激发状态，从而引起被试的情绪波动，这种情绪波动会改变决策者的风险态度和行为倾向。本章的核心假设是：

当投资者产生积极进取的投资情绪时，他们会形成正面乐观的预期，认为自己有很大概率甚至认为一定会取得超额收益，这就导致投资者在整个投资决策过程中的风险容忍度会增高，对待风险资产的态度更加倾向于冒险激进。因为投资者窄框架效应的存在而将这部分潜在收益默认放在了和本金不同的框架或者是心理账户中，对于这笔额外之财，他们的风险容忍度更高，从而导致投资者在整个投资过程中更倾向于冒险，因此正面的谣言会使投资者更加风险偏好。当投资者产生消极抵触的投资情绪时，他们形成负面悲观的预期，认为自己有很大概率甚至一定会遭受巨大损失，因此他们的风险容忍度会降低，对待风险资产会更加小心谨慎。因为投资者心理中的窄框架效应存在，投资者在心里将这部分潜在损失默认放入了和本金不同的框架或者是账户中，这笔损失的存在使得他们的风险容忍度降低，从而导致投资者在整个投资过程中表现出损失厌恶。在辟谣发生后，由于辟谣的行为真实可靠，投资者对于原来高估的股票预期下降，如果想卖出股票，于辟谣前股价峰值买入的投资者只能以低于买入价方式卖出，因此卖出股票对于他们来说是一个确定性的损失，对于其他时点买入该股票的投资者来说，也在很大概率上会面临亏损，损失厌恶使他们更倾向于继续持有股票，平均持股率就会仍然高于谣言之前的水平。投资者对于原来低估的股票预期上升，如果想买入股票，于辟谣前股价谷底卖出的投资者只能以高于卖出价方式买入，因此买入股票对于他们来说是一个确定性的损失，对其他时点卖出该股票的投资者，在很大概率上会面临亏损，损失厌恶使他们更倾向于继续持有货币，平均持股率就会仍然低于谣言之前的水平。

基于以上理论假设为基础，我们构建了如下的投资者风险规避系数模型：

$$r = r_0 + \varepsilon \quad \text{（式 5-1）}$$

其中，情绪因子 ε 代表信息对投资者的情绪冲击影响程度的风险规避系数，对于投资者而言，$\varepsilon = 0$ 表示投资者情绪没受到冲击，$\varepsilon > 0$ 表示受到负面信息的情绪冲击，并且受情绪影响越大的投资者，其风险规避系数越大；相反，若投资者受到正面的情绪冲击时 $\varepsilon < 0$，风险规避系数下降，即风险容忍度上升。

根据 Holt 等研究成果，我们选择与其一致的思路，假设被试的伯努利效用函数如下：

$$U(x)=\frac{x^{1-r_0-\varepsilon}}{1-r_0-\varepsilon} \qquad \text{（式 5-2）}$$

在本章中，为了让被试卖方（买入）的风险决策尽可能简单，假定被试的初始禀赋为100单位股票，当被试卖出（买入）的股票数量为$x(100-x)$，而未卖出（买入）的股票价值变为0，相应概率是50%，而股价也有可能变为原来的2.5倍，相应概率是50%。则被试的最大化期望效用函数表示为：

$$\max_x EU(x)=\frac{x^{1-r_0-\varepsilon}}{1-r_0-\varepsilon}+\frac{1}{2}\frac{[2.5(100-x)]^{1-r_0-\varepsilon}}{1-r_0-\varepsilon} \qquad \text{（式 5-3）}$$

最大化一阶条件为：

$$x=\frac{250}{2.5+(1.25)^{\frac{1}{r_0+\varepsilon}}} \qquad \text{（式 5-4）}$$

（式5-4）表明，风险资产持仓比与风险规避系数负相关。当被试受到负面谣言的冲击时，$\varepsilon>0$ 即风险规避系数 r 正向上升，持有风险资产——股票的数量就会减少；当 $\varepsilon<0$ 时，则 r 反向下降，被试持有风险资产——股票的数量就会上升。例如，当负面谣言冲击被试的情绪，使风险规避系数 r 从0.2上升为0.7时，被试持有风险资产——股票的数量将从55下降为35.5。

基于此，本章提出的备择假说 H_1：对于卖方而言，负面谣言组相对于无谣言组的平均持有股票的比率会显著减少。这意味着当被试受负面谣言冲击时，会表现得更加风险规避；正面谣言组的平均持股率会显著增加，即正面谣言将会使被试更加风险偏好。对于买方来说，情况类似，相对于无谣言组，负面谣言组的平均持股率会显著减少，即负面谣言将使被试更为风险规避；正面谣言组的平均持股率会显著增加，即正面谣言将会使被试更加风险偏好。在辟谣发生后，被试的平均持股率仍然与谣言发生前的平均持股率存在差异。

因此一个自然的结论是，当投资者面临正面的谣言冲击而做出情绪化的反应时，他们会提高对风险的容忍度，从而表现出风险偏好的倾向。由于风险偏好导致投资者喜欢风险资产如股票胜过债券，即他们具有下凸的效用函数，那么大量的买入行为推升股价；投资者受负面谣言的情绪冲击时，受损失厌恶心理的影响，将增大风险厌恶水平并卖出股票。当正面谣言作用于股价上升或负面谣言作用于股价下降时，则谣言会放大股价波动。

5.3 实验设计

根据前文提出的假设和建立的包括情绪因子的行为风险决策模型，设计一个包含卖方和买方的 2 ×3 ×3 的风险决策行为实验。

5.3.1 被试选择及实验环境

为了探究股市中众多投资者的风险决策行为与谣言之间的关系，必须对选择的被试和实验的环境进行认真考量。当选择专业的投资人如基金经理等为被试或者有炒股经验的股民为被试，可能引发超越了价格机制之外的隐患——外部有效性问题，也可能引入异质性问题（比如隐性经验、交易习惯等），然而这些异质性问题由于无法观测而使得研究者难以量化其影响。同时，为了考虑组织被试参与实验成本较高的因素，本实验按照实验经济学中一个惯例选择本科生作为被试，全部实验操作过程都统一在财大行为经济实验研究中心通过上机操作完成。240 位被试随机分为 3 组，包括无谣言组、负面谣言组和正面谣言组 3 个实验组对照组，每一实验对照组又分为买方与买方各 40 位被试，整个实验平均耗时经计算为 40 分钟左右。为了使被试尽快进入实验状态并与真实的市场情境无缝对接，本实验尽量采用真实的经济术语如“股票”“公司”“投资”来消除被试对实验的不适，用实验经济学的术语来说就是给被试载入框架（loaded frame）。另一方面，为了让被试产生参与实验的动力并严格对待实验，本实验给予每一位被试人民币 5 元作为实验出场费，整场实验的平均酬劳为 36. 63 元。

5.3.2 实验流程

首先，为了让被试产生参与实验的仪式感以及认真对待实验的态度，同时也为了尊重被试的个人意愿，按照规定需要让每位被试在进入实验室之前签订实验参与同意书。其次，在实验开始之前对244位（此处多出4位是为了预防由于突发情况导致的实验所必需的参与人数不足情况，他们作为被试候选人将获得10元/人的补偿而离开实验室）被试参与随机分组。最后，为了模拟真实的市场接近半强式有效的场景，整个实验过程完全按双向匿名进行，这样做的优点是在实验中任何参与者都知道其他人的信息，即模拟公开市场信息的充分披露。实验结束后每位被试将领到一个信封，其中装有根据实验编号计算的单独的实验报酬。

实验的核心内容包括四个部分。

第一部分为对股票买卖的风险决策。其中，针对卖方决策的实验设计按以下步骤进行：在实验开始的准备阶段每位被试将被分配股票100股作为初始禀赋，这个股票来自A、B、C三个公司其中之一，需要被试随机抽取。在实验的决策和调查环节结束之后需要一位代表（从所有被试中随机选择）在标有A、B、C的三个乒乓球中随机选择一个，以其代表所有人所持哪家公司的股票。在实验中为了计算被试的收入需要调查被试在随机抽到A、B、C中的任意一家时所采取的投资策略，这样做的好处是可以控制两种效应：1. 收入效应；2. 被试在实验中的学习行为，例如其在不同的公司之间对冲风险的行为。

一方面，现在分析被试面对A、B、C三家公司的股票时所作的卖出决策。假设A、B、C当前股价都是1元/股（这里的计价单位为实验币而非真实的人民币）。未来股价的变动有两种：2.5元/股或0元/股，那么按照概率论中的期望法则可知其总收益为未卖股票的未来收益与当前已卖股票的收益之和（此处为了实验操作的简便性不考虑货币的时间价值）。

另一方面，还需考虑未来股价的价格产生规则：在所有被试做出卖出决策，即卖出所持有的A、B、C公司股票数（介于0到100之间的整数）后，一个代表（从所有被试中随机选出）从装有10个球的不透明盒子（其中包括5个黄球和5个白球，这样抽到其中一种颜色的球的概率都是50%）中抽取一个球，若抽到黄球则未来股价为2.5元/股，若为白球，则为0元/股，并面向所有被试公布A、B、C分别代表的股价。由于A、B、C除了名字以外其他条件完全相同（包括股票数量、价格、概率及决策规则），因此持有这三家的其中任何一家产生的未来股价期望值都是$2.5\times0.5+0\times0.5=1.25$。而在实验结束后按照如下方式进行结算：每5元实验币兑换1元人民币。

一方面，现在考虑谣言的传播以及其对卖方的影响。在无谣言组被试收到的内容是“暂无关于该公司的其他信息”，因此被试对A、B、C三个公司进行风险决策时将依据该信息进行实验操作。另一方面，在负面谣言组被试会收到一条消息“据传言，B公司有一重大的海外投资项目将面临超乎预期的惨败，公司产品在海外的市场占有率持续下滑，将造成公司巨大的亏损”，与此相对的是在正面谣言组收到的消息是“据传言，B公司有一重大的海外投资项目将取得出乎意料的巨大成功，公司产品在海外市场的占有率将持续攀升，为公司创造巨大的收益”。以上两条信息分别反映了谣言的两大基本特征。例如在负面谣言组中发布的信息含有“据传言”“公司一重大的海外投资项目”“取得超乎预期的惨败”“公司产品在海外市场占有率将持续下滑，将给公司造成巨大的损失”等字样，他们都含有十分精巧的设计：“据传言”代表谣言信息源的特点——非官方、不可控、不确定、以小道消息形式口耳相传；“公司有一重大的海外投资项目”捕捉到投资者在参与公司治理时的矛盾，即模拟了这样一种特征——小股东难以对公司在海外进行的经营活动进行亲自确认；“取得超乎预期的惨败”则刻画了股价与信息吸收的关系——因为超乎预期，所以该信息并没有被市场预期到所以也没有被股价吸收并提前反映出来；“公司产品在海外的市场占有率将持续下滑，将给公司造成巨大的损失”则通过用夸张的词语描述该经济活动对公司产生的严重后果来引起被试的心理反应，该反应对被试来说是虚拟的、停留在情感上的。由于A、B、C的基本面价值和股价变动情况完全一样，因此该谣言不会改变公司的价值，也不会因为财富效应而改变被试的收入，因此可以克服现有的采用真实的市场数据来研究的文献无法控制投资者对股价的预期以及财富效应所带来的内生性问题。排除以上两个可能的影响渠道之后，实验记录到的仅是谣言信息对被试风险决策行为影响的下限。此外，由于实验对象是本科生，具有一定的阅读理解能力，避免看不懂问题的情况，因此结果的通用性和有效性得到保证。

现在对买方决策的实验设计：唯一的区别是初始禀赋，不同于卖方以股票作为初始禀赋，买方持有的是无风险资产——100 元（实验币）。其他的分组条件与卖方相同，分为：正面谣言、负面谣言、无谣言这三组，并且采用和卖方相同的实验规则，以此来观察其对于无风险资产——风险资产的资产配置情况。

在第二部分，考虑被试关于风险态度的测量（Measuring Risk ATTITUDES，简称 MRA）。为了排除由于风险态度差异导致的不同分组所得结果差异，本实验采用了 Holt 等的方法，其具体步骤如下：给定 10 组股票，其中每组包含两个彩票 A、B，假设 A 的收益状态分别为 2.00 元和 1.60 元，B 的收益状态分别为 3.85 元和 0.10 元，然后确定其分布：从第 1 到第 10 组的收益分别为 2.00 元和 3.85 元（1.60 元和 0.10 元）的概率依次等额从 10%（90%）上升（下降）到 100%（0%）。然后要求被试从每组中根据个人偏好做出选择，在彩票 A、B 中选择其一。

在第三部分，需要对被试进行认知能力测试（Cognitive Reflection Tests，简称 CRT）。Frederick 用 CRT 方法实验发现，人的风险偏好程度与收益的概率特征有关，例如假定人具有高认知和高识别能力，对于非确定性收益他会表现出风险厌恶，对于确定性收益则表现出风险喜好。相比 IQ 测试，CRT 更能测试出被试的认知水平，因此本实验就采用这种方法来测试被试，以控制认知水平差异对实验结果的干扰。因为人的认知能力越高则意味着他越有可能识破谣言，因此其风险决策行为的改变可能是源于认知能力，本实验要控制这一变量，以观测到纯心理因素的驱动，如损失厌恶、窄框架心理。

在第四部分，要考虑被试的人口学变量。为排除由于被试的个体特征导致的试验结果差异，要控制被试的个人信息差异如年龄、性别、专业、除学费外月均开支、是否来自农村等，采用的方法是问卷调查。

5.4 描述性统计和随机性检验

5.4.1 描述性统计

实验总人数为240，全部为本科生，共分为包括买卖双方在内的6组，每组40人，个体特征统计情况见表5－1。其中，在所有被试中男女比例分别为22.08%、77.92%，与我校本科生总体的性别分布一致。其中，最小的为14岁，最大的为24岁，平均20.35岁，18到22岁的人群所占比例为95.42%，因此可认为大部分集中在这个区间。学生来源地方面，来自城镇的占比67.92%，来自农村的占比32.08%。经济条件方面，除去学费外，人均月开支约为1241.25元，其中分布在600到1500元之间的占比78.33%。在大学38个专业中，被试所在专业占36个，因此分布具有代表性。由于实验涉及专业化的金融实务，故还需单独考虑金融学专业的被试，同时管理学与人文、法律与数学等进行合并统计，其中金融学、经济学、管理学和人文、法律和数学等专业的被试的占比分别为14.17%、42.5%、24.58%、18.75%。由于大部分被试来自经济管理专业，理论上的理性程度比一般人更高（Carter等，Marwell等）。这种被试的选择是否会影响实验的外部有效性呢？显然，被试在实验过程中可以通过简单推理就能判断谣言对于投资结果不会产生影响，因此相比于普通人，来自经济学类专业的被试更容易规避谣言带来的影响，这意味着经济学类学生在一般人群中的测试结果会得到显著提升。

表5－1　　个体特征统计

性别		年龄	来源地		月开支	专业			
男	女	18—22	城市	农村	600—1500元	金融学	经济学	管理学和人文	法律和数学
22.08%	77.92%	95.42%	67.92%	32.08%	78.33%	14.17%	42.50%	24.58%	18.75%

5.4.2 随机性检验

为了排除个体特征带来的影响，本实验还分别对买卖双方在谣言组和对照组进行统计显著性测试，发现所有的统计变量在各种检验下均无差异，仅卖方的对照组和买方的正面谣言组在年龄分布方面存在细微差别，因此无法拒绝原假设，认为实验组与其对照组的抽样来自同一个数据生成过程。

为了排除实验组其自身的风险态度影响谣言对被试的风险态度，本文还采用 Holt 等的研究方法来测度被试的相对风险厌恶系数，相应的方法为安全选项的个数测度，研究结果表明买卖双方的三个分组（正面谣言、负面谣言、无谣言）两两之间的风险偏好并不存在显著差异，并且用 CRT 再次验证分组之间并不存在显著差异。

5.5 基于实验结果的投资者心理分析

5.5.1 非参数检验

本文实验中卖方与买方分别在三个阶段（即公司 A、B、C）持有股票数量的均值见图 5－1。

由图 5－1 可知，在实验的卖方分组中无谣言组持股数量呈现出下降趋势，但是两个实验组（正面谣言、负面谣言）却呈现出有趣的图形，形态上前者为典型的“山峰”，后者为典型的“山谷”。

对于无谣言组，平均持股数方面三个阶段的数据分别为 53.7%、52.6%、47.4%，由此可计算出在后两个阶段分别下降了 1.1%、5.2%，这说明被试即使没有受到信息冲击也会表现出风险规避，原因是学习效应。

值得注意的是，本实验采用和 Holt 等相同的期望效用函数，却得到其在低收入分组相一致的结果。将来自无谣言组的数据 51.2% 代入（3.4）可得，被试的风险厌恶系数 $r = 0.231$，因此被试属于轻度的风险规避类型人群。

在负面谣言组方面，由于情绪冲击具有十分明显的效果，因此三个阶段的数据分别为60%、45.9%、57.3%，差异较大。由于负面谣言引起的情绪冲击，在第2阶段被试的平均持股数急剧下降14.1%，但是在谣言消失的第3阶段又回升了11.4%，总体上相比初始的第1阶段略微下降2.7%。

与负面谣言组的结果相反，正面谣言组的情绪在冲击力度方面与负面谣言组有所不同。平均持股数方面在三个阶段分别为58%、67.1%、58.6%，由此可计算出在第2阶段上升9.1%，由于在第3阶段谣言消失，数据下降了8.5%，总体上相比初始的第1阶段略微上升0.6%。

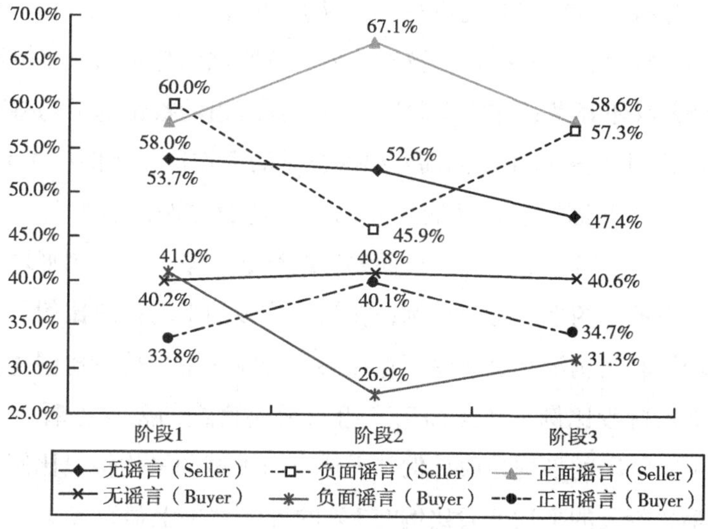

图5-1　卖方与买方平均持股比例

由图5-1还可知买方的平均持股数在无谣言组为40.8%，相应的风险厌恶系数，因此该组被试属于典型的风险规避类型，该结论与Holt等的高收入组测试结果一致。类似的结论与卖方一样，两个实验组（正面谣言、负面谣言）的持股数量具有峰与谷的特征。

进一步，本文对被试行为直接进行非参数检验，见表 5－2。

表 5－2　　　　风险决策行为非参数检验

阶段与分组		负面与正面谣言组		负面与无谣言组		正面与无谣言组	
		W	*T*	*W*	*T*	*W*	*T*
卖方	阶段 1	0.5959	0.3289	0.1062	0.0816 *	0.2725	0.1681
	阶段 2	0.0001 ***	0.0000 ***	0.2632	0.1090	0.0039 ***	0.0021 ***
	阶段 3	0.7708	0.3935	0.0697 *	0.0365 **	0.0239 **	0.0151 **
买方	阶段 1	0.2050	0.0550 *	0.9496	0.4370	0.1441	0.0661 *
	阶段 2	0.0022 ***	0.0016 ***	0.0146 **	0.0048 ***	0.6487	0.4474
	阶段 3	0.2936	0.2379	0.1916	0.484	0.6742	0.1419

注：表中报告的为 P 值。*** 、 ** 、 * 分别表示 1%、5%、10% 的置信水平上显著，*W*、*T* 分别代表 *W*－*M*－*W* 秩检验和 *T* 检验。

首先，分析卖方被试的决策行为。从负面谣言组与正面谣言组的差异上看，在第 1 阶段，负面谣言组被试的平均持股比例与正面谣言组被试的平均持股比例差异不显著；在第 2 阶段，负面谣言组的被试的平均持股比例在 1% 的置信水平上显著低于正面谣言组的被试的平均持股比例；在第 3 阶段，两个实验组（负面谣言、正面谣言）的平均持股比例没有显著差异。考察负面谣言组与无谣言组的差异，负面谣言组被试在第 1 阶段的平均持股比例高于无谣言组被试的平均持股比例；在第 2 阶段的平均持股比例与无谣言组被试的平均持股比例没有显著差距；在第 3 阶段的平均持股比例高于无谣言组被试的平均持股比例。从正面谣言组与无谣言组的差异上看，正面谣言组被试在第 1 阶段的平均持股比例与无谣言组被试的平均持股比例没有显著差距；在第 2 阶段的平均持股比例在 1% 的置信水平上显著高于无谣言组被试的平均持股比例；在第 3 阶段的平均持股比例在 5% 的置信水平上显著高于无谣言组被试的平均持股比例。

其次，分析买方被试的决策行为。在第 1 阶段，负面谣言组被试的平均持股比例较正面谣言组被试的平均持股比例偏高；在第 2 阶段，负面谣言组被试的平均持股比例在 1% 的置信水平上显著低于正面谣言组被试的平均持股比例；在第 3 阶段，两者平均持股比例没有显著差异。负面谣言组被试者在第 1 阶段的平均持股比例与无谣言组被试的平均持股比例相比没有显著差距；在第 2 阶段的平均持股比例较无谣言组被试的平均持股比例偏低；在第 3 阶段的平均持股比例与无谣言组被试的平均持股比例相比没有显著区别。正面谣言组被试在第 1 阶段的平均持股比例较无谣言组被试的平均持股比例偏低，在第 2 阶段的平均持股比例与无谣言组被试的平均持股比例相比没有显著区别，在第 3 阶段的平均持股比例与无谣言组被试的平均持股比例相比没有显著差距。

总体来说，面对正面谣言时，无论买方被试还是卖方被试，他们第 2 阶段的平均持股比例较第 1 阶段都有显著的提升，面对负面谣言时，无论买方被试还是卖方被试，他们第 2 阶段的平均持股比例较第 1 阶段都有显著的下降。同时在辟谣发生后的第 3 阶段，面对正面谣言时，买方被试和卖方被试的平均持股比例都高于第 1 阶段时各自的平均持股比例；面对负面谣言时，买方被试的平均持股比例显著低于第 1 阶段时的平均持股比例，卖方被试的平均持股比例与第 1 阶段相比虽然差异不显著，但仍然有所降低，这与备择假说 H_1 是完全一致的。由于窄框架这一心理因素的存在，面对利好的消息时，投资者的风险容忍度会增高，他们会更加冒险激进，选择在自己的资产组合中持有更多比例的股票；面对利空的消息时，投资者的风险容忍度会降低，他们会更加保守谨慎，选择在自己的资产组合中持有更少比例的股票。由于损失厌恶这一心理因素的存在，对利好消息进行辟谣时，股票持有者为了规避卖出股票可能遭受的损失，会选择继续持有股票，因此平均持股比例仍然无法恢复到利好谣言兴起之前的水平，对利空消息进行辟谣时，货币持有者为了规避买入股票可能遭受的损失，会选择持有货币观望而不是持有股票，因此平均持股比例会低于利空谣言兴起之前的水平。

需要指出的是，对照组三个阶段的选择可能会受到被试学习效应的影响，由此带来的对照组本身的时间趋势并不能通过非参数检验得到剔除，同时实验组与对照组之间可能存在个体差异，非参数检验可能因为没有控制这些差异得到错误的结论。

5.5.2 双重差分模型

除了谣言对情绪的冲击并且改变风险态度，还需要考虑其持久性。对于这种估计政策持久效果的研究，被广泛采用的方法是双重差分（DID）。本文所用DID要求政策对于个体风险决策具有外生性，在本文中被试被要求采用随机分组，与此同时谣言被界定为外生冲击。DID还需要一个平行趋势假定（Meyer，Bertrand等），除谣言外，实验组与对照组之间满足双重差分计量模型需要的平行趋势的隐含假设。双重差分回归方程设定如下：

$$Share_{it} = \beta_0 + \beta_1 stage_t + \beta_2 rumor_i + \gamma stage_t * rumor_i + \alpha X_i + \varepsilon_{it} \quad \text{（式 5-5）}$$

其中，$Share_{it}$为被试持股数，$stage_t$ 为时间虚拟变量，第1、2阶段的取值分别为0、1。$rumor_i$ 是一个虚拟变量，它的关键作用是区分谣言组与对照组，其中谣言组和对照组的取值分别为1、0。$stage_t * rumor_i$ 是双重差分方法的交互项（Difference – in – differences）。X_i 为测度个体特征的变量，其特点是不随时间变化，改变量包括被试的生物学和社会学特征，如年龄、性别、专业、除学费外月均开支、是否来自农村等。ε_{it}为随机扰动项。β_1系数代表了时间趋势，即被试的学习效应；β_2 度量了第1阶段实验组与对照组持有股票数量的差异，即不随时间而变化的其他因素对风险态度倾向的影响；向量 α 是刻画个体特征的控制变量的系数；系数 γ 为要支撑本实验结论所需重点关注的DID系数，代表了股市谣言影响投资者的心理情绪进而改变他们的风险态度，最终决定投资人的风险投资行为的纯效应。

（1）谣言效应检验

为了研究专业的金融界人士是否比普通人更容易受情绪的影响，众多学者展开了相关的研究，例如Haigh等证明在短视性损失厌恶（myopic loss aversion）方面，专业的交易者比学生群体的程度更轻；Cipriani等发现在受情绪影响方面具有丰富经验的投资者的影响程度相比之下会更轻，换言之如果参与人具有专业背景、特定知识或者长期的投资经验，其投资行为的理性程度更高；尹志超等以家庭金融调查数据为研究对象，发现投资者在金融这个专业领域的知识和经验积累越丰富，则其家庭对于风险资产（如股票、基金）的接受程度越高，并且其持有风险资产的比例与经验积累成正比。股市的投资经验的测度标准是本人是否在金融市场上实盘操作，对专业背景的测度则依据被试是否来自金融学专业。

其次，考虑控制变量的影响。根据雷震等的结论，认知能力和恐惧程度是两个重要的变量，并且其影响被文献研究支持。认知能力方面，它可能从两个方面来影响风险决策，一方面，高认知能力被试可能更规避风险，另一方面，高认知能力可能更易识别谣言为虚假信息。为此，本文将认知能力作为控制变量。而关于恐惧程度方面，它会导致被试更加偏好风险规避。综上所述，本文将原模型称为模型 1，相对模型 1 加入认知能力这个控制变量的模型称为模型 2，相对模型 1 加入恐惧程度这个控制变量的模型称为模型 3。以上 3 个模型的结果列入表 5－3。

表 5－3　　卖方第 1、2 阶段估计结果

变量	无谣言组与负面谣言组比较			无谣言组与正面谣言组比较		
	模型 1	模型 2	模型 3	模型 1	模型 2	模型 3
Stage	−0.0107 (0.0294)	−0.0107 (0.0295)	−0.0107 (0.0296)	−0.0107 (0.0294)	−0.0107 (0.0295)	−0.0107 (0.0296)
Rumor	0.0596 (0.0463)	0.0450 (0.0467)	0.0524 (0.0465)	0.0397 (0.0420)	0.0401 (0.0433)	0.0420 (0.0436)
*Stage * Rumor*	−0.130*** (0.0442)	−0.130*** (0.0444)	−0.130** (0.0445)	0.101** (0.0433)	0.101** (0.0434)	0.101** (0.0435)
Gender	−0.0136 (0.0591)	−0.00912 (0.0559)	−0.0143 (0.0537)	0.0473 (0.0620)	0.0469 (0.0620)	0.0358 (0.0607)
Age	−0.0307** (0.0134)	−0.0330** (0.0134)	−0.0386*** (0.0134)	−0.0240 (0.0190)	−0.0241 (0.0191)	−0.0290 (0.0194)
Rural	0.0334 (0.0581)	0.0253 (0.0579)	0.0406 (0.0579)	0.0872* (0.0476)	0.0877* (0.0467)	0.0903* (0.0456)
Expenses	−0.0305** (0.0131)	−0.0271** (0.0125)	−0.0259** (0.0127)	−0.0237 (0.0148)	−0.0235 (0.0150)	−0.0211 (0.0152)
Experience	0.0404 (0.0955)	0.0671 (0.0978)	0.0790 (0.0939)	0.102 (0.0662)	0.103 (0.0666)	0.0992 (0.0662)

续表

变量	无谣言组与负面谣言组比较			无谣言组与正面谣言组比较		
	模型 1	模型 2	模型 3	模型 1	模型 2	模型 3
Finance	0.144 *** (0.0539)	0.168 *** (0.0539)	0.135 ** (0.0575)	-0.0320 (0.0543)	-0.0319 (0.0545)	-0.0443 (0.0588)
CRTscore		-0.0486 ** (0.0238)	-0.0439 * (0.0244)		-0.00270 (0.0294)	-0.00494 (0.0295)
Constant	1.278 *** (0.279)	1.408 *** (0.274)	1.595 *** (0.290)	1.089 *** (0.381)	1.095 *** (0.388)	1.257 *** (0.408)
Observations	160	160	160	160	160	160
R - squared	0.168	0.205	0.229	0.186	0.187	0.203

注：括号内为集群在被试上的标准差（clustered standard errors），*** p < 0.01，** p < 0.05，* p < 0.1。

通过表 5 - 3 对卖方第 1、2 阶段的平均持股比例进行分析，可以发现与无谣言组相比，负面谣言组模型 1 的 DID 系数为负且在 1% 的水平上显著。数值结果表明，当被试受到负面谣言冲击时，平均持股数下降 13%，表明投资者接收到消极的消息时，会显著减少自己的持股比例，增加货币持有量；无谣言组被试 Stage 系数为负，且第 2 阶段的平均持股数比第 1 阶段平均持股数量下降 1.07%，但不显著，结合 DID 系数不难发现，对于负面谣言组的持股比例，相比于第 1 阶段，其在第 2 阶段减少了 14.07%。由 Rumor 系数计算出，在负面谣言组的持股比例方面，相对于无谣言组而言，第 1 阶段其数值要高 5.96%，同时结合 DID 系数可以发现，在第 2 阶段其数值却降低了 8.11%。类似地，在正面谣言组与无谣言组的比较中，第 1 阶段的 DID 系数为正，且在 5% 的置信水平上显著，表明投资者在收到利好消息时，会增加风险容忍度，而变得偏好风险，就会增加持股比例，且在 3 个阶段的平均持股数为 10.01%。DID 系数和 Stage 系数相结合，发现与第 1 阶段被试的平均持股比例相比，正面谣言组被试的平均持股比例在第 2 阶段增加了 10%；由 Rumor 系数计算出，第 1 阶段正面谣言组的持股数相比对照组上升了 3.97%，综合 DID、Rumor 计算出，正面谣言组的被试于第 2 阶段平均持有的股票比例比第 1 阶段增加了 14%。

对性别、年龄、是否来自农村、除学费外的月均花销、是否具有投资经验、专业以及认知能力测试分数等控制变量进行考查，无论是无谣言组与负面谣言组比较还是无谣言组与正面谣言组比较，性别变量都不显著。年龄变量系数在无谣言组和负面谣言组中为负数，且在5%的置信水平上显著，表明随着年龄的增大，被试更倾向于减少股票的持有比例，但在无谣言组和正面谣言组中不显著。在无谣言组和正面谣言组中，比起来自于城市的被试，来自于农村的被试会增加股票的持有比例，且这一数值在10%的置信水平上显著，但在无谣言组和负面谣言组中不显著。在无谣言组和负面谣言组中，被试的月均花销越高，则他们的股票持有比例越低，这一数值在5%的置信水平上显著，但在无谣言组和正面谣言组中不显著。具有投资经验的被试比起没有尝试过炒股的被试来说，会增加投资组合中的股票持有比例，但这一数值并不显著。在无谣言组和负面谣言组中，来自金融专业的被试会比来自非金融专业的被试更能承担风险，二者资产组合中的股票持有比例相差高达14.4%，同时这一数值在1%的置信水平上显著，但在无谣言组和正面谣言组中并不显著。认知能力测试分数变量的系数表明被试的认知能力测试分数越高，认知能力越强，投资组合中的股票持有比例反而越低，这一系数在无谣言组和负面谣言组中在5%的置信水平上显著，但在无谣言组和正面谣言组中不显著。性别、年龄、是否来自农村、除学费外的月均花销、是否具有投资经验、专业以及认知能力测试分数等控制变量从总体来看都不显著，由此本章控制了认知能力，排除了被试风险决策行为的变化是来自于认知能力差异的可能性。同时控制了无谣言组和有谣言组之间可能存在的个体差异，不能拒绝无谣言组被试和有谣言组被试是来自于同一个总体的假设。

表5-4列出买方第1、2阶段DID检验的结果。在负面谣言组所在的模型1中，DID系数为小于0，并且在平均持股数方面相对于无谣言组下降了14.7%，在1%的置信水平上显著，说明负面谣言组的被试受到所谓的利空信息的冲击时相对于无谣言组的被试变得风险规避，会显著减少风险资产股票的持有比例，而增加货币持有量；结合DID和Stage二者的系数可知，

在负面谣言组的平均持股数方面，第 2 阶段比第 1 阶段下降 14.07%；结合 DID 和 Rumor 二者的系数可知，发现模型 1 中负面谣言组的被试的平均持股数相较无谣言组下降了 12.92%。在无谣言组与正面谣言组比较的模型 1 中交叉项的 DID 系数为正，被试的平均持股数量上升了 5.75%，分析表明被试受正面谣言的冲击时，对未来预期持积极态度，表现出对风险的容忍度提升；结合 Stage 和 DID 系数，分析表明正面谣言组的被试在第 2 阶段的平均持股数比第 1 阶段上升了 6.38%；结合 DID 和 Rumor 系数，研究发现，正面谣言组的被试于第 2 阶段平均持有的股票比例比第 1 阶段增加了 0.23%。表 5－4 显示 DID 系数在统计意义上并不显著，本章尝试从损失厌恶的角度给予解释：由于损失厌恶抑制了买方在正面谣言时的购买意愿，因为买方一开始持有实验币，当他们用实验币购买股票时，支付的实验币相当于他们的损失，损失厌恶的心理因素存在使得损失给他们带来的效用负值超过了当前同等价值股票给他们带来的正效用，买方更愿意维持现状而非追求利润的最大化。

表 5－4　　卖方第 1、2 阶段估计结果

变量	无谣言组与负面谣言组比较			无谣言组与正面谣言组比较		
	模型 1	模型 2	模型 3	模型 1	模型 2	模型 3
Stage	−0.0107 (0.0294)	−0.0107 (0.0295)	−0.0107 (0.0296)	−0.0107 (0.0294)	−0.0107 (0.0295)	−0.0107 (0.0296)
Rumor	0.0596 (0.0463)	0.0450 (0.0467)	0.0524 (0.0465)	0.0397 (0.0420)	0.0401 (0.0433)	0.0420 (0.0436)
*Stage * Rumor*	−0.130*** (0.0442)	−0.130*** (0.0444)	−0.130*** (0.0445)	0.101** (0.0433)	0.101** (0.0434)	0.101** (0.0435)
Gender	−0.0136 (0.0591)	−0.00912 (0.0559)	−0.0143 (0.0537)	0.0473 (0.0620)	0.0469 (0.0620)	0.0358 (0.0607)
Age	−0.0307** (0.0134)	−0.0330** (0.0130)	−0.0386*** (0.0134)	−0.0240 (0.0190)	−0.0241 (0.0191)	−0.0290 (0.0194)
Rural	0.0334 (0.0581)	0.0253 (0.0579)	0.0406 (0.0579)	0.0872* (0.0476)	0.0877* (0.0467)	0.0903* (0.0456)

续表

变量	无谣言组与负面谣言组比较			无谣言组与正面谣言组比较		
	模型 1	模型 2	模型 3	模型 1	模型 2	模型 3
Expenses	-0.0305** (0.0131)	-0.0271** (0.0125)	-0.0259** (0.0127)	-0.0237 (0.0148)	-0.0235 (0.0150)	-0.0211 (0.0152)
Erperience	0.0404 (0.0955)	0.0671 (0.0978)	0.0790 (0.0939)	0.102 (0.0662)	0.103 (0.066)	0.0992 (0.0662)
Finance	0.144*** (0.0539)	0.168*** (0.0593)	0.135** (0.0575)	-0.0320 (0.0543)	-0.0319 (0.0545)	-0.0443 (0.0588)
CRTscore		-0.0486** (0.0238)	-0.0439* (0.0244)		-0.00270 (0.0294)	-0.00494 (0.0295)
Constant	1.278*** (0.279)	1.408*** (0.274)	1.595*** (0.290)	1.089*** (0.381)	1.095*** (0.388)	1.257*** (0.408)
Observations	160	160	160	160	160	160
R - squared	0.168	0.205	0.229	0.186	0.187	0.203

注：括号内为集群在被试上的标准差（clustered standard errors），*** $p<0.01$，** $p<0.05$，* $p<0.1$。

对性别、年龄、是否来自农村、除学费外的月均花销、是否具有投资经验、专业以及认知能力测试分数等控制变量进行考查。无论是无谣言组与负面谣言组比较还是无谣言组与正面谣言组比较，性别变量都不显著。年龄变量系数在无谣言组和负面谣言组中为正数，且在10%的置信水平上显著，表明随着年龄的增大，被试更倾向于增加股票的持有比例，但在无谣言组和正面谣言组中不显著。在无谣言组和正面谣言组中，比起来自于城市的被试，来自于农村的被试会增加股票的持有比例，但这一数值并不显著，在无谣言组和负面谣言组中，比起来自于城市的被试，来自于农村的被试会减少股票的持有比例，这一数值同样不显著。月均花销变量的系数为负，表明被试的月均花销越高，则他们的股票持有比例越低，但是变量并不显著。具有投资经验的被试比起没有尝试过投资股票的被试来说，在无谣言组和负面谣言组中，会减少投资组合中的股票持有比例，但这一数值并不显著，在无谣言组和正面谣言组中，会增加投资组合中的股票持有比例，这一数值同样不显著。来自金融专业的被试会比来自非金融专业的被试更能承担风险，在投资组合中会持有更高比例的股票，但是变量系数不显著。认知能力测试分数变量的系数表明在无谣言组和负面谣言组中，被试的认知能力测试分数越高，认知能力越强，投资组合中的股票持有比例反而越低，但在无谣言组和正面谣言组中，被试的认知能力测试分数越高，认知能力越强，投资组合中的股票持有比例会增加，变量系数均不显著。性别、年龄、是否来自农村、除学费外的月均花销、是否具有投资经验、专业以及认知能力测试分数等控制变量除年龄外，从总体来看都不显著，由此本章控制了买方被试认知能力，排除了被试风险决策行为的变化是来自于认知能力差异的可能性。同时控制了无谣言组和有谣言组之间可能存在的个体差异，不能拒绝无谣言组被试和有谣言组被试是来自于同一个总体的假设。

综上，对于卖方来说，相对于无谣言组，负面谣言组的平均持股率会显著减少，即负面谣言将使被试更为风险规避，正面谣言组的平均持股率会显著增加，即正面谣言将会使被试更加风险偏好；对于买方来说，相对于无谣言组，负面谣言组的平均持股率会显著减少，即负面谣言将使被试更为风险规避，正面谣言组的平均持股率会显著增加，即正面谣言将会使被试更加风险偏好。实验的结论有效地证明了窄框架效应在投资者思维方式中的存在性，同时本实验排除了从投资者心理、情绪到投资者决策行为的其他解释路径。实验结果并不支持原假说 H_0。值得注意的是，正面谣言组中的买方 DID 系数不显著，这一情况可用损失厌恶心理进行解释。

需要注意的是，双重差分模型得到的结论与通过非参数检验方法得到的结论存在不同。运用非参数检验的方法，本章得出，对于卖方来说，在谣言兴起之后，负面谣言组被试的平均持股比例与无谣言组被试的平均持股比例相比没有显著的差距。而在双重差分模型中，对于卖方来说，在谣言兴起之后，负面谣言组被试的平均持股比例在 1% 的置信水平上显著低于无谣言组被试的平均持股比例。本研究认为这是非参数检验没有控制被试之间的个体差异以及时间趋势造成的结论偏误，因此本研究在选择被试时控制了包括风险态度、认知能力等个体差异，还控制了除纯粹的外部谣言冲击外的实验环境。

（2）谣言效应持续性检验

通过以上结果可知，在第2阶段的决策中，由于被试受到谣言冲击，除买方无谣言组与正面谣言组的被试外，其风险决策行为变化显著，即存在启动效应，它通过情境设置来影响参与人的心理。在本实验中，被试在第2阶段对B公司进行了投资决策后，还需在第3阶段对C公司进行风险投资决策，因此一个自然的问题是被试在上一个阶段受到的冲击进而引发的心理情绪是否会持续到下一个阶段？如果持续并有影响，则意味着投资者在接收关于某股票的谣言后，将会改变参与人对该股票投资组合中的其他股票的风险决策，这种外部性就意味着参与人会因某个谣言而带来持续性的风险态度传递，因此会引发股市的异常震荡。若将被试对C公司股票的风险决策等同于第3阶段决策，那么，被试的心理情绪因受第2阶段谣言的冲击，进而会对被试在第3阶段的风险态度产生影响，则说明谣言效应具有持续性的特点，并且这一结论也为Huberman等、赵静梅等发现的辟谣无效现象提供解释。

本研究采用的双重差分模型与公式（式5－5）完全相同。其中，$stage_t$为时间虚拟变量，为便于与表5－3和表5－4的结果对比，设定$stage_t$在第1与3阶段分别取0和1。从卖方的角度来看，$stage_t$符号为负并且在10%的水平上显著，这说明从平均持股数来看无谣言组在第3阶段的数量比第1阶段少，即被试的风险厌恶系数随时间单调递增，与此相对的是买方的风险厌恶系数没有显著变化。对买方而言，仅有负面谣言组的数量相对于对照组下降，并且在10%的水平上显著，其他组的DID系数不显著。由此得到推论，谣言对情绪的冲击不具有持久性、外部性，因此，Huberman等、赵静梅等发现的辟谣无效现象并不能用风险态度的转变来解释。当外界对谣言进行辟谣时，排除“庄家”操纵股票的可能性，保证辟谣的行为是真实有效的。本章从损失厌恶的角度给出一个符合逻辑的解释：对于正面谣言组的被试来说，由于窄框架心理因素的存在，利好的谣言促使他们产生了积极踊跃的情绪，形成了乐观的预期，变得更加风险喜好，因此，他们增加了自己的股票持有比例。在辟谣发生后，由于这一信息真实可靠，投资者对于该股票的预期下降，如果想卖出股票，于辟谣前股价峰值买入的投资者只能以低于买入价方式，因此卖出股票对于他们来说是一个确定性的损失，对于其他时点买入该股票的投资者来说，也有很大概率面临亏损，损失带来的效用负值是等量收益带来的正效用的两倍（Amos 等，Kahneman 等），因此他们更倾向于继续持有股票，股价就会仍然高于谣言之前的水平。对于负面谣言组的被试来说，由于窄框架心理因素的存在，当负面的谣言冲击被试时，被试就会产生保守、退缩的情绪，进而产生悲观的预期收益的风险决策态度倾向，变得更加风险规避，因此，他们减少了自己持有的风险资产股票的比例。在辟谣发生后，由于这一信息真实可靠，投资者对于该股票的预期上升，如果想买入股票，于辟谣前股价谷底卖出的投资者只能以高于卖出价的方式，因此买入股票对于他们来说是一个确定性的损失，对于其他时点卖出该股票的投资者来说，也有很大概率面临亏损，损失带来的效用负值超过了等量的收益带来的正效用，因此他们更倾向于维持现状，股价就会仍然低于谣言之前的水平。

结语

本章首先根据行为金融理论，提出如下假说：谣言可改变人的投资行为，其传导机制的关键环节是谣言改变人的情绪，继而影响投资者的风险态度。其次根据该假说建立了一个包括情绪因子的行为风险决策模型：$r = r_0 + \varepsilon$；然后基于该行为风险决策模型，设计 $2 \times 3 \times 3$ 的风险决策实验；并运用 DID 对被试第 1、2 阶段的行为进行实证。结果表明投资者受到负面谣言冲击时，会明显提升其风险规避程度，即投资者更倾向于风险规避；当投资者受到正面谣言冲击时，会显著降低风险规避程度（买方除外），换言之投资者更倾向于风险偏好。实验结果并不支持基于 EMH 的原假设 H_0，而是支持基于行为金融的备择假设 H_1。本实验将谣言设计成信息含量较低的噪声，或者说是纯粹的虚假信息，避免由市场数据进行实证引入的内生性问题。通过行为实验发现，由于投资者损失厌恶和窄框架的心理特点，市场中的不实信息包括股市谣言会通过影响人们的心理情绪，进而改变人们的风险态度，最终决定其风险决策投资行为。这为解释股价波动提供了一个全新的视角，为解释通过小道信息传播的股市谣言对于股市参与者的风险决策行为的影响，发现一条源于参与者的情绪和心理分析的研究路径。行为金融学的一个潜在解释是：信息结构和投资者的个人特征会系统地影响个体的投资决策和市场结果。人类的思考过程并不像计算机那样精细且周密，相反，人们的大脑在处理信息的过程中常参考自己的心理和情绪，这个过程会对投资者的决策行为产生影响，使人们以一种看似不合理的方式采取行动，从而违背传统的风险厌恶概念，造成预期存在可预知的偏差。在这一方面，行为金融学认可了 Keynes 提出的“动物精神”在解释投资者选择和由此形成的金融市场中发挥的重要作用（Akerlof 等），这一概念强调了心理因素对于投资的影响，人们的行为会像动物行为一样非理性。这些心理特征在投资者决策、金融市场以及公司管理者行为中普遍存在。投资者选择的次优决策也会波及个人财富以及资本市场的有效性。

投资者非理性或者不完全理性的心理特征会指导其行为，造成金融市场投资行为中的种种异象，这超出了基于理性人假设的经典金融学框架的解释范围。本章根据前文分析不仅佐证了投资者损失厌恶和窄框架心理在受到信息冲击时，会改变风险态度和风险决策行为，从而可能引起股价异常波动，也揭示了触发典型的非理性行为——处置效应的心理机制。这将在接下来的章节中有重点地选择性开展研究。

第六章

基于正式渠道传递的新闻信息对股价波动的实证研究

信息技术飞速发展，互联网已经成为人们获取信息的主要渠道，尤其是在金融市场中，信息传播速度和广度对股价波动产生重要影响。新闻联播作为国内最具权威性的正式渠道之一，其发布的政治、经济等方面的新闻，对投资者行为和股票市场产生深远影响。然而，正式渠道传递的非财报信息对股价波动的影响并没有得到充分的关注和研究。现有研究大多关注财务数据和市场指标对股价波动的影响，较少涉及正式渠道传递的非财报信息，且现有研究往往采用微观交易数据进行分析，较少关注宏观市场指数和面板数据。因此，在理论背景上，正式渠道传递的非财报信息对股价波动的影响仍存在较大的研究空白。本章旨在探讨正式渠道传递的非财报信息对股价波动的影响，以期为投资者提供有益的参考和指导。

以往关于政策信号对股价波动影响的研究大多集中在西方国家，而中国作为世界第二大经济体，在全球金融市场中越来越受到关注。中国股市具有独特的国情特点，政策信号在中国股市中具有更加重要的地位。新闻联播作为正式渠道发布政策信号，其影响力在中国股市中不容忽视。因此，本章以新闻联播为代表，引入政策信号，并运用文本分析技术研究正式渠道传递的非财报信息对股价波动的影响。

以某知名上市公司为例，在新闻联播报道该公司取得重大科技突破后，其股价在短期内出现显著上涨。这一现象表明，正式渠道传递的非财报信息对股价波动具有重要影响。然而，在现实应用背景中，投资者如何根据正式渠道传递的非财报信息制定投资策略仍是一个亟待解决的问题。

本章通过 Python 语言对官方媒体网页新闻信息进行网格爬虫并进行文本技术分析，寻找新闻联播与股市有关的关键词词频信息传递的政策信号。结果显示投资组合的收益率能抑制止盈止损概率；国有股占比、市盈率、换手率、市场超额收益正面加强了卖出概率；以新闻联播词频为代表的政策信号显著抑制卖出行为。这些结论为投资者提供了重要参考依据，帮助他们根据政策信号采取相对激进的投资策略。

通过研究正式渠道传递的非财报信息对股价波动的影响，一方面有助于弥补理论研究的空白，拓展研究方法和视角。另一方面有利于投资者更好地理解政策信号对股价波动的作用机制，为政策制定者提供有益的参考，以期在金融市场中发挥更大的价值。

6.1 正式渠道信息概述

信息传播的渠道，简称信息渠道，是指传导信息的途径。根据研究视角和研究目的的不同，可对信息渠道进行分类。张兴龙在研究互联网信息传播时，为对比新技术在信息传递过程中的作用，将其分为传统渠道与社会媒体渠道；景琦等在研究中强调信息来源权威性时，根据信息渠道的控制主体分为正式渠道和非正式渠道。本章研究内容涉及新闻联播传递的信息，为突出该传播媒介的权威性，同时与非正式渠道的内容保持逻辑一致性，因此采用非正式渠道和正式渠道的分类标准。

根据相关总结，从正式渠道的传播主体、传播媒介、影响因素展开论述。按照控制能力由强到弱，传播主体依次分为政府、事业单位、社会团体。其中，政府对信息的掌控能力最强，代表的利益群体最为广泛；在对股市的影响程度方面，不同于事业单位、社会团体对具体个股产生影响或者成为事件的被动跟随者，政府具有对股市的整体影响能力。

传播媒介方面，正式渠道有：（1）会议；（2）政府媒介；（3）受委托的社会媒介；（4）党政信息报送通道（景琦等）。其中，后两个主要用于非常规情况。例如，突发事件发生时，除了党政信息报送通道，政府也会委托一些社会媒体如电视、广播、互联网平台等作为官方媒体的补充。

研究将围绕正式渠道展开，选取新闻联播，利用文本分析技术分析新闻联播文字稿中出现的关键词，用其表征政策信号，以研究政策信号对中国股市的影响。关于选取新闻联播的理由，首先，正式渠道信息来源要权威，受众要广泛。根据这些条件，最终选择范围限制在新闻联播、电台广播以及以人民日报、光明日报等为代表的媒体上。其次，新闻联播的传播方式与其他媒体不同：（1）新闻联播的表现形式既有声音，又有画面，具有动态性、直观性，因此传递的信息是立体的、具有丰富的层次性，使其更容易被受众接受；（2）报纸刊物等文本信息的发布具有滞后性，并且其表现形式的书面化、正式化，天然过滤掉一批文化程度不高的受众；（3）报纸等文本信息大多需要花钱购买，其阅读需要经过大脑的思考，这些特性决定了其受众需要采用主动获取的方式收集信息，与之相对的是，新闻联播的接收不需要花时间整理就可以轻松获取，是一种被动的信息接收方式；此外，这种信息的接收方式更容易从潜意识的心理层面对人产生潜移默化的影响，在长期中逐渐发挥效果；（4）新闻联播的权威性是最高的，直接体现了党的政策和国家意志。综合以上因素，本章选用新闻联播为被分析媒体。

6.2 理论模型

6.2.1 处置效应模型选择

周月刚等参考 Grinblatt 等的工作，构建了一个结构模型，用以解释处置效应的内在机制与股价收益的问题。本章将在其基础上进行改进。为此，首先回顾这个模型的设定以及经济意义。

假设某公司发行 K 份股票，被 K 个交易者持有，即平均每个交易者持有 1 份股票。每份股票的价格为 P，其内包含的公司净值为 V。

假设净值的增量为标准白噪声 ε_t，短期内公司的净值服从

$$V_{t+1} = V_t + \varepsilon_{t+1} \quad \text{（式 6-1）}$$

其次假设市场上存在两类异质性的投资者，他们的需求函数分别为：

$$D_{k,t}^{Rational} = 1 + b_t(V_t - P_t) \quad \text{（式 6-2）}$$

$$D_{k,t}^{PT-MA} = 1 + b_t(V_t - P_t) + \lambda(C_{k,t} - P_t) \quad \text{（式 6-3）}$$

其中，k 表示第 k 个股份，上标 Rational 表示理性投资者，PT－MA 表示处置效应投资者。以上两个需求函数说明，Rational 交易者在 1 份额的基础股票需求上，增加了需求，该新增需求与公司的增值 $V_t - P_t$ 成正比。PT－MA 交易者在理性交易者的基础上多了额外的需求 $\lambda(C_{k,t} - P_t)$，该需求源于其错误的认知，认为除了客观的增值之外还有其内心所认为的增值，本章用 $C_{k,t}$表示 PT－MA 投资者的心理价位。λ 是由心理的认识引起增值的比例系数。

设一个投资者分别属于 Rational 投资者的概率为 $1-\pi$，PT－MA 投资的概率为 π。对 K 个投资者，市场上需求总量为：

$$D_t = \sum_{k=1}^{K} [(1-\pi)D_t^{Rational} + \pi D_t^{PT-MA}] \quad \text{（式 6-4）}$$

变形得到：

$$D_t = K + Kb_t(V_t - P_t) + \lambda b_t \sum_{k=1}^{K} \pi(C_{kt} - P_t) \quad \text{（式 6-5）}$$

按照市场出清法则：

$$D_t = K \quad \text{（式 6-6）}$$

求解出均衡价格为：

$$P_t = \frac{1}{1+\lambda\pi}V_t + \frac{\lambda\pi}{1+\lambda\pi}\left(\frac{1}{K}\sum_{k=1}^{K} C_{kt}\right) \quad \text{（式 6-7）}$$

可见，均衡价格为公司价值和投资者心理价位的平均值的加权平均。此外，从上式可以看出，PT－MA 投资者的比例 π 越小，比例系数 λ 越小，

平均心理价位 $\frac{1}{K}\sum_{k=1}^{K}C_{kt}$ 越低，则股票价格越接近其净值 V_t，这暗示使股价过高偏离其净值（即账面市值比 PB 增加）的原因有：处置效应投资者增多（π 增大）、股民平均的心理价位过高（这反映了错误乐观程度的加深，本章不妨称之为过度自信）、处置效应投资者的反应过度（λ 增大）。

现在将交易行为纳入模型。假设参考价为服从：

$$C_{k,t+1}=P_t1_{\{sold\}k,t}+[1-1_{\{sold\}k,t}]C_{k,t},k=1,\cdots,K \quad （式6-8）$$

其中 $1_{\{sold\}k,t}$是示性函数，当投资者卖出时取值为 1，否则为 0。上式意味着，若股票卖出，则下一期的心理价位就是当期的股价；若没卖出，则心理价位不变。这暗含了 PT－MA 投资者遵循自适应预期来调整其心理价位，也即心理价位的服从的变形：

$$C_{k,t+1}-C_{k,t}=1_{\{sold\}k,t}(P_t-C_{k,t}),k=1,\cdots,K \quad （式6-9）$$

考虑（4.7）的差分：

$$P_{t+1}-P_t=\frac{1}{1+\lambda\pi}(V_{t+1}-V_t)+\frac{\lambda\pi}{1+\lambda\pi}\left(\frac{1}{K}\sum_{k=1}^{K}(C_{k,t+1}-C_{k,t})\right)$$

（式6-10）

设 t 时刻的信息流为 $\mathscr{F}_t$，将（4.9）代入（4.10）并取条件期望 $E_t:=E(\cdot\mid\mathscr{F}_t)$，根据性质：$E_t[1_{\{sold\}k,t}(P_t-C_{k,t})]=E_t[1_{\{sold\}k,t}](P_t-C_{k,t})$ 以及 $E_t[1_{\{sold\}k,t}]=Pr_t(1_{\{sold\}k,t}=1]$，和假设的推论 $\mathrm{E}_t(V_{t+1}-V_t)=0$，因此有：

$$E_t[P_{t+1}-P_t]=\frac{\lambda\pi}{1+\lambda\pi}\left(\frac{1}{K}\sum_{k=1}^{K}Pr_t(1_{\{sold\}k,t}=1)(C_{k,t+1}-C_{k,t}\right)$$

（式6-11）

相应地，预期回报率为：

$$E_t\left(\frac{P_{t+1}-P_t}{P_t}\right)=\frac{\lambda\pi}{1+\lambda\pi}\frac{1}{K}\sum_{k=1}^{K}\left[Pr_t(1_{\{sold\}k,t}=1)\left[\frac{P_t-C_{k,t}}{P_t}\right]\right]$$

（式6-12）

将$\frac{P_t-C_{k,t}}{P_t}$称为投资者的主观收益。因此，股票的期望收益是主观收益、卖出概率 Pr_t（$1_{\{sold\}\mathrm{k,t}}=1$）、PT－MA 投资者比例 π、以及其对应的心

理反应程度 λ 的增函数。

在周月刚等[170]的研究中，由于投资者的主观收益无法观测，或者其数据可得性较差，因此他们分析（4.12）等号右边的表达式与收益率的一阶矩到四阶矩的定性关系，式近似为收益率与矩的线性关系，得到回归表达式：

$$E_t\left[\frac{P_{t+1}-P_t}{P_t}\right]=h_0+h_1 MEAN_t+h_2 VAR_t+h_3 SKEW_t+h_4 KURT_t$$

（式 6－13）

本章不采用（4.13）的分析思路，因为（4.12）具有精细的结构，蕴藏有价值的信息，而将其近似为收益率的各阶矩，会省略这些结构，降低研究的价值。因此本章尝试深入研究卖出概率和主观收益，将其量化，具体研究见下一节。

6.2.2 指标量化

分析公式（4.12），可以将其变形为：

$$E_t\left[\frac{P_{t+1}-P_t}{P_t}\right]=\frac{1}{K}\sum_{k=1}^{K}\left[\frac{\lambda\pi}{1+\lambda\pi}\Pr_t(1_{\{sold\}k,t}=1)\left[\frac{P_t-C_{k,t}}{P_t}\right]\right]$$

（式 6－14）

这样，如果把 $\frac{1}{K}\sum_{k=1}^{K}[\cdots]$ 整体看作求平均的算符，那么只需要分析中括号内的表达式 $\frac{\lambda\pi}{1+\lambda\pi}\Pr_t(1\{sold\}k,t=1)\left[\frac{P_t-C_{k,t}}{P_t}\right]$ 的意义。$\frac{P_t-C_{k,t}}{P_t}$ 可以视为第 k 个人基于心理价位计算的收益率即主观收益率；$\Pr_t(1_{\{sold\}k,t}=1)$ 是卖出概率；对于 $\frac{\lambda\pi}{1+\lambda\pi}$，考虑 π 表示处置效应投资者的占比，λ 表示处置效应者的反应程度，因此不妨将 $\lambda\pi$ 视为一个整体，称为有效的反应程度。最后，对关于所有人的变量取平均，则意味着可以用来自市场的数据来表达平均的概念，做法就是选取市场数据来解决关于 $\frac{1}{K}\sum_{k=1}^{K}[\cdots]$ 的问题。具体来说，本章根据噪声交易者模型，将投资者区分为知情交易者和噪声交易者以近似表征真实市场中的机构投资者和个人投资者，机构投资者的心理价位参考股票的长期价格，因此机构投资者内部的观点可以认为大体相近，个人交易者的心理价位参考股票的短期价格，因此他们内部的观点大体相近，这样就可消去平均算符的作用，而用一类典型的投资者的参考点位作为替代。实证中本章根据 Fama 三因子模型的结论，假设机构投资者重视账面市值比和市值因素，因此分别根据账面市值比（市净率 PB 的倒数）和市值两种因子构造投资组合。

因此剩下的只需要说明中括号内变量如何用市场数据来构造，以下将分别讨论这三部分的实证变量选取。

（1）主观收益率。

对于主观收益率$\frac{P_t - C_{k,t}}{P_t}$，若采用算术平均的权重来构造资产组合，则 P_t 可用资产组合各期价值来度量。困难在于 $C_{k,t}$ 与人的主观评价有关，该变量是不可见的。不同于周月刚等基于投资者持仓成本分布假设来度量主观心理成本的做法，本文将从真实的市场数据中找出替代变量。

一方面，根据有效市场假说，股票价格会反映相应的信息，使投资者无法获取超额收益，而促使这一价格生成过程的实现就是投资者的交易行为，因此股票的成交量反映了信息。另一方面，信息又会驱动股票价格变化。综合信息对股票成交量和价格两方面的形成机制，Clark 提出了混合分布假说，建立用股票收益的绝对值来解释交易量的回归模型：

$$TR_t = \alpha + \beta \mid R_t \mid + \varepsilon_t \qquad \text{（式 6 - 15）}$$

其中，TR_t 为换手率，用来测度交易量。任德平等根据 Grinblatt 等提出的资本利得量对（式 6 - 15）进行改进，提出如下的计量模型：

$$TR_t = \gamma + \delta \mid R_t \mid + \xi g_t + \varepsilon_t \qquad \text{（式 6 - 16）}$$

其中，$g_t = \frac{P_t - RP_t}{P_t}$，$P_t$ 为股票价格的时间序列，RP_t 为投资者的参考价格。由于投资者的参考价格涉及到投资人心理，难以观测，因此研究文献采用各种不同的定义。在任德平等的研究中，作者采用周移动平均线来测度 RP_t，这实际上等价于投资者具有自适应预期：$RP_t = \frac{1}{n}P_t + \frac{n-1}{n}RP_{t-1}$，其中初始值 $RP_0 = (P_{-n+1} + P_{-n+2} + \cdots + P_0)/n$。作者测试了 n 取值为3、5、10、20、30、52 的情况，发现 $n=5$ 效果最好，这意味着 5 周移动平均线对投资者具有重要的参考价值。由于本研究采用月度数据，因此将用月均线价格来表征心理价位。选取哪种均线合适呢？杜云峰认为在大的时间尺度上常用的均线有 60 日均线、120 日均线、240 日均线，其中 120 日均线即半年线，240 日均线即年线。在均线的计算公式中，n 越小则均线变动越频繁，相应的噪声越大；n 越大则均线变动越缓慢，但运动滞后。由于本章采用月度数据，选取的均线尺度越大则可用的月度数据越少，而半年线通常被技术面交易者认为是市场中的“牛熊分界点”，因此本章采用 MA6 均线价格，即 6 个月均线价格，作为机构投资者的心理成本的代表变量，作为对比，个人投资者的心理成本为 MA1 均线价格，这体现了我国股市中散户频繁交易、短期波动交易的特点。

（2）有效反应程度。

对于$\frac{\lambda\pi}{1+\lambda\pi}$，显然 $\lambda\pi>0$，因此可做数学变换改写为 $\lambda\pi=\exp(x)$，其中 x 测度驱动 $\lambda\pi$ 增长的因素，这样做的好处是$\frac{\lambda\pi}{1+\lambda\pi}$变换为$\frac{\exp(x)}{1+\exp(x)}$，这是一个 Logistic 函数。因此问题转化为寻找驱动因素的代表变量。

由于 $\lambda\pi$ 度量有效的处置效应人群比例，处置效应的表现是对于盈利股票过早卖出，对于亏损股票迟迟不愿意卖出，这等效于投资者设置很低的止盈比例，设置很高的止损比例，这样股价触及止盈点的概率大，触及止损点的概率小。除了经典的行为金融学理论，本章对处置效应提出一个新的符合中国国情的解释作为补充：政策信号导致处置效应。以新闻联播这种典型的政治信号为例，对于投资者持仓的盈利股票，他知道如果自己持仓的股票涉及的热点概念被新闻联播提到，由于其他投资者受媒体信息影响去追捧这些热点板块，但这种乐观精神带来的繁荣是短暂的，最终股价将会回复到其基本面价值。以上分析提示我们可以用与新闻联播有关的数据作为 Logistic 函数中的驱动因素。

基于此，寻找驱动因素的代理变量方法如下：

①构造词典：对于选取的某只股票，从“同花顺”软件上查找其对应的热点和板块（例如，三一重工涉及关键词“基建”“一带一路”），以上工作可以用 Python 编程自动实现，如此，则对于一类要研究的目标股票，每只股票各有几个关键词，取其并集得到关键词的词典，并生成每只股票和它的关键词之间的映射关系。

②文本分析：用网页爬虫下载从 2008 年 3 月 1 日到 2019 年 5 月 31 日每日的新闻联播文字稿，再用文本分析技术对文字稿进行预处理，去除语句中的动词、助词等停用词，只保留关键的名词。

③词频统计：统计词典中每个关键词每天在处理后的文字稿中出现的次数，生成关键词出现次数的时间序列。当然，由于本章要分析的是月度数据，还要将每日数据按月加总，生成月度数据。

④构造代理变量：在第 3 步中已经生成各个关键词的月度数据时间序列，因此多个词频的月度数据放在一起构成了平衡面板数据。然而，即使这样，该数据依然表现出稀疏性，这必然影响 Logit 回归的效果。因此还需要引入额外假设——关键词的同质性。这说的是，假设投资者不关心关键词的具体含义，他们认为各个关键词是无差别的，只需要关心相应的股票有多少关键词，每个关键词被新闻联播提到多少次。事实上，新闻联播的语言具有官方色彩，看似千篇一律但内涵丰富，而要想挖掘新闻联播背后的深层含义需要投资者对中国的政治、经济运行规律有深刻的洞察力，这对大多数投资者而言是困难的，而机构投资者则雇佣专业团队来解读新闻，因此在该假设下可以将个股涉及的所有关键词相加，然后若干个股的关键词加总生成资产组合的关键词时间序列。

⑤生成投资组合面板数据：根据证监会行业分类标准，从每个行业中按照市值（SIZE）来选择大 SIZE 和小 SIZE、按照账面市值比的倒数市净率（PB）来分组选择大 PB 和小 PB，构造每个行业的四个投资组合（具体见附

录3)：PB_BIG（大 PB 值组合），PB_SMALL（小 PB 值组合），SIZE_BIG（大市值组合），SIZE_SMALL（小市值组合），因此实际上生成了关于投资组合关键词的平衡面板数据。其中，根据 Fama 三因子模型的结论可知，PB_SMALL 和 SIZE_BIG 反映机构投资者偏好的组合，另外两组反映个人投资者偏好的组合。

需要解释的是：（1）选取“同花顺”的原因是，同花顺是我国三大金融数据服务商，具有深厚的数据分析技术积累，因此采用其对股票的热点分类是可信的、便捷的；（2）选取的日期从 2008 年 3 月到 2019 年 5 月，是为了研究政策信号对股市产生何种影响，基于政策连续性的考虑，可以把从 2008 年开始的政策视为其后的政策准备期；（3）对于同花顺里的关键词，要经过适当的调整以改善文本分析效果，例如把同花顺中的“一带一路板块”改成“一带一路”，可以显著提升文本分析精确度；（4）相应的网络爬虫结果见实证部分 4. 4. 1。

（3）卖出概率。

投资者的股票卖出概率是不可见的，这造成用市场数据研究的困难。现有的研究方法是生存分析 cox 模型，例如，屈正阳、张月芳等发现卖出概率与持股时长有关。对于机构投资者，其影响卖出概率的因素，张月芳列举出如下几个：基金经理性别、基金经理学历、基金收益率、基金规模、基金管理公司成立时间、基金管理公司规模、市场行情涨跌。

本章将在此研究的基础上来分析卖出概率的代表变量。由于本章的研究数据为市场中公开的数据，无法从基金的私有信息来选取变量，因此转而从资产组合的角度选取变量。

①自变量方面，本章首先选取个股的指标包括如下 14 个：收盘价（C1）、成交金额（C2）、换手率（C3）、公司国有股（C4）、总股数（C5）、已上市流通股（C6）、流通市值加权平均市场月收益率（C7）、月无风险收益率（C8）、市盈率（C9）、市净率（C10）、市现率（C11）、市销率（C12）、净资产收益率（摊薄）（C13）、每股经营活动现金流量净额（C14）。需要说明的是将以上 14 个指标分为两类：绝对指标和相对指标。绝对指标包括：收盘价

（C1）、成交金额（C2）、公司国有股（C4）、总股数（C5）、已上市流通股（C6）、净资产收益率（摊薄）（C13）、每股经营活动现金流量净额（C14），因为他们的计量单位是元或股份数；剩余的为相对指标，因为他们的计量单位是百分比。

其次，要对绝对指标进行调整，生成回归变量，算法见表6－1。需要说明的是，最理想的评价卖出概率的指标是委比，但是委比是日度数据，且变化频繁，将会引入大量噪音。

表6－1　回归变量

变量名	计算方法	解释
收益率	$X1_{i,t}=\ln C1_{i,t}-\ln C1_{i,t-1}$	$C1$ 为收盘价
成交金额增长率	$X2_{i,t}=\ln C2_{i,t}-\ln C2_{i,t-1}$	$C2$ 为成交金额
国有股占比	$X3_{i,t}=C4_{i,t}/C5_{i,t}$	$C4$ 为公司国有股，$C5$ 为总股数
流通股占比	$X4_{i,t}=C6_{i,t}/C5_{i,t}$	$C6$ 为已上市流通股
市场超额收益率	$X5_{i,t}=C7_{i,t}-C8_{i,t}$	$C7$ 为市场月收益率，$C8$ 为月无风险收益率
现金流增长率	$X6_{i,t}=\ln C14_{i,t}-\ln C14_{i,t-1}$	$C14$ 为每股经营活动现金流量净额
换手率	$X7_{i,t}=C3_{i,t}$	$C3$ 为换手率
市盈率	$X8_{i,t}=C9_{i,t}$	$C9$ 为市盈率
市净率	$X9_{i,t}=C10_{i,t}$	$C10$ 为市净率
市现率	$X10_{i,t}=C11_{i,t}$	$C11$ 为市现率
市销率	$X11_{i,t}=C12_{i,t}$	$C12$ 为市销率
净资产收益率	$X12_{i,t}=C13_{i,t}$	$C13$ 为净资产收益率（摊薄）

②因变量方面，以资产组合是否超出MA6均线价格的上下一定的幅度做出0—1变量：超过记为1，没超过记为0。本章分别测试了10%、20%、30%三种幅度。首先，根据证监会最新的关于上市公司高管回购增持标准：连续十个交易日内累计跌幅超过30%，以及证监会规定的融资平仓线130%的规定，本章认为30%是一个关键的止盈止损线；其次，若股价月收益为10%，则年收益为120%，这是一个很客观的数字，极少有

个股能达到，因此 10% 也是一个关键的数字；最后，取二者的中间值 20% 作为补充。

6.2.3 模型转化

值得注意的是，（式 6-14）的左端为条件期望，由于其涉及到预期，不可观测，这增加了选取代表变量的困难。因此本章根据条件期望中 sigma 代数的定义将其视为自适应预期，故一个与自适应预期相适应的方法即为滤波。本章采用 HP 滤波得到（4.14）左端的代表变量，相应的回归方程为：

$$R_{i,t} = \frac{\exp(\beta_0 + \beta_1 \cdot news_{i,t})}{1 + \exp(\beta_0 + \beta_1 \cdot news_{i,t})} \cdot \Pr_t(1_{\{sold\}i,t} = 1) \cdot R_{i,t}^C \qquad \text{（式 6-17）}$$

其中，$R_{i,t} = E_t\left[\frac{P_{i,t+1} - P_{i,t}}{P_{i,t}}\right]$，$R_{i,t}^C = \frac{P_{i,t} - C_{i,t}}{P_{i,t}}$。然而该模型是一个非线性模型（因为出现 logistic 函数），考虑到面板非线性回归的困难，因此还需要对上式进行代数变形，化为线性模型：

$$\beta_0 + \beta_1 \cdot news_{i,t} + \varepsilon_{i,t} = \ln\left(\frac{|R_{i,t}|}{|\Pr_t(1_{\{sold\}i,t} = 1) \cdot R_{i,t}^C| - |R_{i,t}|}\right)$$

（式 6-18）

这就是最终的面板回归方程。因此回归过程的第一步是根据 Logit 模型计算出 $\Pr_t$（$1_{\{sold_{i,t}\}} = 1$）的拟合值，第二步是将其带入（式 6-18）从而进行估计。

6.3 实证研究与结果分析

6.3.1 描述性统计

先将新闻词频的日数据加总生成月度数据。可以发现，其数据特征是存在大量的 0 元素，即数据具有稀疏特征，因此尚难以观测规律，现列举若干关键词如下（见图 6-1）。

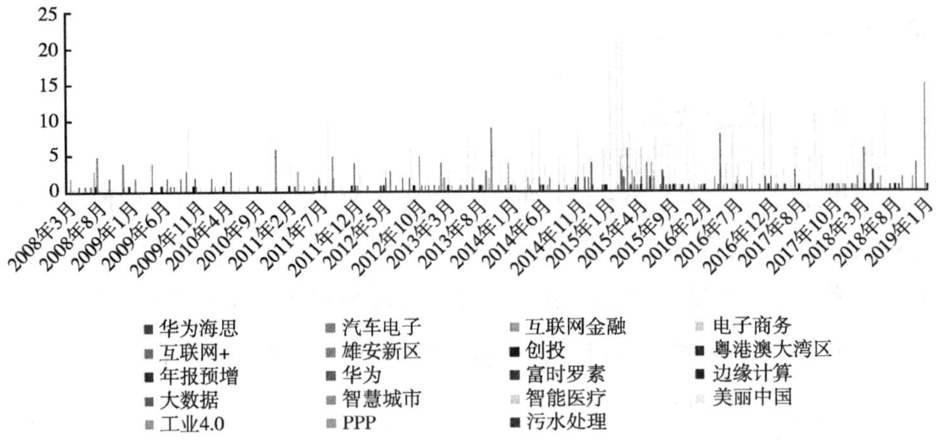

图 6－1　部分词频数据

其次，是数据的描述性统计（见表 6－2）。其中，表中的观测值有 540 个，是因为有 4 个资产组合，从 2008 年 3 月到 2019 年 5 月（共 135 个月）的面板数据。其中 x1 到 x12 为 12 个回归变量，而 cipin 是四个组合的新闻词频的面板数据。

表 6－2　描述性统计

Variable	Obs	Mean	Std. Dev.	Min	Max
id	540	2. 5	1. 119	1	4
time	540	68	39. 006	1	135
x1	540	－0. 005	0. 084	－0. 338	0. 174
x2	540	0. 039	0. 852	－2. 991	3. 636
x3	540	0. 091	0. 078	0. 017	0. 332
x4	540	0. 812	0. 14	0. 377	0. 944
x5	540	0. 001	0. 071	－0. 245	0. 179
x6	540	－0. 13	1. 426	－17. 671	1. 13
x7	540	39. 193	20. 602	8. 38	126. 292
x8	540	58. 847	57. 311	217. 345	341. 246
x9	540	28. 455	48. 802	1. 421	273. 343

续表

Variable	Obs	Mean	Std. Dev.	Min	Max
x10	540	301.233	645.594	26.753	3555.687
x11	540	32.676	75.469	2.282	481.896
x12	540	127.709	873.559	-191.89	6196.912
cipin	540	4.899	1.967	0.125	13.969

新闻词频的时间序列见图 6-2。从图中可以看出：（1）四个资产组合的词频时间序列走势大体相近。（2）SIZE_BIG 的数据通常较大，SIZE_SMALL 的数据通常较小，这可能是因为大市值股票多为大盘蓝筹股以及跟国民经济有密切关系的国企，因此经常被新闻联播提到。

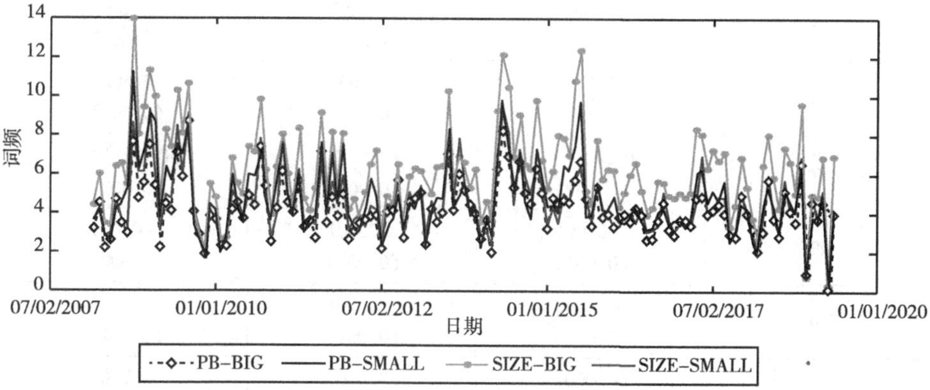

图 6-2 部分词频数据

6.3.2 Logit 回归与结果分析

（1）logit 回归。

由（式 6-14）可知，首先要通过 Logit 模型得到 $Pr_t(1_{\{sold\}k,t}=1)$ 的拟合值。然后分别构造 10%、20%、30% 止盈止损线下的 0-1 序列，再进行面板 Logit 回归，回归结果分别见表 6-3 到 6-5。这三张表的规格是一致的，第一列为固定效应回归，第二列为混合回归，第三列为随机效应回归，同时附带 Hausman 检验结果，其中第一个比较固定效应和混合回归，第二个比较固定效应和随机效应。

表 6－3　　　　10％止盈止损线的回归结果

	(1)	(2)	(3)
	dummy	dummy	dummy
x1	-15.294*** (4.048)	-15.572*** (4.051)	-15.572*** (4.051)
x2	-0.176 (0.121)	-0.168 (0.121)	-0.168 (0.121)
x3	10.884** (5.424)	13.014*** (3.872)	13.012*** (3.872)
x4	2.872 (3.374)	4.302* (2.340)	4.301* (2.340)
x5	11.305** (4.653)	11.769** (4.647)	11.769** (4.647)
x6	0.477 (0.539)	0.503 (0.549)	0.502 (0.549)
x7	0.041*** (0.007)	0.039*** (0.007)	0.039*** (0.007)
x8	-0.001 (0.002)	-0.001 (0.002)	-0.001 (0.002)
x9	-0.000 (0.003)	-0.001 (0.002)	-0.001 (0.002)
x10	0.000 (0.000)	0.000 (0.000)	0.000 (0.000)
x11	0.000 (0.002)	0.000 (0.002)	0.000 (0.002)
x12	0.000 (0.000)	0.000 (0.000)	0.000 (0.000)
_cons		-6.419*** (2.351)	-6.419*** (2.351)
/lnsig2u			-14.630 (88.667)
Obs.	540	540	540
Pseudo R2	0.185	0.178	.z

Standard errors are in parenthesis

*** p<0.01，** p<0.05，* p<0.1

续表

Hausman (1978) specification test

	Coef.
Chi - square test value	-1.301
P - value	1

Hausman (1978) specification test

	Coef.
Chi - square test value	-1.252
P - value	1

表 6-4　　　　20%止盈止损线的回归结果

	(1)	(2)	(3)
	dummy	dummy	dummy
x1	-13.803*** (4.665)	-14.483*** (4.636)	-14.388*** (4.665)
x2	-0.062 (0.183)	-0.030 (0.186)	-0.034 (0.186)
x3	4.832 (8.094)	12.567*** (4.423)	12.211** (4.961)
x4	-5.814 (5.329)	-0.275 (2.832)	-0.593 (3.384)
x5	15.170*** (5.322)	15.976*** (5.272)	15.852*** (5.316)
x6	0.814 (0.899)	0.784 (0.920)	0.791 (0.922)
x7	0.040*** (0.008)	0.036*** (0.008)	0.037*** (0.008)
x8	0.005* (0.003)	0.006** (0.003)	0.006** (0.003)
x9	0.003 (0.006)	-0.000 (0.005)	-0.000 (0.005)
x10	-0.001*** (0.000)	-0.001* (0.000)	-0.001* (0.000)

续表

	(1)	(2)	(3)
	dummy	dummy	dummy
x11	0.001 (0.003)	0.002 (0.003)	0.002 (0.003)
x12	-0.001 (0.003)	-0.004 (0.008)	-0.003 (0.008)
_cons		-4.891 * (2.863)	-4.614 (3.299)
/lnsig2u			-4.045 (5.778)
Obs.	540	540	540
Pseudo R2	0.364	0.340	. z

Standard errors are in parenthesis

*** p<0.01, ** p<0.05, * p<0.1

Hausman (1978) specification test

	Coef.
Chi - square test value	7.503
P - value	0.483

Hausman (1978) specification test

	Coef.
Chi - square test value	-3.308
P - value	1

表 6-5　　30%止盈止损线的回归结果

	(1)	(2)	(3)
	dummy	dummy	dummy
x1	-13.272 ** (6.608)	-13.602 ** (6.455)	-13.602 ** (6.455)
x2	-0.795 ** (0.315)	-0.694 ** (0.309)	-0.694 ** (0.309)

续表

	(1)	(2)	(3)
	dummy	dummy	dummy
x3	-3.020 (14.628)	20.657 *** (6.237)	20.656 *** (6.237)
x4	-14.432 (9.911)	1.932 (3.662)	1.931 (3.662)
x5	13.051 * (7.445)	12.939 * (7.212)	12.939 * (7.212)
x6	2.854 ** (1.394)	3.064 ** (1.548)	3.064 ** (1.548)
x7	0.057 *** (0.012)	0.051 *** (0.011)	0.051 *** (0.011)
x8	0.003 (0.004)	0.004 (0.004)	0.004 (0.004)
x9	0.014 (0.010)	0.005 (0.007)	0.005 (0.007)
x10	-0.002 ** (0.001)	-0.000 (0.000)	-0.000 (0.000)
x11	0.005 (0.003)	0.006 * (0.003)	0.006 * (0.003)
x12	-0.000 (0.001)	-0.001 (0.002)	-0.001 (0.002)
_cons		-10.352 *** (3.958)	-10.351 *** (3.958)
/lnsig2u			-14.852 (92.245)
Obs.	540	540	540
Pseudo R2	0.480	0.440	.z

Standard errors are in parenthesis

*** $p<0.01$, ** $p<0.05$, * $p<0.1$

续表

Hausman (1978) specification test

	Coef.
Chi – square test value	3.456
P – value	0.903

Hausman (1978) specification test

	Coef.
Chi – square test value	3.455
P – value	0.903

(2) logit 回归结果分析。

首先，根据模型整体的拟合优度来看，排除 10% 下的结果。其次，虽然 30% 下的拟合优度最好，但是相应的 0—1 序列中 0 出现的比例增大，这意味着数据具有稀疏性，给后续的回归造成困难。因此本章选取 20% 的适中的结果。

根据 20% 下的 Hausman 结果分析，应该选择混合回归。在 95% 显著水平下，显著的变量有 x1、x3、x5、x7、x8。以下对其经济意义进行分析。

x1 代表组合的收益率，收益率为负说明收益率越大则投资者越不容易卖出，这符合现有文献对中国股市在 6 个月内表现出价格惯性的研究结论。

x3 代表国有股占比，符号为正号，这点看似难以理解，本章的解释是：由于选取的股票中国有股占比越大的公司，如能源、金融等，其经营特点是成熟稳重，而国有股占比小的公司，如高科技公司，大多属于成长类公司，以半年为期限则这类成长股公司越容易与半年前的均线价格发生偏离。

x5 代表市场超额收益率，系数符号为正说明市场超额收益越大则投资者越倾向于卖出股票，对此的解释是：从 2008 年 3 月到 2019 年 5 月，市场指数近似为在 1700 点到 4700 点的矩形区域内震荡，因此可以认为在这段时间内投资者交易行为的合力导致股票投资中常见的“震荡策略”是有效的，即投资者预期市场超额收益出现的现象是转瞬即逝的，因此在策略上倾向于卖出。

x7 代表换手率，系数符号为正说明换手率越高则投资者越倾向于卖出股票，由于中国股市中散户（即本文所称的个人投资者）比例高，换手率越大说明噪声增大，在假设震荡策略的前提下则市场风险增大，因此投资者偏好卖出，这与 x5 的结论一致。

x8 代表市盈率，系数符号为正说明市盈率越高则投资者越倾向于卖出股票。根据投资学理论，市盈率大致度量买入股票后多少年后可以“回本”，因此过高的市盈率意味着价格高估，则应该卖出，这与理论知识一致。

6.3.3 最终回归与结果分析

根据表 6－4 中回归显著的变量的系数生成卖出概率的拟合值，则下一步对（4－14）进行综合的回归，相应的结果见表 6－6，表中列出估计的系数，其中（1）为固定效应回归，（2）为混合回归，（3）为随机效应回归。并且附带两个 Hausman 检验结果，分别评价固定效应与混合回归、固定效应与随机效应的优劣。

表 6－6　　最终回归结果

	(1)	(2)	(3)
cipin	-0.00151 *	0.00	-0.00149 **
	-0.000772	-0.000575	-0.000642
Constant	-0.333	-0.215	-1.595 ***
	-0.4	-0.207	-0.307

*** p<0.01，** p<0.05，* p<0.1

Hausman（1978）specification test

	Coef.
Chi-square test value	38.202
P-value	0

续表

Hausman（1978）specification test

	Coef.
Chi - square test value	2. 899
P - value	0. 089

通过两个 Hausman 检验，说明模型应该使用随机效应进行估计，并且用广义矩估计和动态面板重新估计以排除内生性后结果依然稳健，故不再赘述。

分析其系数发现，新闻词频的系数显著为负，则说明政策信号能抑制卖出行为。换言之，在政策信号的作用下，市场波动更平缓，因此触发止盈止损的概率减小，则投资者可以适度激进地买入股票。本文推测可能的因素是，政策信号能增强投资者的信心，又或者政策信号代表政府对经济发展方向的承诺，某种程度上提高了该行业股票的安全性。

结语

本章分析了正式渠道信息影响股价波动的机制，研究结论有：（1）投资组合的收益率能抑制止盈止损概率，这与现有研究文献中短期股价表现出价格惯性的结论一致；（2）国有股占比、市盈率、换手率、市场超额收益率正面加强了卖出概率，这可能跟投资者结构和样本期内市场指数的箱体震荡走势有关；（3）以新闻联播词频为代表的政策信号显著抑制卖出行为，这可能源于政策信号的权威性、积极性，从而增强了投资者的信心，因此投资者可以根据政策信号采取相对激进的投资策略。

本章研究创新有三方面：（1）本章在周月刚等的研究基础上采用结构化模型进行实证，最大程度保留了处置效应模型的机制结构；（2）本章采用宏观的市场指数和面板数据研究处置效应，在利用券商的投资者交易数据的微观研究方法之外开辟了新的研究道路；（3）本章引入以新闻联播为代表的政治信号并用文本分析技术实现，考虑了中国国情对股市的影响，具有理论和现实的重要意义。

本章的研究中可能存在涨跌幅过于宽松、没有区分止盈策略和止损策略的不对称性等问题，这将在未来的研究中进行改进。例如，如何明确区分处置效应的具体分类：股票下跌时不愿意卖出和股票上涨时快速卖掉这两种情况，将会得出更加丰富的结论。再比如，文本分析的来源较为单一，如果能够在材料上引入其他媒体，包括官方的、民间的和国外的媒体，形成多方交叉验证；在技术上引入深度学习、情感分析等技术增加词频统计的精确度，实用价值会更大。这些方向有待未来研究。

第七章

基于财报信息的羊群效应对股价波动的实证研究

股市作为现代经济体系的重要组成部分，其股价波动关乎着整个经济发展和社会稳定。在众多影响股价波动的因素中，羊群效应是一个不可忽视的现象。羊群效应指的是投资者在决策过程中，受到其他投资者行为的影响，从而导致股价波动。在现实中，许多投资者在缺乏足够信息的情况下，往往会模仿其他投资者的行为，这种现象在市场中广泛存在，但尚未得到较好的解决。

近年来，随着财务报告信息披露制度的完善，上市公司的财务信息对投资者行为产生了越来越大的影响，亦成为投资者了解公司经营状况、分析公司价值的重要来源，具有显著的抑制羊群效应作用。然而，在现实中，财务报告信息对股价波动的影响尚未得到充分关注。

理论背景方面，投资者异质性是影响羊群效应的重要因素。噪声交易模型作为投资者异质性分组科学性的理论支撑，将投资者异质性引入对羊群效应的研究。通过构造面板数据对羊群效应进行实证，解决了数据可得性问题，规避了传统研究人为划分样本时间区间的主观做法，使检验方法具有内在的稳健和很好的扩展性，便于纳入更多反映投资者异质性的因子。

过去，对于羊群效应的研究多集中于单一市场的噪声交易者和知情交易者之间的关系。现在在全球化背景下，各个市场之间产生共振现象，这使得影响羊群效应的因素具有多样性。研究发现上市公司的财务因子与羊群效应呈负相关关系，即体现上市公司基础价值的财务因子对羊群效应有显著的抑制作用。

为了进一步揭示财报信息与羊群效应之间的关系，研究以中证500指数的月度数据为样本，选出覆盖64类行业的股票。通过账面市值比和流通市值的大小两个独立标准分别排序，构造4个投资组合对应代表噪声交易者和知情交易者的投资行为。考虑三种回归模型回归并通过F检验、LSDV检验和Hausman检验，确认固定效应回归模型的解释力。

以一个具体例子来说明该问题的重要性及解决后的价值：在某一时期，一家上市公司发布了一份表现优秀的财报信息。在此背景下，知情交易者会基于这一信息对该公司进行投资，而噪声交易者可能会模仿其他投资者的行为。这时，财报信息会引导投资者更加理性地进行决策，降低市场中模仿行为引发的股价剧烈波动。因此，在此情景下，财报信息对抑制羊群效应具有重要价值。

通过研究财报信息对股价波动的影响，揭示了财报信息能抑制羊群效应的作用，以期为投资者提供有价值的参考依据。同时，本研究在理论和方法上的创新，也为后续研究提供了新的思路。在当前全球化背景下，理解财报信息与羊群效应之间的关系，对于投资者进行更加理性的投资决策具有重要意义。

7.1 相关理论

根据噪声交易模型，在市场中存在四种效应：持有效应、空间效应、弗里德曼效应、价格效应。其中，弗里德曼效应是抑制噪声交易的，而其他三种效应是加强噪声交易的，它们的合力决定了噪声交易者和知情交易者两种力量的强弱。显然，噪声交易导致市场混乱，设想极端场景下市场中几乎所有人都是怀着“赌博”的心理来炒股，则市场最终会由于大涨大跌导致不稳定甚至市场崩溃，而市场的过度波动也会对国民经济造成负面影响（朱光伟等）。但是从长期来看，市场指数是震荡向上的，说明在市场极端下跌之后知情交易者进入，带来支撑股价的力量。从系统论、控制论的观点来看，噪声交易者的行为属于正反馈调节，会放大波动造成系统崩溃，知情交易者的行为属于负反馈调节，保持系统的稳定，两者的合力导致系统的股票指数表现出震荡向上的趋势。

纵观我国股市近 30 年来的表现，可发现大致呈现出这样一个规律：在特定的时间段内表现出极端的市场狂热，之后伴随着剧烈下跌（2007—2008 年、2014—2015 年），而其他时刻则是在暴跌之后的低位震荡。因此研究这些暴涨暴跌时期的市场运行机制特别重要。从理论上推导，这种暴涨暴跌的行为说明市场中缺乏负反馈力量来维持市场稳定，导致噪声交易者的乐观情绪自我加强，直到市场崩溃。这一方面与 A 股市场缺乏完善的做空机制有关；另一方面也与市场中噪声交易者比例过高有关。其中，噪声交易者的信息处理能力有限，因此他们会极大地参考市场指数的表现，这实际上是模仿他人的表现（市场指数是所有“他人”表现的合力），即羊群效应。因此羊群效应与投资者错误的信息认知、情绪化的投资心理有关。

在前两章已经分析过，导致这种错误的认知和投资心理的渠道有非正式渠道信息（谣言）对损失厌恶、窄框架的放大，正式渠道信息（新闻联播）对处置效应的扭曲。这两者的共同作用导致价格惯性，现分别进行详述。

非正式渠道信息与投资心理方面，根据赵静梅等的研究，谣言能够造成投资者趋同性的表现，这种趋同性的表现为羊群效应创造条件。正式渠道信息与处置效应方面，杨德明等认为，处置效应增强了盈余惯性程度，这是形成动量效应的机制。这两者的合力导致价格惯性和动量效应。根据徐信忠等的研究，在中国股票市场上存在动量效应，时间约为 6 个月，超出 6 个月后表现为价格反转。价格惯性反映在股价上，相当于释放了技术面交易者认同的信号，当众多投资者发现短期内这种股价的趋势有效便会用这信号作为投资依据，即产生羊群效应。

综上所述，本章借鉴控制论和系统论的观点，画出传导机制图，见图7－1。从图7－1可知，闭环（即方框引出箭头并指向自身）属于自我强化的过程，很显然这是一个非线性因素，此外，乐观情绪（以及恐慌情绪）可能引起其他市场的波动，其他市场的波动与股市的羊群效应共振。因此本文猜测引起羊群效应的因素，除了经典论文中的原因，可能还有新的来源，包括：1. 市场中的非线性因素（情绪与错误认知的自我强化）；2. 多个市场的共振。这两个因素构成本文中羊群效应检验模型的创新之处。

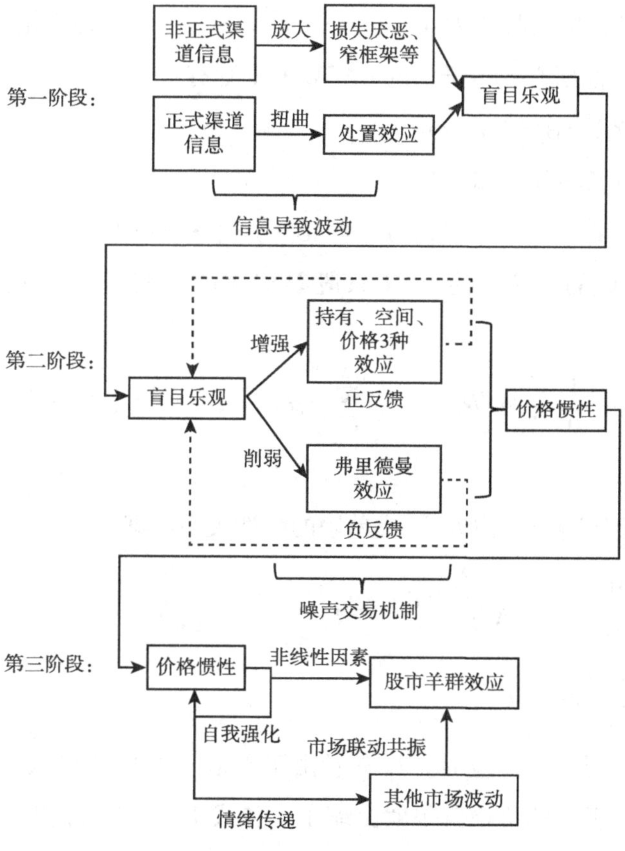

图7－1　传导机制

7.2 理论模型

7.2.1 模型设定

本部分检验羊群效应的理论模型的设定是在 Chang 等、Tan 等提出的 CSAD 模型的基础上，考虑了噪声交易者的影响因素，然后对 CSAD 模型进行修正得到。因此，首先介绍原始的羊群效应检验模型 CSAD 模型的建模思想。

假设每只股票的收益为 $R_{i,t}$（$i=1, 2, \cdots, N$），市场收益为 $R_{m,t}$，无风险收益为 R_f。根据有效市场中的 CAPM 模型则有：

$$E_t(R_i - R_f) = \beta_i E_t(R_m - R_f) \quad \text{（式 7-1）}$$

个股与市场的收益偏差为：

$$AVD_{i,t} = |E_t(R_{i,t}) - E_t(R_{i,t})| = |\beta_i - \beta_m| \cdot |E(R_m - R_f| \quad \text{（式 7-2）}$$

利用 AVD 的定义，定义 N 只股票构成的投资组合的收益偏差的期望为：

$$ECSAD_t = \frac{1}{N}\sum_{i=1}^{N} AVD_{i,t} = \frac{1}{N}\sum_{i=1}^{N} |\beta_i - \beta_m| \cdot |E(R_m - R_f)|$$

（式 7-3）

因此，$ECSAD_t$ 与 $E_t(R_m)$ 成单增的线性关系，即：

$$\frac{\partial ECSAD_t}{\partial |E_t(R_m)|} = \frac{1}{N}\sum_{k=1}^{K} |\beta_i - \beta_m| > 0 \quad \text{（式 7-4）}$$

$$\frac{\partial^2 ECSAD_t}{\partial |E_t(R_m)|^2} = 0 \quad \text{（式 7-5）}$$

当股市出现羊群效应时，投资者由于采取一致性地买入或卖出的交易行为，则资产组合的价格偏差就会缩小，与式 7-4 矛盾；进一步地，当市场指数加速上涨或者下跌时，收益率的偏差会加速缩小，因为羊群效应在这其中起着放大作用，事实与式 7-5 矛盾。以上就是一阶导数和二阶导数的经济解释。

综上所述，原始的回归形式为：

$$CSAD_t = \alpha + \gamma_1 \mid R_{m,t} \mid + \gamma_2 \mid R_{m,t} \mid ^2 + \varepsilon_t \quad \text{（式 7-6）}$$

该原始的羊群效应检验模型 CSAD 模型设定刻画了这一现象。

7.2.2 模型改进

导致市场波动变大的因素有很多，除了羊群效应，噪声交易机制也可能是一个重要的原因。当噪声交易者一致性的信念增强，则短期内股价不会轻易回复到均值，这种情况增加了套利风险，根据噪声交易模型的 4 种效应分析，此时知情交易者会不断退出市场，这就使得市场的负反馈调节机制被削弱。第 3 种原因可能是多个市场的联动，即一个市场的波动受到另一个市场或者多个市场波动的影响从而产生共振，这种联动效应也会导致市场波动变大（Corsetti 等）。因此 $\mid R_{m,t} \mid ^2$ 不足以刻画这种市场中涌现的复杂性和非线性关系，应具有更加复杂的形式。因此 Chiang 等对模型进行修正：

$$CSAD_t = \gamma_0 + \gamma_1 \mid R_{m,t} \mid + (\gamma_2 + \gamma_3 R_{m,t} + \gamma_4 \hat{\sigma}_t^2) R_{m,t}^2 + \varepsilon_t \quad \text{（式 7-7）}$$

其中，$\hat{\sigma}_t^2$ 是市场收益率的条件方差，本章用 $GARCH(1,1)$ 估计参数，并采用递归算法得到波动率的时间序列，考虑到模型的稳健性，本章也采用其他 $GARCH$ 族模型如 $EGARCH$、$TGARCH$ 进行参数估计，发现结果大同小异，出于算法简洁性的考虑，最终采用 $GARCH(1,1)$。

展开修正模型（5-7），可以发现实际上是添加 $R_{m,t}^3$ 和 $\hat{\sigma}_t^2 R_{m,t}^2$ 项，从交互项的角度来看，$R_{m,t}^3 = R_{m,t} \cdot R_{m,t}^2$ 表明市场收益与羊群效应导致的市场收益率的非线性结构（二次项）之间存在交互影响，另一方面 $\hat{\sigma}_t^2 R_{m,t}^2$ 暗含市场波动与这种非线性结构同样存在交互影响。应该如何理解这一构造呢？本章通过期权定价理论作出解释：由于期权相当于是给波动率定价，因此关于波动率的问题可以转化为关于期权的问题。再考虑期权的经济意义：使得市场更加完备，因此模型中关于波动率的一项系数如果显著则说明关于波动率的因素没有被定价模型吸收，也即是说与波动率有关的因素没有被投资者充分认识到，在本章的具体模型中指的就是由多个市场共振导致的羊群效应。

本章没有选择 Kabir 等采用的 *STAR* - *GARCH*，仅保留该文章对市场收益的二次项进行修正这一核心的设定，并进行全时段的回归。诚然，包含机制转换的模型能够更好地捕捉到波动的时变特征，然而相应的计量模型太过复杂以至于原作者不得不用泰勒展开的方式解决 *STAR* - *GARCH* 的非线性结构以便于嫁接现有的回归软件，并且还引入截断误差。本章考虑到回归模型的适用性以及操作的可行性，最终建立式 7 - 7 以便用 stata 软件实现。

观察式 7 - 7，等号右边的变量都来源于同一个市场指数，这导致变量单一进而降低回归的效果。因此要在模型中加入衡量异质性的因素。为了与第六章的价值策略呼应，本章考虑加入公司的财务因子作为控制变量。

以上观点也可从噪声交易模型的角度来完善。关于噪声交易理论的具体论述见下一部分，此处仅提出噪声交易理论的结论：市场上存在两类投资者，即噪声交易者和知情交易者，他们在短期内处于相互竞争的关系。若将现实中的机构投资者对应到知情交易者，将一般的散户对应到噪声交易者，那么根据噪声交易理论，要想让机构投资者更好地发挥价值发现的作用，则市场风险（波动）不能太大，而根据何佳等的研究结论“适度的羊群行为会使股价波动最小，而过强或者过弱的羊群行为都使股价波动增加”则正好印证了这一点。何佳等的另一个研究结论——“在市场产品结构、交易制度和规则体系等要素给定的情况下，股价波动是投资者结构参数的函数”的启示，要深入分析羊群效应，需要注意投资者的结构，即知情交易者和噪声交易者的比例。出于以上分析，为了同时观察到噪声交易者和知情交易者的表现差异，一个很自然的想法是采用面板数据，将知情交易者和噪声交易者各自偏好的资产组合放在一起进行分析。

另一方面，根据 Fama 三因子模型，股票市值和账面市值比能够解释股价的收益，关于这两个因子的作用机理不在本文的研究范围之内，本文只承认这两个因子确实对股票投资有影响，因此，一个自然的推论是这两个因子是投资者的参考依据，例如，在中国股票市场上蓝筹股和大市值股票、高账面市值比（小 PB 值）的股票有很大重合，因而更受机构投资者青睐。因此，一个自然的推论是股票市值越小则持有者中机构投资者的比例越少；同理，PB 值越大则机构投资者比例越少。因此按照参考标准构造市值类组合和账面市值比类组合，而按照投资者类型分为噪声交易者偏好的投资组合和知情交易者偏好的投资组合，共构成四类投资组合：大市值、小市值、大 PB 值、小 PB 值。

综上所述，本文构造面板数据进行回归。首先，在式 7－7 的右边加入度量公司异质性的变量，这样可以研究公司财务数据与羊群效应之间是否存在某种潜在关系；其次，面板数据的优点是能够综合纵向的时间和横向的空间两个维度的信息，并且具有一定的稳健性，并且本文通过多种模型的尝试性回归发现带有财务因子的模型比无财务因子的模型具有更好的回归效果；最后，基于数据可得性（主要根据 RESSET 数据库中能够找到的以月度数据呈现的财务因子数据）以及财务因子自身的性质（因子太多造成冗余，太少则不具有代表性），最终选取 4 个指标，分别是：市净率、市销率、每股收益（摊薄）、净资产收益率（摊薄）。

据此，研究选用如下的面板模型：

$$CSAD_t = \gamma_0 + \gamma_1 \left| R_{m,t} \right| + (\gamma_2 + \gamma_3 R_{m,t} + \gamma_4 \hat{\sigma}_t^2) R_{m,t}^2 + \sum_{j=1}^{4} \beta_j X_{i,t}^{(j)} + \varepsilon_t$$

（式 7－8）

其中，$i \in \{1,2,3,4\}$ 表示后文中构造的 4 个资产组合，$j \in \{1,2,3,4\}$ 表示体现公司异质性的四个财务指标。另一方面，本章以资产组合为分析对象，但财务指标是对单个上市公司而言的，因此本章采用求组合中各股财务数据的平均值的方法来构造资产组合的“财务指标”。

7.2.3 假设检验

原假设 H_0：$\gamma_1 > 0$ 且 $\gamma_2 = 0$，不存在羊群效应；

根据数理逻辑，原假设的对立面是：$\gamma_1 \leqslant 0$ 或 $\gamma_2 \neq 0$，存在羊群效应；

在马丽的研究中将备择假设设定为 $\gamma_1<0$ 且 $\gamma_2\leqslant 0$。理论上，只要 H_1 的设定违反 H_0 中任何一条即可，所以本章选用完备的备择假设：

H_1：$\gamma_1\leqslant 0$ 或 $\gamma_2\neq 0$，存在羊群效应。

7.2.4 实证设计

本部分以 RESSET 数据库的数据为样本，采用 MATLAB 2018b、Office 365、Stata15 软件进行数据处理。现将本文的实证设计思路以及理由简述如下：

1）算法设计

（1）研究方法：本研究采用 *CSAD* 指标来检测羊群效应。

（2）数据样本：本研究选用从 2008 年 4 月至 2019 年 6 月的月度数据作为样本。选择该数据作为样本的理由如下：①月度数据的数量适中，适合短面板数据，不像长面板数据需要对时间序列特征进行修正；②月度数据质量高，不需要因为停牌等原因处理股票数据的缺失值；③为了更全面地研究问题，最好选用持续时间长度为 10 年的数据，考虑到样本时间段落在连续的政策区间之内则效果越好（不需要额外处理由于政策变化对数据的修正），本章选择从 2008 年 3 月到 2019 年 5 月的数据。

（3）数据指标：根据证监会行业分类标准与行业细分规则，选取 64 个行业并把每个行业中选取的一只股票共计 64 只股票构造投资组合，计算其 CSAD。这种构造组合的数据有两点好处：首先，不仅股票涵盖的行业范围要广，而且能够代表国民经济发展的整体态势；其次，股票不仅具有代表性且数量尽可能少，便可以减少计算的复杂程度。

2）选股标准

如何区分证券市场的羊群效应是由知情交易者的行为导致，还是由噪声交易者的行为导致？根据常识，知情交易者具有丰富的金融学专业知识，而现今主流的资产定价模型采用因子模型。因此，研究选取经典的 Fama 三因子资产定价模型，根据该模型中起关键作用的两个因子：市值（SIZE）和账面市值比（通常用市净率 PB 的倒数作为近似替代），本章根据市值对

2008 年 3 月的所有 A 股股票（剔除当时的 ST 股、＊ST 股）按照从大到小排序，选出每个行业中市值最大的股票一共 64 只，同理选出每个行业中市值最小的股票共 64 只，这样构造了 SIZE_BIG（大市值）和 SIZE_SMALL（小市值）两个组合，同理根据账面市值比排序，构造 PB_BIG（大市净率）和 PB_SMALL（小市净率）两个组合，模拟买入并持有至今的投资行为。

7.2.5 DSSW 模型

为了说明上述分组产生的四个投资组合的科学性，本章选取噪声交易模型（DSSW）作为理论支撑进行研究。

参考 De Long 等的设定，证券市场上存在噪声交易者和知情交易者两类交易者：以 n 表示噪声交易者，占比为 μ；以 a 表示知情交易者，占比为 $1-\mu$ 。市场上存在无风险和风险两类资产：s 表示无风险资产，收益率为 r，在 t 期的价格为 p_t；u 表示风险资产，噪声交易者主观估计认为风险资产的预期价格服从 $\rho_t \sim N(\rho^*, \sigma_\rho^2)$ 的正态分布。

给定效用函数 $U=-e^{2\gamma w}$，其中 γ 是绝对风险厌恶系数；$w \sim N(\overline{w}, \sigma_w^2)$ 是服从正态分布的财富。设知情交易者持有风险资产的数量为 λ_t^a；由矩母函数性质可知，要让效用函数期望最大化的问题就转化成了 $E(U_a)=\overline{w}-\gamma\sigma_w^2$ 的最大化。

考虑两类异质性投资者的期望效用，具有如下的有差异的具体表达式：

知情交易者：

$$E(U_a)=c_0+\lambda_t^a(r+{}_tp_{t+1}-p_t(1+r))-\gamma(\lambda_t^a)^2\{{}_t\sigma_{p_{t+1}}^2\} \quad \text{（式 7-9）}$$

噪声交易者：

$$E(U_n)=c_0+\lambda_t^n(r+{}_tp_{t+1}-p_t(1+r))-\gamma(\lambda_t^n)^2\{{}_t\sigma_{p_{t+1}}^2\}+\lambda_t^n\{\rho_t\} \quad \text{（式 7-10）}$$

其中变量前的下标 t 表示条件期望，$r+{}_tp_{t+1}-p_t(1+r)$ 表明财富均值是由无风险收益 r 和风险资产预期的增值 ${}_tp_{t+1}-p_t(1+r)$ 两部分构成。由（式 7-9）和（式 7-10）两式揭示了噪声交易者和知情交易者两类投资者的效用函数都是关于财富均值的线性增函数，和关于财富方差的线性减函数。所不同的是噪声交易者由于对风险资产的估价偏误带来的效用增加项 $\lambda_t^n\{\rho_t\}$。

通过求解两类效用函数的一阶条件，考虑出清条件：

$$(1-\mu)\lambda_t^a+\mu\lambda_t^n=1 \tag{式 7-11}$$

上式说明，两类投资者的供给之和等于需求，即单位 1。

进一步，假设 p_t 的 $t+1$ 期方差满足递推关系式：

$$_t\sigma_{p_{t+1}}^2=\sigma_{p_{t+1}}^2=\frac{\mu^2\sigma_\rho^2}{(1+r)^2} \tag{式 7-12}$$

（7-12）式表明方差参数是稳定的。

用递归法求解得：

$$p_t=1+\frac{\mu(\rho_t-\rho^*)}{1+r}+\frac{\mu\rho^*}{r}-(2\gamma)\frac{\mu^2\sigma_\rho^2}{r(1+r)^2} \tag{式 7-13}$$

上式即为考虑到噪声交易的风险资产定价公式。

在此基础上，将两类投资者的收益偏差记为：

$$\Delta R_{n-a}=(\lambda_t^n-\lambda_t^a)[r+p_{t+1}-p_t(1+r)] \tag{式 7-14}$$

则两类投资者收益之差化简为：

$$E(\Delta R_{n-1})=\rho^*-(1+r)^2\frac{(\rho^*)^2+(\sigma_\rho)^2}{2\gamma\mu\sigma_\rho} \tag{式 7-15}$$

上式说明，噪声交易的风险溢价具有 4 种效应：

1. 持有效应（hold more）：由于 ρ^* 代表噪声交易者对资产收益率的主观认知评价，因此 $\rho^*>0$ 时噪声交易者会持有更多的风险资产。

2. 空间效应（create more）：σ_ρ^2 越大，则表明噪声交易者受到信息影响会频繁地改变风险投资的信念，其非理性的投资理念引发非理性的投资行为，最终造成股价异常波动，从而将风险厌恶的知情交易者挤出证券市场。

3. 弗里德曼效应（Friedman effect）：即买高卖低效应（buy high sell low effect），由于噪声交易者对股价产生错误预期或者选择错误的时机进入证券市场，从而导致噪声交易者的亏损。

4. 价格效应（price effect）：当噪声交易者对证券市场未来预期持乐观

态度时，会增加风险资产的持有量，从而降低预期收益率；反之会卖出更多风险资产，从而提升预期收益率。

基于以上研究，这四种效应此消彼长，决定了市场中两类投资者的力量均衡。如果用市值和市净率来刻画这类交易者的话，那么噪声交易者（散户）的炒作程度与小市值、高市净率的股票波动程度更相符。另一方面，由模型可知，短期内股价取决于两类投资者的博弈。因此为了更加突出这种对比关系，本研究构造了四类投资组合与两类交易者的对应关系。具体而言，市值大的和账面市值比大的两类投资组合主要表现为知情交易者的投资行为，市值小的和账面市值比小的两类投资组合主要表现出噪声交易者的投资行为。

7.3 实证检验与结果分析

7.3.1 算法概述

（1）以2008年3月的所有在A股市场正常上市（即剔除ST、*ST股）的股票作为样本，根据证监会细分行业规则在每个行业分类下按照流通市值排序，分别选出市值最大和最小的股票（如果该类下只有一只股票，则剔除该类）。具体来讲，一共分出64类，分别将64个分类中SIZE最大的那支股票放在一起，构造SIZE_BIG投资组合；将SIZE最小的股票放在一起，构造SIZE_SMALL投资组合。同理，根据市净率排序，构造PB_BIG和PB_SMALL投资组合。此外，为了观察两个因子分别发挥的独立作用和减少算法复杂程度，本研究只以市值大小和市净率大小分别为标准排序，共构造4个投资组合。选股名单详见附录2。

（2）以IC500的月度数据计算市场收益率。这样选择数据的理由如下：第一，能保证成分股覆盖面广，且极具代表性；第二，根据市值作为选股标准，如果市值太大，则个股必然和大市值股票构造的投资组合的表现相近，导致回归效果失真；第三，IC500的成分股能比较准确地反映正常情况下多数股票（市值不是太大也不是太小）的真实走势，用它作为市场收益率的替代指标比较合理。

（3）根据中证500指数计算CSAD，完成回归。

7.3.2 描述性统计

表7-1为各个变量面板数据的描述性统计。其中，表中的文字gamma从1到4分别代表变量：$|R_{m,t}|$、$R_{m,t}^2$、$R_{m,t}^3$、$\hat{\sigma}_t^2 R_{m,t}^2$，$R_{m,t}$为中证500指数的收益率时间序列数据，这源于（式7-8）；后面4个指标则代表财务数据：*shijinglv* 表示市净率，*shixiaolv* 表示市销率，*meigu* 表示每股收益（摊薄），*jingzi* 表示净资产收益率（摊薄）。

从表中数据可知，这是一个平衡面板数据，时间维度为135（从2008年4月到2019年6月共135个月度数据），而空间维度为4（共4个资产组合）。

表7-1　各变量描述性统计

Variable	Mean	Std. Dev.	Min	Max	Observations
gamma1	0.06827	0.060604	0.002	0.282	N=540
gamma1	0.06827	0.060604	0.002	0.282	N=540
gamma3	-0.00014	0.00364	-0.02243	0.008704	N=540
gamma4	6.83E-05	0.000156	3.18E-09	0.001071	N=540
shijinglv	30.32084	51.97734	1.417656	273.3342	N=540
shixiaolv	36.62808	84.25035	2.275938	481.8953	N=540
meigu	0.256349	0.192286	0.00125	1.132344	N=540
jingzi	164.205	983.3226	-78.337	6196.679	N=540

图7-2是市场指数相关变量的时间序列。从图中可以看出，gamma1即$|R_{m,t}|$的数值相对较大，并且预示着可能存在波动率聚集的现象，其中，波动率较高的时间段为2008年4月到12月，2015年4月到12月，反映了这两个时间段内大盘经历巨大的涨跌幅。

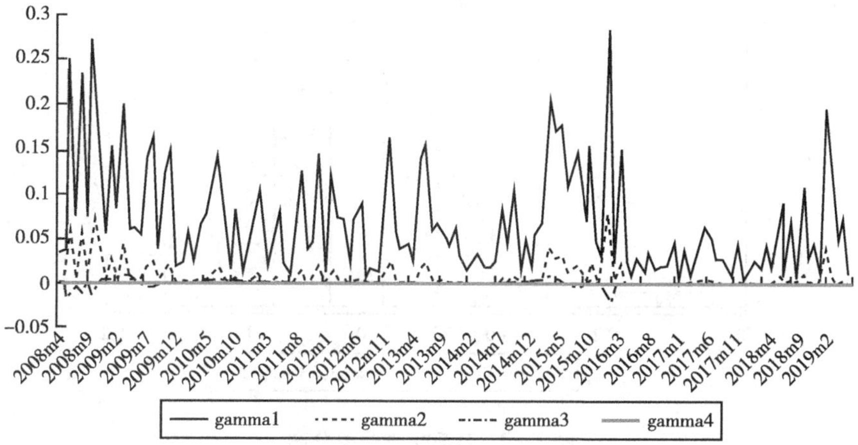

图 7-2　市场指数相关数据的时间序列

本文将市场指数的数据具体量化：通过对 IC500 的统计指标（表 7-2）和收益率分布（见图 7-3）的分析可知，该市场指数近似正态分布，并具有长的左尾，说明大盘指数整体上涨跌对称，大跌的次数相对更多，这符合实际认知。

表 7-2　　IC500 统计指标

	Percentiles	Smallest		
1%	-0. 2687	-0. 282		
5%	-0. 1576	-0. 2687		
10%	-0. 1072	-0. 2508	Obs	135
25%	-0. 0433	-0. 2353	Sum of Wgt.	135
50%	0. 012		Mean	0. 004396
		Largest	Std. Dev.	0. 092494
75%	0. 0582	0. 1789		
90%	0. 138	0. 2032	Variance	0. 008555
95%	0. 163	0. 2051	Skewness	-0. 38732
99%	0. 2051	0. 2057	Kurtosis	3. 842411

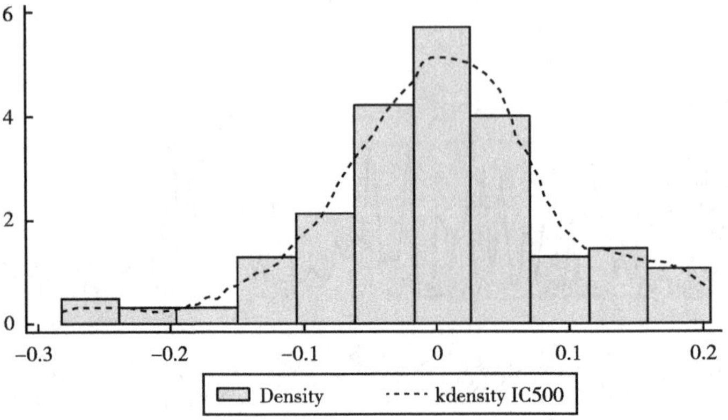

图 7－3　IC500 收益率分布

接下来，通过分析 IC500 的波动率聚集特征，采用 GARCH 估计得到拟合的 GARCH 项，带入式（5－8）。首先，描述其条件方差（见图 7－3）；其次，通过分析 TGARCH、EGARCH、修正扰动项假设等，从模型的拟合效果和简洁性方面考虑采用 GARCH（1，1），结果以及自相关检验（见表 7－3）。

表 7－3　GARCH(1,1) 估计 IC500

IC500	Coef.	St. Err.	t－value	p－value	[95% Conf Interval]		Sig
L. IC500	0.065	0.110	0.59	0.553	－0.151	0.282	
L2. IC50	－0.035	0.101	－0.34	0.731	－0.232	0.163	
L3. IC500－	0.001	0.083	0.01	0.992	－0.161	0.163	
Constant	0.003	0.007	0.40	0.693	－0.011	0.017	
L. arch	0.183	0.112	1.64	0.102	－0.036	0.402	
L. garch	0.726	0.129	5.64	0.000	0.474	0.978	***
Constant	0.001	0.001	1.47	0.141	0.000	0.002	
Mean dependent var			0.006	SD dependent var		0.091	
Number of obs			135.000	Chi－square		0.400	
Prob > chi2			0.940	Akaike crit. (AIC)		－266.835	

*** p < 0.01，** p < 0.05，* p < 0.1

上面的结果为 GARCH(1,1) 的结果。经测试，采用 TGARCH、EGARCH、扰动项假设等并不能改进回归结果，因此考虑最简单有效的 GARCH(1,1)，即 $\sigma_t^2=\alpha_1\varepsilon_{t-1}^2+\gamma_1\sigma_{t-1}^2$。由以上回归结果可知，IC500 的 GARCH 效果显著。

因此，计算采用的迭代公式为 $\sigma_t^2=0.183\varepsilon_{t-1}^2+0.726\sigma_{t-1}^2$。

图 7－4 展示了 IC500 的收益率的异方差性。显然波动高和低的时间段有明显的区分。例如，从 2008 年到 2016 年的波动呈现脉冲性的变化，而从 2017 年到 2018 年波动较低，这符合真实的市场指数走势。

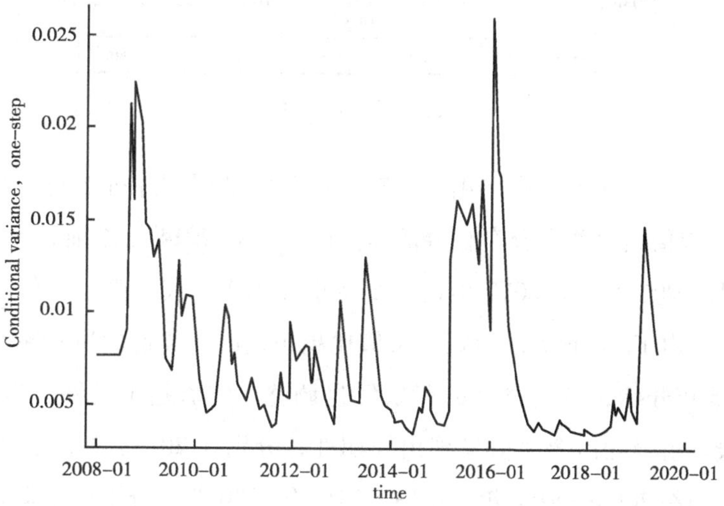

图 7－4　IC500 时间序列的条件方差

最后，分析反映各个投资组合异质性的变量：CSAD（见图 7－5）、市净率（见图 7－6）、市销率（见图 7－7）、摊薄的每股收益（见图 7－8）、摊薄的净资产收益率（见图 7－9）。图 7－5 展示了四个资产组合的 CSAD 指标的时间序列趋势。四个时间序列的走势相近，但是小市值股票构成的资产组合，其波动幅度更大，尤其是 2010 年以前。回顾历史，从 2007 年上证指数在 6124 点见顶后快速下跌到 1600 多点，受到“4 万亿”政策刺激后在一年内又快速上升到 3000 多点。在这期间，市场经历了大幅度的涨跌，以及纷繁复杂的市场噪声，因此小市值股票更容易被炒作。

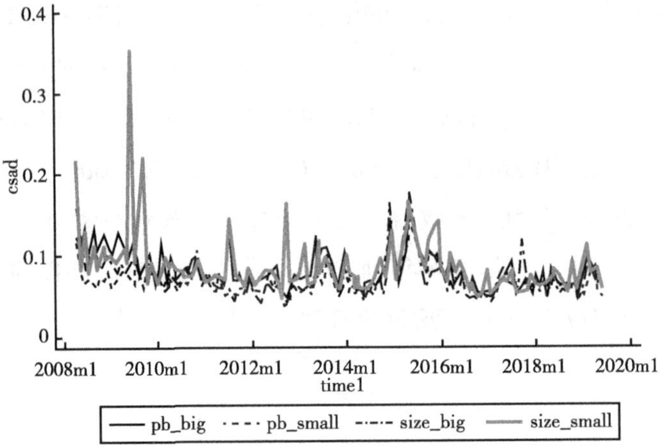

图7－5　CSAD

图7－6展示了四个资产组合的市净率指标的时间序列走势。其中，高PB组和小市值组这两个资产组合的差异较大。在2014年之前，高PB组值较高，且波动较大，而2015年之后则变小并趋于平缓。而小市值股票组合的则相反。由于PB越大表示账面市值比越小，因此股价的风险越小，这说明从2015年开始，价格过高的股票经过调整，估值趋于理性；市值方面，小市值股票组合的市净率值呈现出周期性，分别在2013、2016、2018年达到高点，而在2008—2011年、2013—2014年、2017年分别处于低点，这与股票市场的牛熊周期是吻合的。

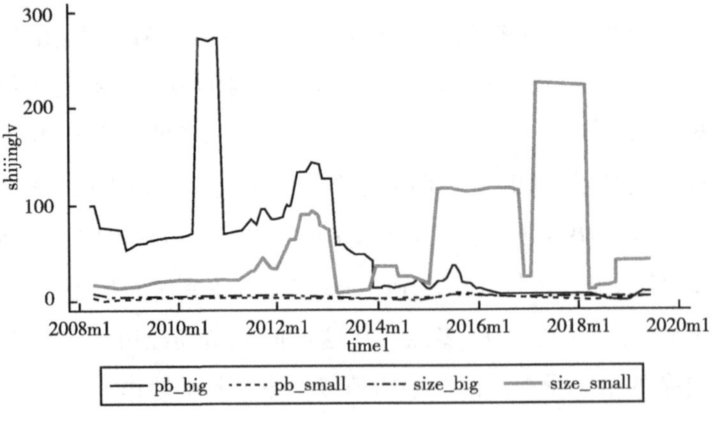

图7－6　市净率

市销率的分析见图 7－7。值得注意的是，大 PB 组合和小市值组合同时在 2012—2013 年达到异常的高位。由于企业销售数据不可能在短时间内发生数量级的变异，因此可能的解释是，这段时间内股价异常偏高。这两类组合由于体量小、波动性高，容易被炒作。结合 2012—2013 年货币市场流动性偏紧的特点，本章提出的解释是，由于市场上流动性缺乏，股票市场整体成交冷淡，在这种情况下知情交易者的影响程度下降，因此垃圾股更容易被炒作。根据这一解释，我们也可以解释摊薄的净资产收益率的现象（见图 7－9）。

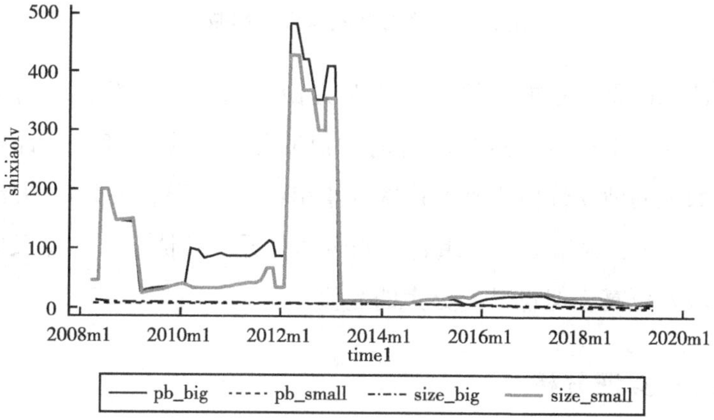

图 7－7　市销率

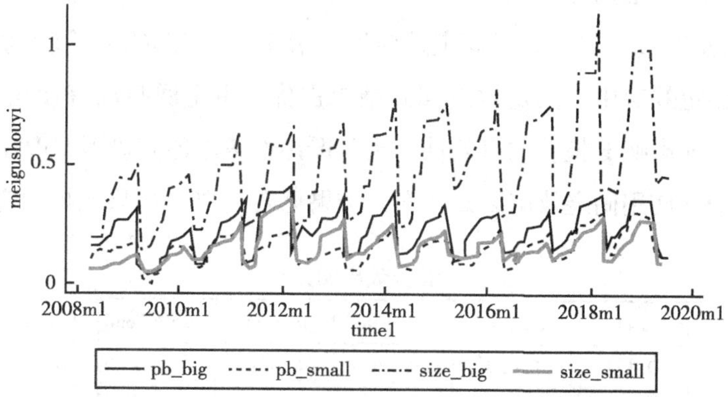

图 7－8　每股收益（摊薄）

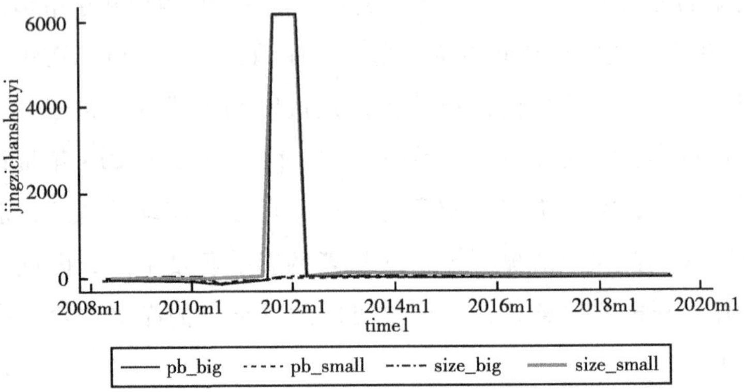

图 7－9　净资产收益率（摊薄）

值得注意的是，在摊薄的每股收益方面，四个组合都表现出以年度为单位的周期性，本章认为这与股价的均值回复特点和年度的会计核算制度有关。而数值的波动性由小到大依次为小市值、小 PB、大 PB、大市值（见图 7－7）。其中，大市值股票组合的表现明显异于其他三个，这反映了大市值公司的收益更高，但也具有更大的起伏。

7.3.3　实证分析

根据式 5－8，为了让回顾结果更有解释力，本研究进行混合效应回归、固定效应回归、随机效应回归三种情况回归，回归结果分别见表 7－4、表 7－5、表 7－6。其中，从固定效应回归表 7－5 底部的 F 检验判断，在混合回归与固定效应中，固定效应回归结果占优。由于回归没有使用聚类稳健标准误，可能影响 F 检验的有效性，出于严谨性考虑还需要用 LSDV 法进一步确认是否应该使用固定效应回归，回归结果见表 7－6，结果支持固定效应。

表 7－4　　混合效应回归

csad	Coef.	St. Err.	t－value	p－value	[95% Conf	Interval]	Sig
gamma1	0.131	0.029	4.46	0.021	0.038	0.225	**
gamma2	－0.197	0.183	－1.08	0.359	－0.779	0.384	
gamma3	1.092	0.129	8.43	0.003	0.680	1.504	***

续表

csad	Coef.	St. Err.	t - value	p - value	[95% Conf	Interval]	Sig
gamma4	39. 118	9. 747	4. 01	0. 028	8. 098	70. 139	**
shijinglv	0. 000	0. 000	0. 88	0. 443	0. 000	0. 000	
shixiaolv	0. 000	0. 000	0. 42	0. 703	0. 000	0. 000	
meigu	-0. 018	0. 013	-1. 40	0. 256	-0. 059	0. 023	
jingzi	0. 000	0. 000	-4. 47	0. 021	0. 000	0. 000	**
Constant	0. 071	0. 008	9. 14	0. 003	0. 046	0. 096	***

*** p<0. 01， ** p<0. 05， * p<0. 1

最后，通过 Hausman 检验（见表 7 - 8），拒绝了随机效应。基于以上研究，本章采用固定效应回归，因此主要对表 7 - 5 的回归结果进行分析即可。

根据表 7 - 5 最后一行的 F 检验结果判断，应选用固定效应模型。

表 7 - 5　　　　固定效应回归

csad	Coef.	St. Err.	t - value	p - value	[95% Conf	Interval]	Sig
gamma1	0. 126	0. 064	1. 96	0. 050	0. 000	0. 251	*
gamma2	-0. 156	0. 329	-0. 47	0. 636	-0. 801	0. 490	
gamma3	1. 106	0. 383	2. 88	0. 004	0. 352	1. 859	***
gamma4	37. 275	13. 059	2. 85	0. 004	11. 622	62. 929	***
shijinglv	0. 000	0. 000	-0. 54	0. 588	0. 000	0. 000	
shixiaolv	0. 000	0. 000	-0. 43	0. 666	0. 000	0. 000	
meigu	-0. 025	0. 009	-2. 89	0. 004	-0. 042	-0. 008	***
jingzi	0. 000	0. 000	-1. 30	0. 195	0. 000	0. 000	
Constant	0. 075	0. 004	20. 76	0. 000	0. 068	0. 082	***
F test that all u_i = 0 : F(3,528) = 10. 47					Prob > F = 0. 0000		

*** p<0. 01， ** p<0. 05， * p<0. 1

考虑到前面的回归没有考虑聚类稳健标准误，因此用 LSDV 检验来进一步确认哪种回归结果更优，检验结果见表 7 - 6。

表 7－6　LSDV 检验

csad	Coef.	St. Err.	t－value	p－value	[95% Conf	Interval]	Sig
gamma1	0.126	0.033	3.80	0.000	0.061	0.190	***
gamma2	－0.156	0.187	－0.83	0.405	－0.522	0.211	
gamma3	1.106	0.126	8.77	0.000	0.858	1.353	***
gamma4	37.275	10.554	3.53	0.000	16.591	57.960	***
shijinglv	0.000	0.000	－0.39	0.697	0.000	0.000	
shixiaolv	0.000	0.000	－1.52	0.127	0.000	0.000	
meigu	－0.025	0.012	－2.11	0.035	－0.048	－0.002	**
jingzi	0.000	0.000	－4.88	0.000	0.000	0.000	***
1b. port	0.000	.	.	.	.	.	
2. port	－0.016	0.002	－7.87	0.000	－0.020	－0.012	***
3. port	－0.004	0.003	－1.26	0.208	－0.010	0.002	
4. port	0.002	0.001	2.07	0.038	0.000	0.003	**
Constant	0.080	0.004	18.96	0.000	0.072	0.088	***

*** $p<0.01$，** $p<0.05$，* $p<0.1$

表 7－7　随机效应回归

csad	Coef.	St. Err.	t－value	p－value	[95% Conf	Interval]	Sig
gamma1	0.131	0.029	4.46	0.000	0.074	0.189	***
gamma2	－0.197	0.183	－1.08	0.280	－0.556	0.161	
gamma3	1.092	0.129	8.43	0.000	0.838	1.346	***
gamma4	39.118	9.747	4.01	0.000	20.014	58.223	***
shijinglv	0.000	0.000	0.88	0.378	0.000	0.000	
shixiaolv	0.000	0.000	0.42	0.675	0.000	0.000	
meigu	－0.018	0.013	－1.40	0.162	－0.043	0.007	
jingzi	0.000	0.000	－4.47	0.000	0.000	0.000	***
Constant	0.071	0.008	9.14	0.000	0.056	0.087	***

*** $p<0.01$，** $p<0.05$，* $p<0.1$

表 7-8　　Hausman 检验

	(b)FE	(B)RE	(b-B)Difference	sqrt(diag(V_b-V_B))S. E
gamma1	1255547	1313133	-0.00576	0.011323
gamma2	-0.15551	-0.19748	0.041966	0.058187
gamma3	1.105501	1.091862	0.013638	0.051068
gamma4	37.27529	39.11843	-1.84314	0.928036
shijinglv	-1.4E-05	3.85E-05	-5.2E-05	1.08E-05
shixiaolv	-6.27E-06	6.10E-06	-1.24E-05	3.27E-06
meigu	-0.0251	-0.01801	-0.00709	0.006603
jingzi	-1.49E-06	-1.03E-06	-4.56E-07	2.54E-07
cons	0.075362	0.071258	0.004104	0.001925

b = consistent under Ho and Ha; obtained from xtreg

B = inconsistent under Ha, efficient underHo; obtained from xtreg

chi2(3) = $(b-B)'[(V_b-V_B)^{(-1)}](b-B)$ = 29.81, Prob > chi2 = 0.0000

根据表 7-8 的 Hausman 检验结果可知，应该用固定效应模型来回归。

根据前述回归结果分析，本研究得出如下结论：

（1）表 7-5 中系数的显著性分析，系数显著的是 gamma1，gamma3，gamma4，meigu，分别对应的变量是 $|R_{m,t}|$、$R_{m,t}^3$、$\hat{\sigma}_t^2 R_{m,t}^2$，以及摊薄的每股收益。其中，$|R_{m,t}|$ 系数为正，而 $R_{m,t}^2$ 不显著即检测不到显著的羊群效应；$R_{m,t}^3$ 显著说明市场收益的非线性特征（用二次项度量）通过交互项的方式与指数发生作用；$\hat{\sigma}_t^2 R_{m,t}^2$ 显著说明市场波动与羊群效应的交互影响显著，同时也体现出其他金融市场对股市波动有交互影响。$|R_{m,t}|$、$R_{m,t}^3$、$\hat{\sigma}_t^2 R_{m,t}^2$ 反映公共因子的影响。剩下的控制变量中显著的是每股收益，考虑到它在公司金融领域具有十分重要的意义并且是投资者广泛使用的参考指标（表征公司高管为股东创造价值的能力），因此猜想羊群效应与公司内部人的治理、外部投资者的评价有关。

（2）$|R_{m,t}|$ 的系数 γ_1 在 10% 水平上显著，而 γ_2 不显著，两者结合满足马丽中 H0：$\gamma_1 > 0$ 且 $\gamma_2 = 0$，这意味着按照较为宽松的检测标准来评价则不属于羊群效应。另外，由于本文采用 $(\gamma_2 + \gamma_3 R_{m,t} + \gamma_4 \hat{\sigma}_t^2) R_{m,t}^2$ 而非 $R_{m,t}^2$，

能捕捉到基础的羊群效应检验模型无法解释的因素，即本章定义的非经典羊群效应。如果要求系数具有1%水平显著性，则属于典型的羊群效应。

(3) $R_{m,t}^3$的系数在1%的水平上显著。应该如何对系数提出经济解释呢？一方面可以将改变量视为二次项与一次项的交互项，这一观点说明指数收益与前文提到的二次项有关。另一方面$R_{m,t}^3$与收益率的偏度有关，这一现象超出了经典的资产定价模型的解释范围。本文提出的解释是：考虑中国股市大部分时间处于熊市并且大部分投资者的账户是亏损的，因此理论上随机选择做多或做空时，做空更为有利。表7－5固定效应回归中$R_{m,t}^3$的系数是1.106>0，说明市场指数的偏度与资产组合收益率的偏离度呈正相关关系，这表明指数变化幅度越大投资组合中收益越分化，这一点符合真实的市场情况和羊群效应模型的描述。

(4) $\hat{\sigma}_t^2 R_{m,t}^2$的系数显著为正，说明多个市场的共振确实可以传导至股市，从定价的观点来看则是市场不完全，因此经典的金融学定价模型未必适用于真实的市场环境。此外，因为$R_{m,t}^2$代表羊群效应的非线性特征，它不仅与波动率有关，还与多个市场的共振有关。实际上，真实的证券市场因受到政策信号、新闻舆情等非价格机制作用的因素的冲击而引起多个市场共振。

(5) 摊薄的每股收益是衡量公司个体异质性的财务因子之一，其系数显著为负，对此提出的解释是：公司高管为股东创造利润的能力强，因此善于捕捉基本面信息的知情交易者能够利用该指标盈利，并且抑制大量无效率的噪声交易行为，客观上也就抑制了羊群效应。

(6) 面板回归具有一定的稳健性。除了面板回归以外，本文还将面板数据拆分成4组时间序列数据分别回归（由于回归效果不理想因此不再展示结果），发现在某些单独的回归中$|R_{m,t}|$的系数不显著，这种与面板数据的结果相异的现象令人困惑，本文猜想可能是因为这单独的回归中变量的规律被噪声淹没，而在面板数据中能更精确地观测到多个变量的共同规律。另一方面，固定效应回归结果表明两类投资者的投资行为具有显著的异质性，因此关于投资者异质性的研究是很丰富的宝藏有待挖掘。

根据固定效应回归模型的实证结果（见表7－5）分析表明，在10%的置信水平上不存在羊群效应，但是在5%、1%水平上羊群效应显著，这说明修正后的模型（式5-8）相比经典的羊群效应检测模型具有更加精细的结构，能捕捉到更全面、更精细的信息，同时也揭示了羊群效应与市场收益表现的非线性，以及多个金融市场之间信息传导而产生的共振关系。

结语

根据证监会行业细分规则，以中证500指数的月度数据为样本，选出覆盖64类行业的股票；通过账面市值比和流通市值的大小两个独立标准分别排序，构造4个投资组合对应代表噪声交易者和知情交易者的投资行为；考虑三种回归模型回归并通过F检验、LSDV检验和Hausman检验，确认固定效应回归模型的解释力优先，得出的回归结论是符合预测。本研究根据投资者的异质性来分组进而构造面板数据，因此通过面板回归这种考虑投资者分类的做法是合理的。研究结果发现，影响羊群效应的因素具有多样性，而且，上市公司的财务因子与羊群效应呈负相关关系，即体现上市公司基础价值的财务因子对羊群效应有显著的抑制作用。

首先，本研究的主要创新贡献有如下三点：①将噪声交易模型作为投资者异质性分组科学性的理论支撑，并将投资者异质性引入对羊群效应进行研究。②通过构造面板数据对羊群效应进行实证，解决了数据可得性问题，规避了传统研究人为划分样本时间区间的主观做法；使检验方法具有内在的稳健和很好的扩展性，便于纳入更多反映投资者异质性的因子。③发现反映市场波动的羊群效应不仅与单个市场的噪声交易者和知情交易者有关，还与多个市场之间产生共振有关。

其次，研究不足与未来的研究：①提升板块分类精细程度和处理缺失值方法的科学性，进行分时段回归检验，则可获得高质量的数据；②可以将根据不同的投资风格寻找代理变量来对投资者进行分组，弥补Fama三因子模型分组较为简单的缺陷；③结合大数据、机器学习等技术，更精准分析羊群效应、财报信息引起股价波动的关系；④在研究羊群效应与市场波动联动性方面，可选用更多的GARCH模型，如E－GARCH、门限GARCH、机制转换GARCH等，以检测股市波动的时变特征。通过研究思路优化与科技方法的引进的，获取高质量数据，有可能在10%的水平上检测到羊群效应。

最后，提出政策建议：①研究证实羊群效应与市场波动有关，特别地通过广义自回归条件异方差模型测度出这种波动来源于多个市场的共振，因此该结论对于我国股市的监管具有实践意义。监管机构应该从整体出发建立多个市场监管的沟通协调问题，以防止局部风险（如过度的羊群效应）扩大产生宏观经济的系统性风险；②羊群效应脱离传统金融学的解释范畴，一个重要的原因可能是因为市场不完全导致相关的风险因素没有被合理定价或者没有相关的无套利渠道，因此监管机构不应该采取一刀切式的严格监管而是在金融实务不违法的前提下适当鼓励金融机构的金融创新，推出各层次产品以丰富广大人民的金融产品选择，使金融服务实体经济的理念真正落到实处；另一方面，监管机构和市场中重要的机构投资者要相互配合促进市场的有效性，抑制羊群效应带来的危害。监管层通过引导机构投资者规范参与市场投资，鼓励市场参与者理性的价值投资，不断完善市场秩序，促进市场有效性，充分发挥资本市场在资源配置服务国民经济的作用。

关于如何引导投资者实施价值投资呢？本书将在第八章中深入探讨。

第八章
基于 DMA 资产定价模型与市场波动的价值投资策略实证研究

随着全球经济一体化的加速发展，股票市场日益成为各国经济发展的重要推动力。在股票市场中，政策和投资者情绪往往对特定行业和整个股市的股价产生显著的影响，这种影响具体表现为行业指数和大盘指数的波动。在此背景下，如何科学、合理地预测股价并制定有效的投资策略，已成为投资者、企业家和政策制定者关注的焦点问题。

在现实中，这个问题尚未得到较好解决。传统的资产定价模型主要依赖于上市公司的财务因子，虽然这些因子能够反映公司的内在价值，但是在政策和情绪波动较大的情况下，财务因子很难完全解释股价的非正常波动。此外，前人已有的研究大多局限于单一或少量因子，忽略了多种因素之间的相互影响和动态变化。因此，在现实应用中，传统的资产定价模型和投资策略往往难以取得理想的效果。

为解决这个问题，本章创新性地应用 DMA（Dynamic Model Averaging，以下简称“DMA”）多因子模型，结合政策、情绪和财务因子，构建个股定价最优模型和行业最优模型。分析比较模型定价结果与真实结果之间的 MSE，进行个股筛选，并应用价值投资策略，设定不同的安全边际进行实证研究。

以某国家为例，在过去几年里，该国政府出台一系列政策，鼓励新能源产业的发展。在政策刺激下，新能源行业的股票价格出现了显著上涨。

同时，在政策调整和投资者情绪波动的影响下，新能源行业的股票价格也出现了较大波动。传统的资产定价模型很难捕捉到这种波动，导致投资者在实际操作中可能面临较大的风险。通过应用本章提出的 DMA 多因子模型，可以更好地捕捉政策和情绪对股价的影响，从而帮助投资者制定更加科学、合理的投资策略。

本章的研究不仅具有理论创新性，也具有较高的现实应用价值。在理论上，突破了传统资产定价模型的局限性，将政策和情绪纳入模型分析框架，丰富了资产定价理论体系。在实践上，本章提出的 DMA 多因子模型和价值投资策略可以帮助投资者更好地预测股价、降低投资风险、提高收益水平。同时，政府部门和监管机构也可以借鉴本章的研究成果，更加科学地制定和调整相关政策，引导市场预期，促进股票市场健康稳定发展。本章使用基于 Raftery 等人研究的用 R 语言编写的 eDMA 软件包，该软件包可实现 DMA 程序。eDMA 软件是在使用 Sanderson 的 armadillo 库的基础上，由 C + + 语言编写，其后在 R 语言中使用 Eddelbuettel 等人开发的软件包。eDMA 软件包中有大量的预测器，非常适用于经济金融领域的研究。具体研究内容安排如下：第一部分为理论模型；第二部分为数据的选取与处理；第三部分为实证设计与结果分析；第四部分为实证小结。

8.1 理论模型

本章采用的是基于前沿 DMA 模型构建的多因子回归的价值投资策略模型。因此，这里首先对 DMA 模型的思想进行简要阐述。DMA 是基于以下的线性动态模型：

$$P_{t+1} = F_t^{(i)\prime}\theta_t^{(i)} + \varepsilon_t^{(i)}, \varepsilon_t^{(i)} \sim N(0, V_t^{(i)}), i = 1, 2, \cdots, K \qquad （式 8-1）$$

$$\theta_t^{(i)} = \theta_{t-1}^{(i)} + \eta_t^{(i)}, \eta_t^{(i)} \sim N(0, W_t^{(i)}), i = 1, 2, \cdots, K \qquad （式 8-2）$$

其中，式子（8 - 1）（6.1）为观测方程，式子（8 - 2）（6.2）为状态方程。p_{t+1}表示在 $t+1$ 期的股票价格；$F = (1, X_t^1, X_t^2, \cdots, X_t^p)$ 为一个矩

阵，X^i 代表第 i 个模型中包含的因子变量，其中 1 为常数项，因此变量一共 $p+1$ 个；而 $\theta_t^{(i)}=(c_t^{(i)},\ \theta_1 t^{(i)},\ \theta_2 t^{(i)},\ \cdots,\ \theta_p t^{(i)})$ 则代表相应常数项以及 p 个因子变量的系数；未知量 $V_t^{(i)}$ 为观测方程中扰动项 $\varepsilon_t^{(i)}$ 的方差；$W_t^{(i)}$ 为状态方程扰动项 $\eta_t^{(i)}$ 的方差矩阵。本章假设潜在因子变量加上常数项一共有 n 个，因此可以构建 $K=2^n-1$ 个线性动态模型，所以 $i=1,\ 2,\ \cdots,\ 2^n-1$。DMA 模型赋予 K 个模型相应的估计概率，将其作为相应模型估计值的权重，最后得到所有模型的加权估计值。

在计算过程中需要对 K 个子模型的状态方程方差矩阵 $W_t^{(i)}$ 进行定义，计算量将会非常大，DMA 模型通过引入参数遗忘因子 δ（$0<\delta\leqslant 1$）来解决这一问题。DMA 模型将卡尔曼递归中的方程 $R_t^{(i)}=C_{t-1}^{(i)}+W_t^{(i)}$ 改写为 $R_t^{(i)}=\delta^{-1}C_{t-1}^{(i)}$，由此推出 $W_t^{(i)}=\dfrac{1-\delta}{\delta}C_{t-1}^{(i)}$（推导见附录 1）。这样就可以通过调整 δ 来控制 $\theta_t^{(i)}$ 的变动冲击，而不用直接定义 $W_t^{(i)}$。若 $\delta=1$，则 $W_t^{(i)}=0$，这意味着 $\theta_t^{(i)}$ 就是常数（即它不随时间的改变而改变）；当 $\delta<1$ 时，数值越小，则 $W_t^{(i)}$ 越大，数值波动越大，意味着过去的信息对现在的影响越小。所以为了避免信息的过度流失，倾向于取遗忘因子从左趋向于 1 的值，一般在 0.95 到 1 之间。

本章利用共轭分布来更新观测方程（6.1）中的方差 $V_t^{(i)}$。假设对于任意时刻 t，$V_t^{(i)}=V^i$，设定在 0 时刻 $V_0^{(i)}$ 的先验分布服从逆伽马分布 $IG\left(\dfrac{1}{2},\ \dfrac{1}{2}S_0^{(i)}\right)$，其中 $IG\left(\dfrac{v}{2},\ \dfrac{k}{2}\right)$ 表示尺度参数为 v，形状参数为 k 的逆伽马分布，而 $V^{(i)}$ 就服从参数为（$S_t^{(i)}$，$n_t^{(i)}$）的后验分布，在 t 时刻它们的点估计值为：

$$S_t^{(i)}=S_{t-1}^{(i)}+\frac{S_{t-1}^{(i)}}{\eta_t^{(i)}}\left[\frac{(e_{t-1}^{(i)})^2}{Q_{t-1}^{(i)}}-1\right] \qquad (式 8-3)$$

$$\eta_t^{(i)}=\eta_{t-1}^{(i)}+1 \qquad (式 8-4)$$

然后，可以计算观测方程（6.1）的似然函数值，DMA 模型赋予每个子模型的估计值概率均可以根据每个模型的似然值进行计算。基于 t 时刻的信

息集 Γ_t，子模型 M_t 的估计值权重如下：

$$p(M_i \mid \Gamma_t) = \frac{p(y_t \mid M_i, \Gamma_{t-1}) p(M_i \mid \Gamma_{t-1})}{\sum_{l=1}^{k} p(y_t \mid M_t, \Gamma_{t-1}) p(M_l \mid \Gamma_{t-1})} \quad \text{（式 8-5）}$$

其中，$p(y_t \mid M_l, \Gamma_{t-1})$ 是基于信息集 Γ_{t-1} 估计的模型 M_l 的似然函数值，$p(M_i \mid \Gamma_{t-1}) = \frac{p^{\alpha}(M_i, \Gamma_{t-1})}{\sum_{l=1}^{k} p^{\alpha}(M_l, \Gamma_{t-1})}$，$0 < \alpha \leqslant 1$ 为整个模型的遗忘因子，它的作用与前文提到的 δ 遗忘因子的作用类似，也是为降低早期信息对模型权重的影响，值越小，历史信息对模型权重的影响也越小，因此对 α 取值也要从左趋向于 1。在得到各个子模型的估计值概率后，DMA 模型所得出的估计值即为各个子模型估计值的加权平均，因子变量的系数为所有子模型估计系数的加权平均，具体计算如下：

$$\hat{y}_t = E(y_t \mid \Gamma_t) = \sum_{i=1}^{k} E(y_t^i \mid \Gamma_t) p(M_i \mid \Gamma_t) \quad \text{（式 8-6）}$$

$$\hat{\theta}_t = E(\theta_t \mid \Gamma_t) = \sum_{i=1}^{k} E(\theta_t^i \mid \Gamma_t) p(M_i \mid \Gamma_t) \quad \text{（式 8-7）}$$

DMA 模型相对于已有因子模型而言，其明显优势在于将模型的不确定性纳入考虑范围。因为因子模型中的因子变量有很多种可能的组合，很难找到最优的模型，因子变量过多会导致过度拟合，因子变量过少又会使模型估计拟合能力欠佳。而 DMA 模型正是考虑到这一难题，针对性提出了平均概念。即模型存在着不确定性，则不妨将所有模型都纳入考虑，进一步根据每个模型拟合能力的强弱进行权重的变更，这样得出的估计值会更贴合实际。

8.2　因子选取与数据处理

考虑到 2005 年的股权分置改革与 2008 年的金融危机，本章选取时间段为 2009 年 1 月至 2018 年 12 月的数据作为价值投资策略的实证数据，数据来源为国泰安CSMAR数据平台以及Wind数据平台。2008年的金融危机是由于美国次贷危机而爆发的全球金融危机，可以将其带来的风险视为系统性风险，而不是个股风险。但是投资者选择还是会落实到个股上，因此系统性风险对投资策略影响较小。

8.2.1 价值投资策略模型的因子选取

本章选择价值投资策略模型的因子时，主要考虑三个方面：一是政策导向与投资者情绪，政策导向与投资者非理性行为本文采用大盘指数与行业指数进行刻画；二是财务信息；三是除政策与投资者非理性行为外的非财务信息方面。在本章中选取深证综合指数、上证综合指数以及行业指数来衡量第一方面的第一类模型因子。由于不同的行业所受政策的影响也不同，因此本章会自行构建行业指数。需要说明的是，投资者情绪和政策是两个抽象的概念，很难用市场数据进行量化，因此选择大盘指数和行业指数分别作为它们的替代是权衡理论和投资实践后的妥协，但是这却能极大增大文章模型的实用性，因为构建指数进行量化回测的方法在业界是十分成熟的。

在财务因子方面，选择净资产收益率、基本每股收益增长率、流动比率、账面市值比、每股收益、市销率、应收账款周转率、存货周转率作为财务信息第二类模型因子。这些变量可以很好地衡量上市公司的盈利能力、偿债能力、成长能力和运营能力。选择流动比率而非速动比率是因为投资活动只能根据报表信息进行，报表一般周期为3个月，而在3个月时间里，流动资产基本可以变现或折现。选择收益率波动率和Beta值作为非财务信息的价值投资策略的模型因子，它们主要用于衡量公司的风险。在此没有选择财务杠杆与经营杠杆，主要是因为收益率波动更直观，当收益率良好的时候，财务杠杆再高也较为安全。同时，当收益率较低时，企业变成“瘦狗型”企业，而非明星或现金牛企业时，其杠杆再低也会出现较高风险。模型因子的名称与符号见表8－1。

表 8－1　　价值投资策略模型因子的名称与符号表

	因子名称	因子符号
政策与投资者非理性行为	行业指数	x_1
	大盘指数	x_2
财务因子	净资产收益率	x_3
	基本每股收益增长率	x_4
	流动比率	x_5
	账面市值比	x_6
	每股收益	x_7
	市销率	x_8
	应收账款周转率	x_9
	存货周转率	x_{10}
其他非财务信息	收益率波动率	x_{11}
	Beta 值	x_{12}

在表 8－1 中，大盘指数是指上证综合指数和深圳综合指数，对于在上海股票交易所交易的股票，用上证综合指数作为大盘指数；对于在深圳股票交易所交易的股票，则用深圳综合指数作为大盘指数。

8.2.2　价值投资策略模型的数据处理

由于财务数据最高频度是以季度展示，但是考虑到滞后的需要，用月度数据更为合理，因此需要把采集的原数据进行处理。本章使用插值法对季度数据进行扩充，将财务数据频度调为月度。另外，股价数据和大盘数据最高频度为日度，将其进行平均得到月度数据。

因为政府的政策以及市场的趋势会因行业的不同而有所区别，所以分行业研究问题是必不可少的，本章选用申万行业分类，共 28 大类，由于金融行业与公用事业行业受政府管制较强，因此剔除公用事业行业与金融行业两类，余 25 个行业。在构建行业指数时，针对每个行业随机选择 20 只股票作为指数的成分股，构建行业指数所对应的成分股见附录 4，按照道琼斯工业指数的加权平均方法构造指数，选择 2009 年 1 月 5 日作为基期，具体计算公式如下：

$$Industry - index_t = \frac{\sum_i P_{i,t}}{\sum_i P_{i,0}} \times 1000 \qquad (式 8-8)$$

其中，$Industry - index_t$ 指当日股票价格指数，$\sum_i P_{i,t}$ 代表当日所有成分股的股价总和，$\sum_i P_{i,0}$ 代表基期所有成分股的股价总和。在得到每日的行业指数后，对其进行月度平均得到月度行业指数。

8.3 策略设计与实证分析

根据价值投资策略的定义，价值投资策略包含内在价值、波动与边际三要素。本文根据财务因子建模（第一类模型）反映内在价值，而财务因子、大盘指数与行业指数反映的是考虑了政策与投资者非理性行为带来的影响，并将其作为因子进行建模（第三类模型）。第三类模型的 MSE 越小，说明考虑政策与投资者非理性行为后定价效果较好，换言之，模型能较好地拟合股票价格，同时也表明这些股票考虑政策与投资者非理性行为后与大盘和行业指数同步，定价误差更小。同步性高的股票即对政策与投资者非理性行为反映比较敏感的股票。然后从这些股票中，选择它们应用第一类模型，基于第一类模型分析结果选择 MSE 较大的股票。因为 MSE 越大，说明这些股票越受政策与投资者非理性行为影响的波动越大。

据此，建立如下选股策略：首先，根据第三类模型选择 MSE 较小的股票，即选择将大盘指数与行业指数作为政策与投资者非理性行为影响因素代入模型拟合较好的股票；然后，在这一类股票中，选择应用第一类模型 MSE 较大的股票，因为第一类模型中没有考虑政策与投资者非理性行为的影响，仅根据客观财务因子做出判断，如果遗漏了政策与投资者非理性行为因子，则其影响会在 MSE 中体现。但本研究有一个假定，那就是从长期来看，政策与投资者非理性行为带来的影响是一个均值为 0 的随机波动。在第一类模型下 MSE 越大，说明他受政策与投资者非理性行为影响波动越大，根据价值投资策略，当价格波动越大，越偏离内在价值，其投资的空间也就越大。

基于以上分析，本研究先基于第三类模型的 MSE 寻找行业最优模型，然后进行样本内分析，再综合第一类模型与第三类模型的 MSE 值选择价值投资策略的股票。简言之，选择第三类模型 MSE 较小而第一类模型 MSE 较大的股票，也就是第一类模型的 MSE 减去第三类模型 MSE 较大的股票。将股票筛选出来后，进行样本外预测，并得出结论。

8.3.1 行业最优模型

首先，运用 DMA 模型对股价进行拟合的同时，针对每一行业建立三类最优模型。第一类模型仅考虑财务因子作为价值投资策略模型的因子；第二类模型在第一类模型的基础上增加了除政策与投资者非理性行为外的非财务模型因子；第三类模型在第二类模型基础上增加政策与投资者非理性行为的因子。第一类模型仅考虑客观的财务指标；第二类模型不仅考虑了客观的财务指标，还考虑了一些客观的风险因素；第三类模型将政策因素与投资者情绪考虑其中，由于政策因素与投资者非理性行为无法直接衡定与量化，因此本研究采用了大盘与行业指数来替代这两个指标。虽然这两个指标对个股具有一定的自相关性，但影响不大。

在针对每一行业找出每一类中最优模型时，需要对价值投资策略因子的具体形式进行选择。本研究考虑用两个指标来衡量模型的拟合效果，分别是样本均方误差（MSE）和样本绝对偏差（MAD），这两个指标越小意味着该价值投资策略模型的效果越好。对于不同模型因子，所要考虑的具体形式也不相同。对于市场指数和行业指数，除了指数本身形式外，还需要考虑对数形式和根号形式，因为它们的数值相对于股票价格不一定呈线性关系；而对于部分财务因子，由于很多是比率形式，在其原来数据形式外，本文还需考虑指数形式。捕捉适合行业最优价值投资策略模型的具体步骤如下：

Step1：将行业指数与市场指数的三种形式（x_1，x_2；$\ln x_1$，$\ln x_2$；$\sqrt{x_1}$，$\sqrt{x_2}$），分别代入模型得到结果，选择 MSE 最小的模型。

Step2：在上述选择的模型下，依次变换部分财务信息价值投资策略模型因子的具体形式，比如原形式为 x_3，则将其变换为 e^{x_3} 形式代入模型，选择 MSE 较小的模型，再变换下一个模型因子进行比较，依此类推。

Step3：经过上述比较分析，筛选得出的模型即为个股最优模型。需要通过个股最优模型进行归纳得到行业最优模型。对于每一行业，随机选择 3 只股票进行前 2 个步骤的循环，得到每只股票各种不同形式的 MSE，进一步计算 MSE 的方差，方差越大说明模型因子形式的改变对于模型的修正效果越好，因此将 MSE 方差最大的股票最优模型作为行业最优模型。最终得到 25 个行业所对应的三种最优模型所包含的模型因子及其具体形式见附录 5。

在附录 5 中，最后两列是将每个行业中随机选出的 3 只股票所对应最优模型的 MSE 和 MAD 平均而得。由表中结果可以计算得到：第一类模型整体平均 MSE 为 3878022991.99，中位数为 141.56；第二类模型整体平均 MSE 为 3893732429.19，中位数为 112.21；第三类模型整体平均 MSE 为 10006482.18，中位数为 80.52。总体来看，第三类模型优于第二类模型，而第二类模型优于第一类模型，并且第三类模型的误差要远小于第一类和第二类模型的拟合误差，说明政府政策与市场情绪对股价的影响是非常显著的。

DMA 模型相比已有的多因子模型而言，最大的特点在于它考虑了模型的不确定性。传统的多因子模型其实只有一个模型，但是 DMA 模型包含了很多个子模型，每个子模型包含的解释因子组合都不一样，得到子模型的估计结果后，再根据子模型的似然值赋予回归结果不同的权重，通过加权平均得到最终的估计结果。相对于传统模型，DMA 模型（动态模型平均方法）克服了模型和系数单一固定的缺陷，允许解释变量变化。

从行业分析，不同行业模型拟合的效果有所差异。轻工业误差普遍相对较小，比如休闲服务、纺织服装以及轻工制造等，造成这种结果主要是因为政府对轻工业的政策整体偏向平稳；而相对的某些重工业，比如化工的误差就非常大，对化工的政策相对而言较为大起大落，在二战后国家快速发展时期扶持力度大，而目前由于环境保护的倡导对其打压力度却较强。接着，为了更直观地观测行业之间模型拟合的差异，本章根据行业平均MSE，将行业进行分组，其中行业平均MSE小于等于100属于低误差组，在100～400之间属于中误差组，而高于400则属于高误差组，具体结果见表8－2。

表8－2　　　　各行业的模型误差对比分析表

模型	低误差组	中误差组	高误差组
第一类模型	交通运输 休闲服务 建筑材料 机械设备 汽车 电子 电气设备 纺织服装 轻工制造 钢铁 商业贸易 传媒	建筑装饰 采掘	农林牧渔 家用电器 通信 化工 医药生物 国防军工 房地产 有色金属 综合 计算机 食品饮料
第二类模型	交通运输 休闲服务 建筑材料 机械设备 汽车 电子 电气设备 纺织服装 轻工制造 钢铁 商业贸易	传媒 建筑装饰 采掘	农林牧渔 家用电器 通信 化工 医药生物 国防军工 房地产 有色金属 综合 计算机 食品饮料

续表

模型	低误差组	中误差组	高误差组
第三类模型	交通运输 休闲服务 传媒 建筑材料 建筑装饰 机械设备 汽车 电子 电气设备 纺织服装 轻工制造 采掘 钢铁	农林牧渔 商业贸易 家用电器 通信	化工 医药生物 国防军工 房地产 有色金属 综合 计算机 食品饮料

在表 8－2 中，第一类模型中低误差组有 12 个行业，中误差组有 2 个行业，高误差组有 11 个行业；第二类模型中低误差组有 11 个行业，中误差组有 3 个行业，高误差组有 11 个行业；第三类模型中低误差组有 13 个行业，中误差组有 4 个行业，高误差组有 8 个行业。从分组的行业个数来看，第一类模型与第二类模型的差异并不是很大，说明除政策与情绪外的非财务信息对股价的解释力一般，而第三类模型使多个行业的误差大幅度减少，再次说明政策变动与整体市场投资者情绪波动对股价的影响很大。

8.3.2 价值投资策略样本内实证分析

（1）行业选择

运用 DMA 模型得到了每个行业的三类最优模型。但需要注意，在构建价值投资策略的模型时，所使用的都是已经发生的信息，但对于未来股价的价值投资策略，则需要使用“未来”的模型因子，即需要对模型因子进行预测。由于第一类模型因子涉及政策及市场情绪等这些不可控的因素，本研究很难定性与量化。财务信息作为因子的模型则可以进行合理的预估，这是因为财务信息具有短暂的稳健性与趋势性。

根据第一类模型和第三类价值投资策略模型的估计结果，可以进一步构造价值投资策略用于选股，具体步骤和结果如下：

首先选出受政策和投资者非理性行为影响较大的行业，即这些行业的第三类模型拟合效果好，误差小。但是根据表 8 －2 中给出的低误差组行业较多，因此需要进一步筛选。在每只股票第三类最优模型得到的 MSE 基础上，除以他们各自的股价平均值，得到相对 MSE。相对 MSE 能够更加有力地说明该因子模型的拟合效果。再将每个行业三只股票的相对 MSE 平均，得到行业的相对 MSE，选出 10 个相对 MSE 小的行业，结果见表 8 －3：

表 8 －3　　较小的 MSE 的行业表

行业	相对 MSE
交通运输	0.47
休闲服务	1.39
传媒	1.09
建筑材料	0.85
机械设备	0.54
电气设备	1.50
纺织服装	1.57
轻工制造	1.27
采掘	1.80
钢铁	0.33

在表 8 －3 中，除以股价平均值以后，行业之间的相对误差减少了很多，误差小的行业相对 MSE 主要集中在 0.3 ~ 1.5 之间。选出的 10 个行业平均相对 MSE 为 1.08，中位数为 1.18。最高误差的行业为纺织服装，最低误差的行业为钢铁，两者之间差值为 1.27。相对误差较小的行业具有集中性、差异性小的特点，比如交通运输与钢铁，这些行业包含的上市公司可能较为相似，因此通过同一行业模型拟合的效果都比较好，误差较小。相对于误差大的行业，例如纺织服装和休闲服务，这些行业所属的上市公司差异性就较大，在运用同一模型拟合时，不一定都适用。

接着，为了更加直观地观测价值投资策略模型的拟合程度，将筛选出来的 10 个行业所对应 30 只股票的模型股价与真实股价的差异对比，并以图形的形式展现。其中 Model1 代表第一类因子模型所得到的模型股价；Model2 代表第二类因子模型所得到的模型股价；Model3 代表第三类因子模型所得到的模型股价。从所绘图形中可以看出，第三类模型的拟合效果相对于其他两类模型的确更好，更接近于真实的股价，具体结果见表 8 - 4。

表 8 - 4　　　　真实股价与模型股价直观对比分析

行业	股票代码及股票名称	真实股价与模型股价对比图
交通运输	600428 中远海特	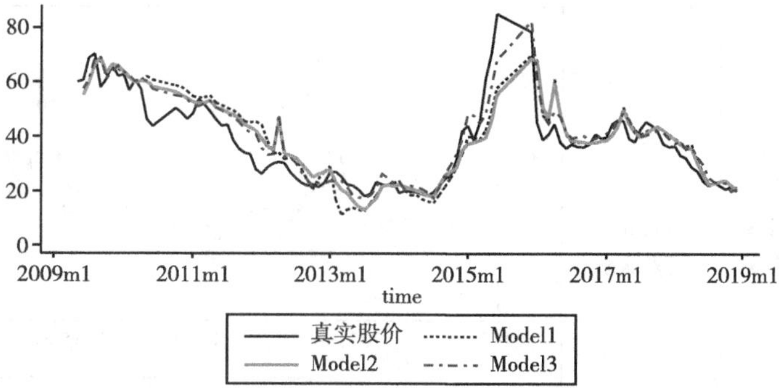
交通运输	600548 深高速	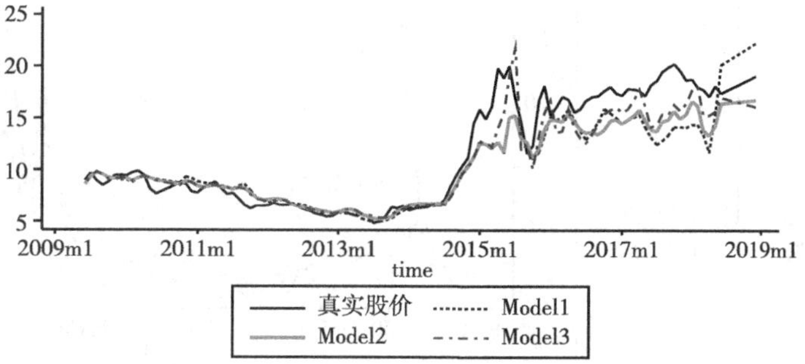

续表

行业	股票代码及股票名称	真实股价与模型股价对比图
交通运输	600561 江西长运	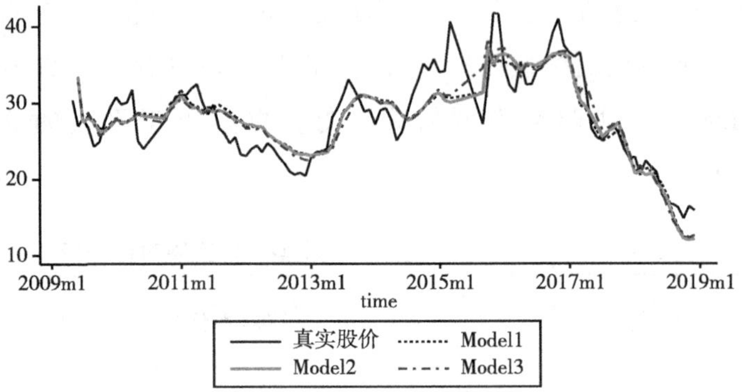
休闲服务	000610 西安旅游	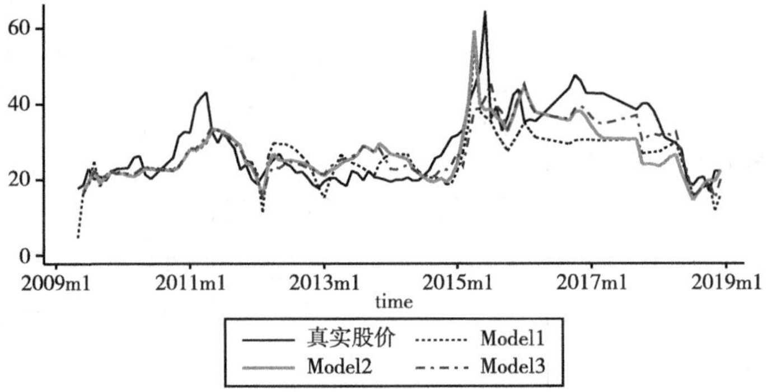
休闲服务	000613 大东海A	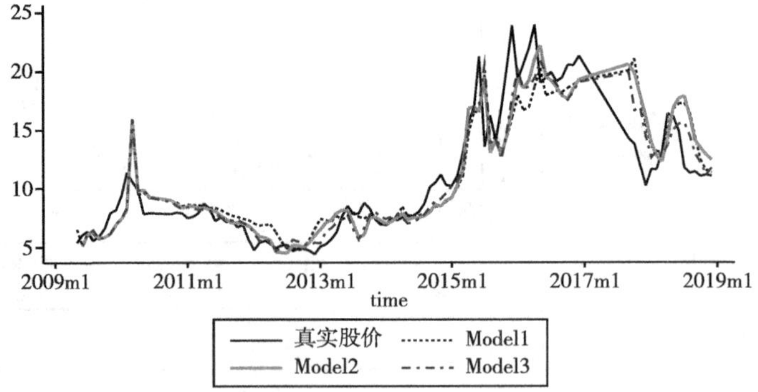

续表

行业	股票代码及股票名称	真实股价与模型股价对比图
休闲服务	000721 西安饮食	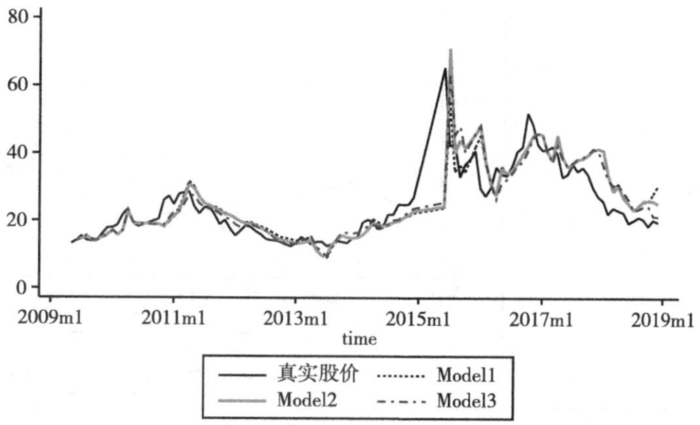
传媒	600381 青海春天	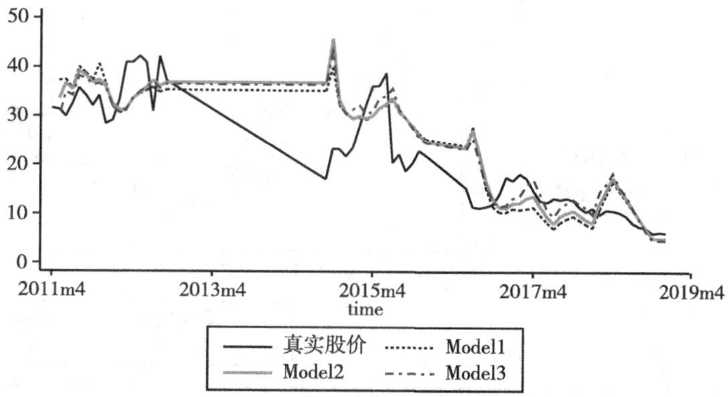
传媒	600386 北巴传媒	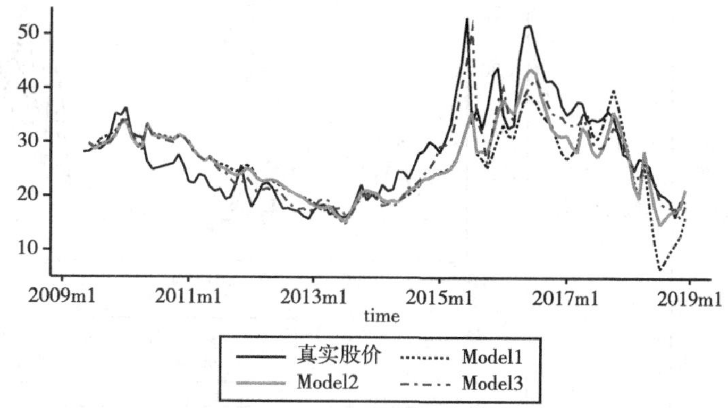

续表

行业	股票代码及股票名称	真实股价与模型股价对比图
传媒	600551 时代出版	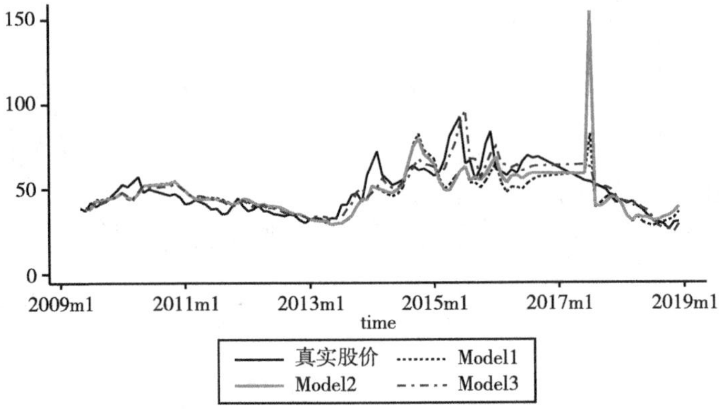
建筑材料	002088 鲁阳节能	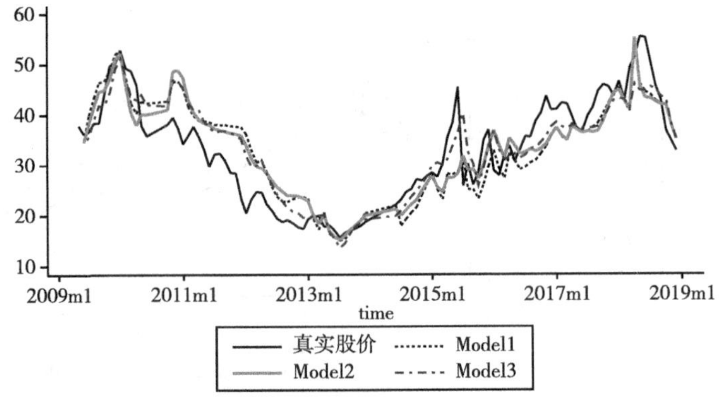
建筑材料	002162 悦心健康	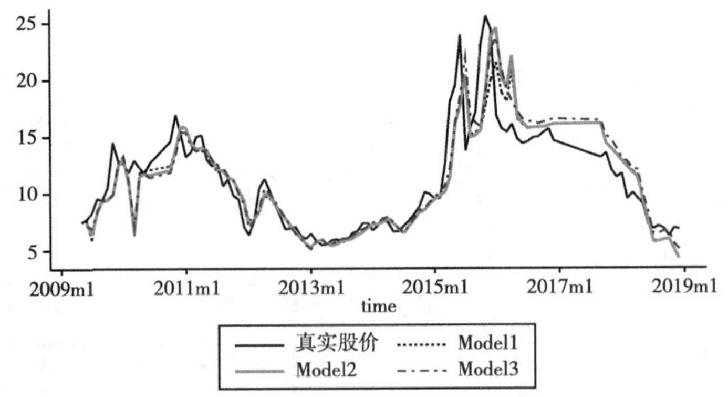

续表

行业	股票代码及股票名称	真实股价与模型股价对比图
建筑材料	002163 中航三鑫	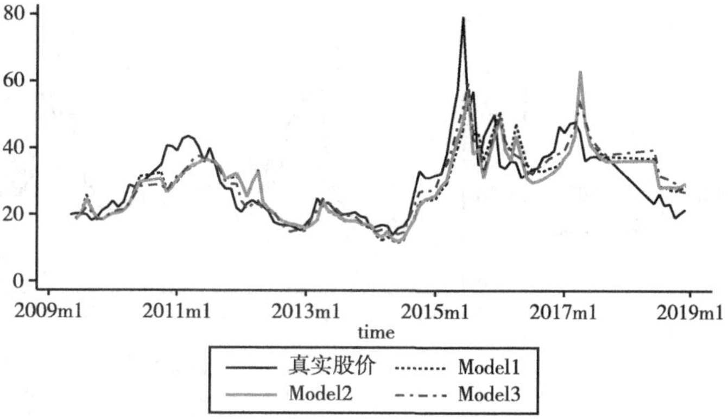
机械设备	600984 建设机械	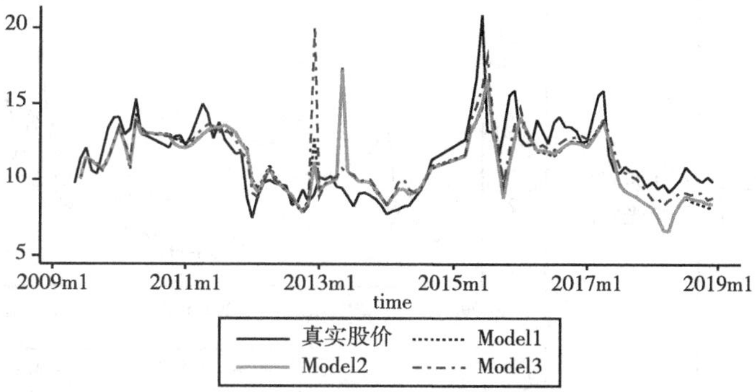
机械设备	601766 中国中车	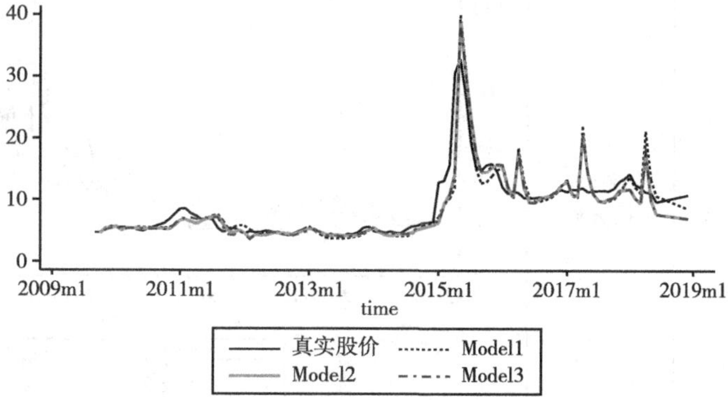

续表

行业	股票代码及股票名称	真实股价与模型股价对比图
机械设备	601002 晋亿实业	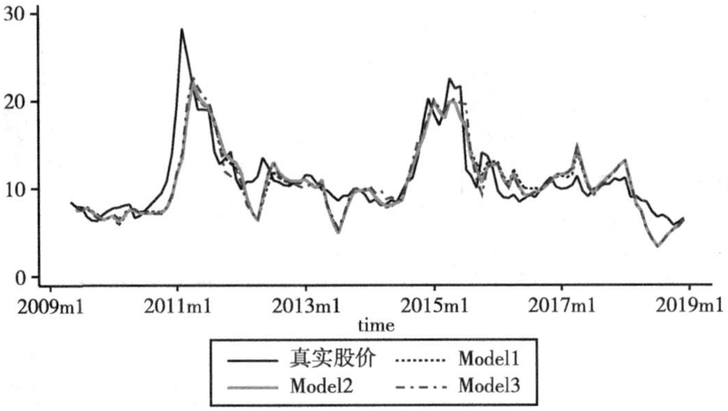
电气设备	600379 宝光股份	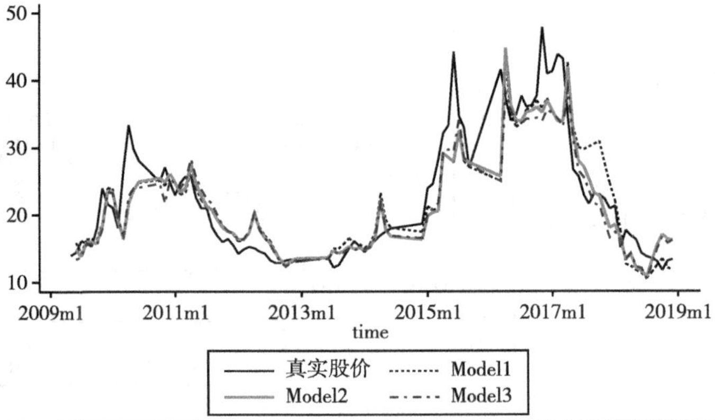
电气设备	600405 动力源	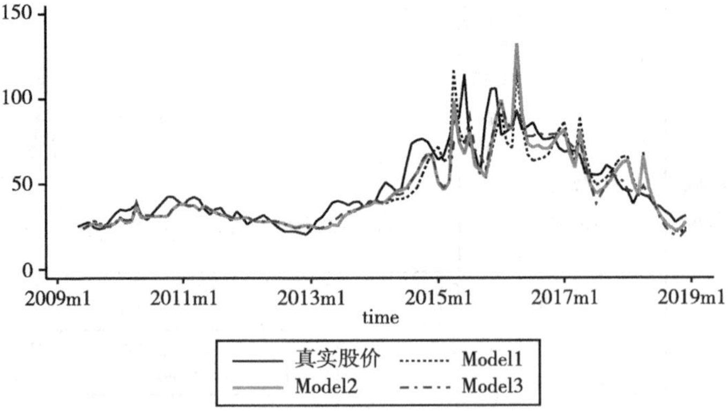

续表

行业	股票代码及股票名称	真实股价与模型股价对比图
电气设备	600416 湘电股份	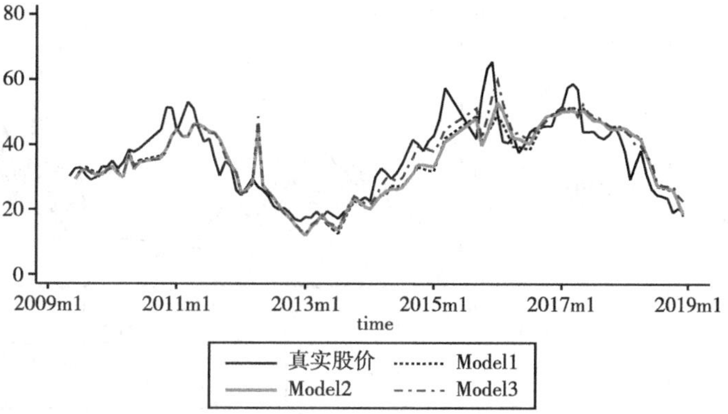
纺织服装	600137 浪莎股份	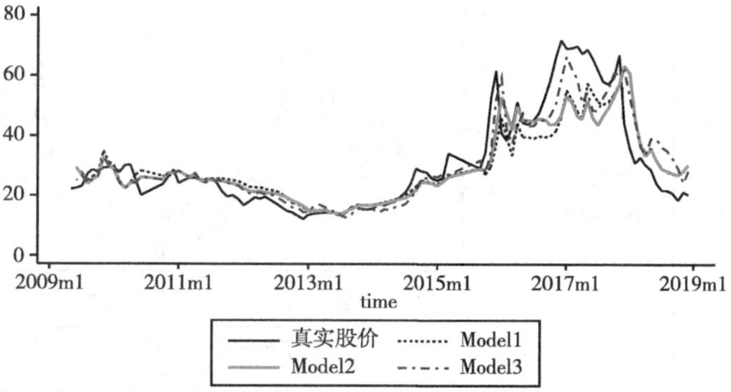
纺织服装	600107 美尔雅	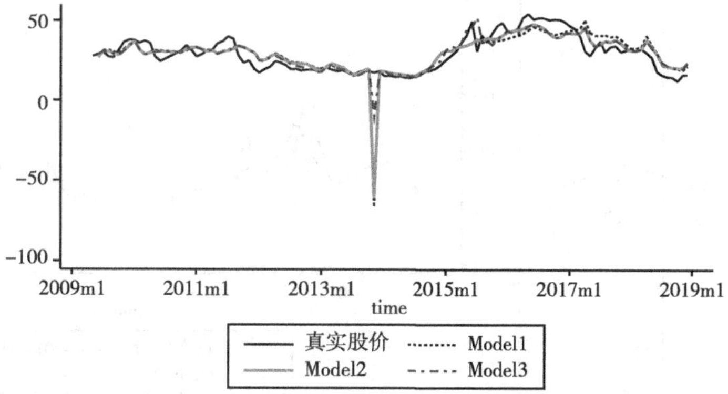

续表

行业	股票代码及股票名称	真实股价与模型股价对比图
纺织服装	002193 如意集团	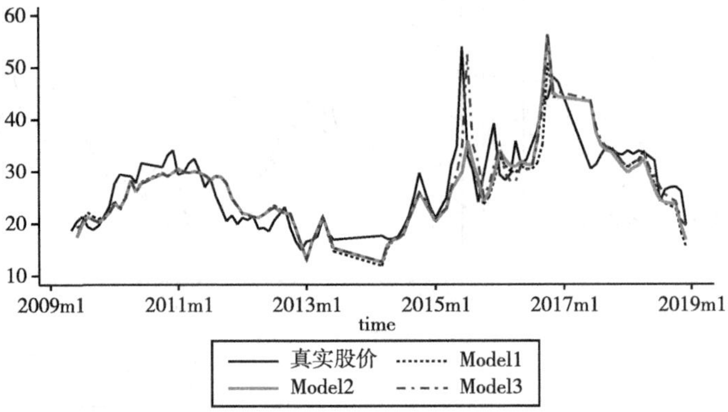
轻工制造	002243 通产丽星	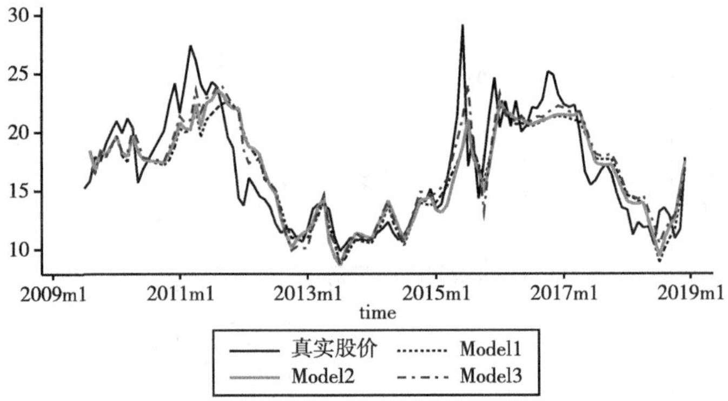
轻工制造	600069 银鸽投资	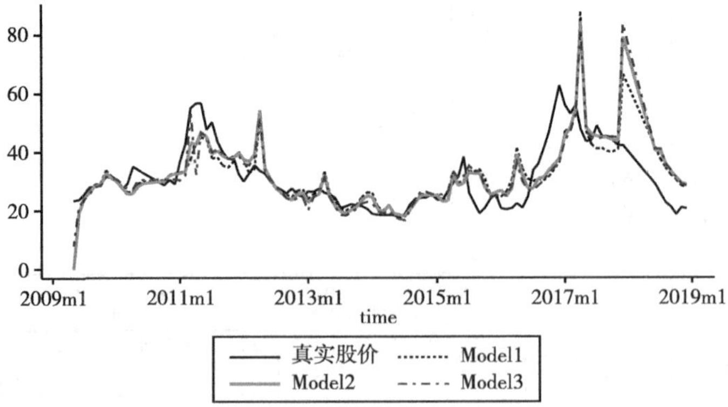

续表

<table>
<tr><th>行业</th><th>股票代码及股票名称</th><th>真实股价与模型股价对比图</th></tr>
<tr><td>轻工制造</td><td>600235
民丰特纸</td><td>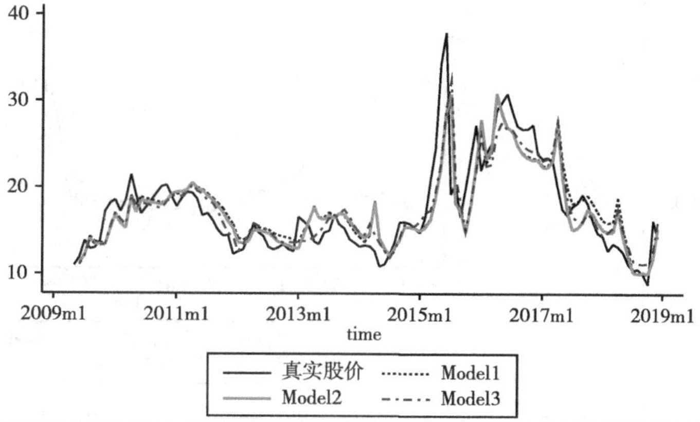
</td></tr>
<tr><td>采掘</td><td>600758
红阳能源</td><td>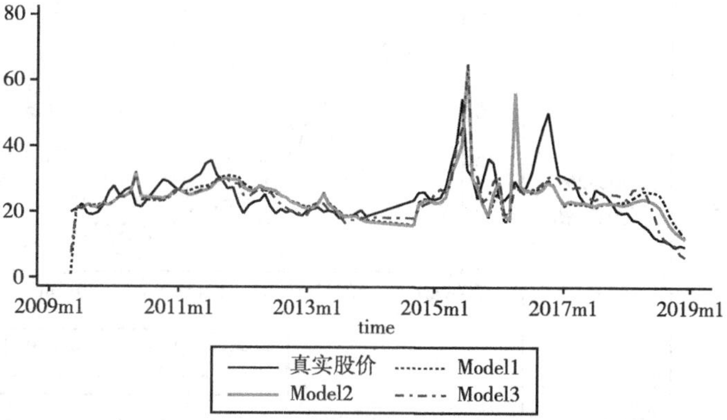
</td></tr>
<tr><td>采掘</td><td>600777
新潮能源</td><td>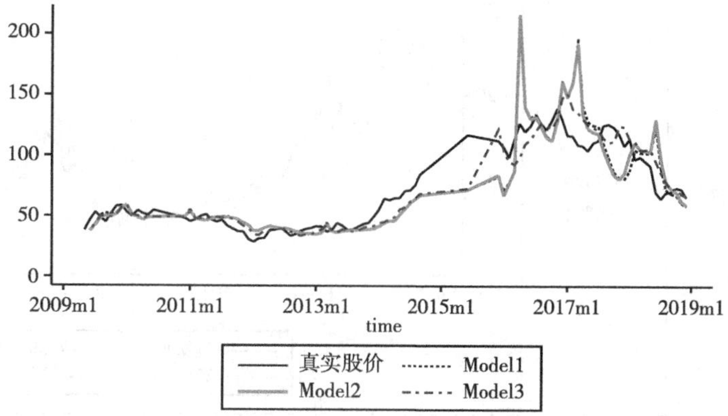
</td></tr>
</table>

续表

行业	股票代码及股票名称	真实股价与模型股价对比图
采掘	600871 石化油服	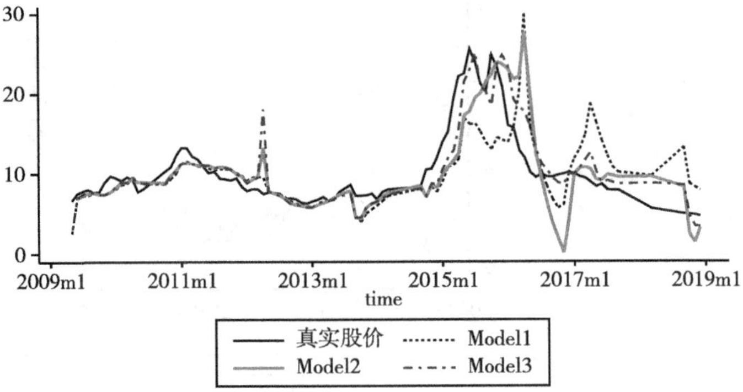
钢铁	000825 太钢不锈	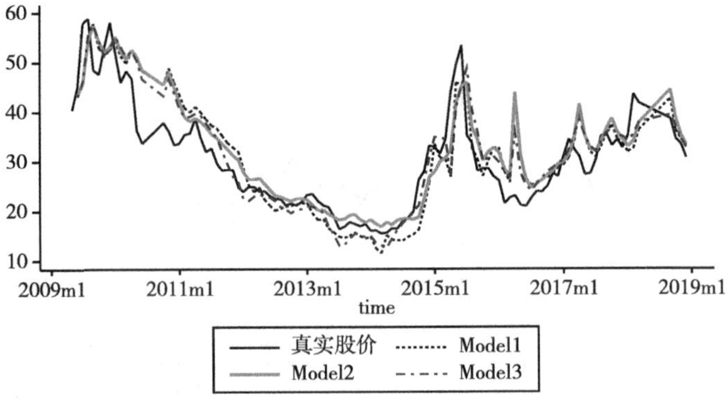
钢铁	000898 鞍钢股份	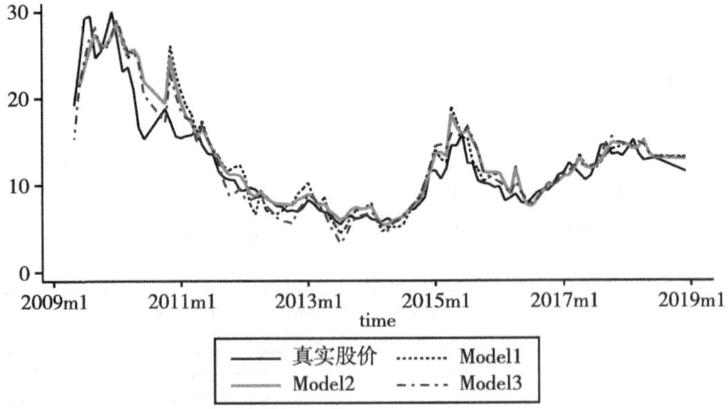

续表

行业	股票代码及股票名称	真实股价与模型股价对比图
钢铁	000932 华菱钢铁	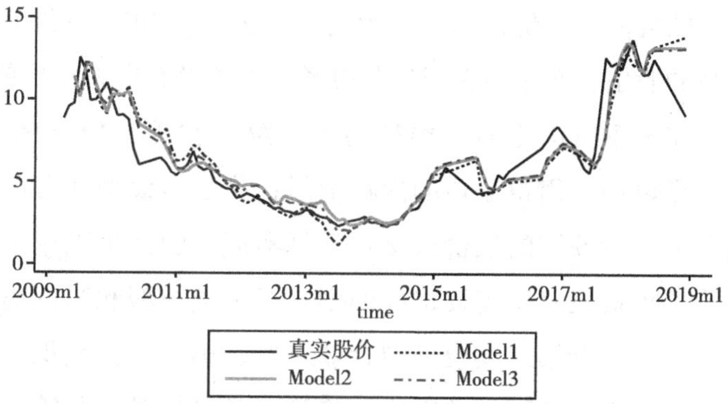

通过表 8-4 中的图形对比，可以发现三类模型得出的估计值与真实股价的走势基本一致，不存在特别明显的错位现象，说明三类模型的拟合效果都不错。但进一步观察发现，在真实股价忽涨忽跌的时候，即出现高峰或者低峰时，第三类模型所得到的估计值是最接近于真实股价的，说明第三类模型预测的股价更符合实际情况。

一般情形下，股价短期内急剧波动，意味着资金的大幅买进或卖出。由于财务指标的短期不变性，排除公司内在价值的大幅改变的可能，因此，造成股票价格“忽涨忽跌”情况的原因更多是政府政策的改变以及投资者从众心理、羊群效应而产生的市场情绪改变所带来的影响。

另外，通过对比一个行业不同的股票走势，可以发现同一行业股价的整体趋势较为相似，比如交通运输行业在 2012 年底整体行情下跌，2014 年迎来反弹；而钢铁行业从 2009 年开始下滑，到 2013 上半年开始触底回升；采掘行业在前期整体趋于平稳，而在 2015 年开始上涨达到顶峰。当然这确实符合情理，因为从长期来看，股票的大涨和大跌都与行业的发展程度息息相关，因此在投资中，要先对行业进行筛选，再进一步选股，层层递进。

接下来，在选出的 10 个行业之中，进一步筛选 5 个更有可能使价值投资策略获利的行业。因为价值投资策略，是投资者对财务信息进行客观分析后得到的策略，即寻找股票市场中价值被严重低估的股票。这些上市公司经过一定时期的良性发展后，越来越多的投资者会买入股票，其市场价格自然会向内在价值回归。因此，价值投资想要获利不是选择那些内在价值高的股票，而是要选择那些市场股价还没有向内在价值回归的股票。

在本章所构建的三类模型中，第一类因子模型的股价仅考虑财务信息，可以用来衡量公司的内在价值；第三类模型在考虑了政策和市场情绪的因素后所预测的股价最接近于真实值，因此可以用来估计股票价格。那么价值投资策略所需要选择的则是第一类模型和第三类模型误差相差大的行业，即选择第三类模型拟合效果好，第一类模型拟合较差的行业进行投资，这样就存在套利的空间。将第一类最优模型与第三类最优模型的行业相对 MSE 进行求差，差值越大说明政策与非财务信息对股价的影响越大，即利用财务信息进行套利的空间越大。进一步筛选出的 5 个行业，具体结果见表 8 - 5。

表 8 - 5　　不同类型的模型所筛选的最优行业的 MSE

行业	第一类模型的相对 MSE	第三类模型相对 MSE	相对股价 MSE 差值
休闲服务	1.39	1.81	0.43
传媒	1.09	2.10	1.01
电气设备	1.50	2.22	0.72
纺织服装	1.57	3.00	1.42
采掘	1.80	4.78	2.98

（2）个股选择

表 8 - 5 中结果显示 5 个行业第一类模型与第三类模型的相对 MSE 平均相差 1.31，相差最大的为采掘行业，相差最小的为休闲服务行业。因为风险的问题，个体投资尽量不把鸡蛋放在同一个篮子，所以对于每一行业再进一步选出一只股票作为投资组合。筛选的条件还是为选择用第一类与第三类模型相对 MSE 差值更大的股票。最后选出的 5 只股票见表 8 - 6。

表 8 -6　　选取的股票及其 MSE 值

行业	选择股票代码	选择股票名称	相对股价 MSE 差值
休闲服务	000610	西安旅游	1.11
传媒	600551	时代出版	1.76
电气设备	600405	动力源	1.58
纺织服装	600107	美尔雅	3.09
采掘	600777	新潮能源	8.78

表 8 -7 列出了五只股票中三类模型的绝对误差 MSE 值。总体来看，第二类模型的绝对误差比第一类模型的绝对误差要小，但是减少的幅度不是很大，说明加入的其他非财务信息对股票价格的解释力度较小。而第三类模型的绝对误差相比第二类模型与第一类模型减少的幅度较高，在加入了衡量政策与情绪的行业指数与市场指数的因子后，模型在估计股价上有了较大的提升，说明中国股票市场价格受政策与投资者情绪的影响很大。

表 8 -7　　选取的股票及其三类模型的 MSE 值

股票	第一类模型 MSE	第二类模型 MSE	第三类模型 MSE
西安旅游	67.29	56.04	36.09
时代出版	139.02	256.67	53.92
动力源	206.93	188.01	130.01
美尔雅	130.99	110.01	40.84
新潮能源	612.43	608.86	187.47

从个股来看，西安旅游股票第三类模型的绝对误差比第二类模型减少了 35.6%，比第一类模型减少了 46.4%；时代出版股票第三类模型的绝对误差比第二类模型减少了 79.0%，比第一类模型减少了 61.2%；动力源股票第三类模型的绝对误差比第二类模型减少了 30.8%，比第一类模型减少了 37.2%；美尔雅股票第三类模型的绝对误差比第二类模型减少了 62.88%，比第一类模型减少了 68.82%；新潮能源股票第三类模型的绝对误差比第二类模型减少了 69.2%，比第一类模型减少了 68.4%。绝对误差的大幅度降低说明了第三类模型对股价的估计是最准确的，市场价格受政策与情绪的影响很大。

其中，时代出版的第二类模型绝对误差比第一类模型更高是因为DMA模型不是单纯的一次多因子回归，而是很多不同因子模型估计值的平均。在本文中潜在的预测因子一共有12个，以前的多因子模型是将这12个解释因子都固定下来对股价进行回归，一般来说，因子越多会使得整体的解释力越强，但也许会存在过度拟合的问题。由于DMA模型并没有将这12个因子固定下来，它并非是单个模型的回归，而是有很多个子模型的回归，每个子模型所包含的因子是不同的，最后DMA模型再将所有子模型的估计结果进行加权平均得到最终结果。在加入其他非财务信息因子后，即使它的解释能力不好，DMA模型也不会舍弃这个因子，因为一定会有子模型包含这些因子，所以可能会出现第二类模型绝对误差比第一类模型大的情况，这也有效地避免了过度拟合的问题，能够反映出部分因子解释力不好的现象。

接下来，需要根据安全边际的原则构造具体的价值策略，具体操作如下：当真实股价高于股价预测值一定比例时就卖掉，此时股价已被高估，其市场价格已超过内在价值；当真实股价低于股价预测值一定比例时就买入，此时股价被低估，其市场价格低于内在价值。本章选择用5%、10%、15%作为收益率的备选值，即在真实市场股价低于模型估计值的5%、10%、15%买入，高于模型估计值5%、10%、15%卖出三种不同策略。再比较分析观测结果，找出最适合的策略。此外，将三类预测模型得到的股价预测值分别代入策略进行计算。由前面的分析可以推断，用第一类模型的股价预测值得到的收益应该是最高的。因为第一类模型仅考虑了财务因子，它的股价估计值应该最接近于公司的内在价值。

在计算收益时，本章采用年化收益率来进行测度，其计算公式如下：

收益率=[(卖出股票真实价格-买入股票真实价格)/持有的天数]×年天数×100%

公式中的年天数取250，因为一年中股票可以交易的天数约为250天。另外，由于在交易期内股价的波动，会有很多次买卖交易，每次交易都可以得到一次年化收益率，本文将得到全部的年化收益率，进行平均作为个股的平均收益率，具体结果见表8-8。

表 8-8　　**价值投资策略收益**

第一类模型股票估计值

股票代码	股票名称	平均收益率（5%）	平均收益率（10%）	平均收益率（15%）
000610	西安旅游	125.09	94.10	120.15
600107	美尔雅	96.69	87.53	112.89
600405	动力源	52.13	56.61	78.55
600551	时代出版	114.40	273.88	164.11
600777	新潮能源	61.36	62.28	44.17
等权重投资组合收益率		89.93	114.88	103.97

第二类模型股票估计值

股票代码	股票名称	平均收益率（5%）	平均收益率（10%）	平均收益率（15%）
000610	西安旅游	89.65	138.74	112.83
600107	美尔雅	100.83	53.86	116.67
600405	动力源	46.20	48.70	43.27
600551	时代出版	224.10	125.18	59.57
600777	新潮能源	59.25	81.95	57.08
等权重投资组合收益率		104.00	89.69	77.88

第三类模型股票估计值

股票代码	股票名称	平均收益率（5%）	平均收益率（10%）	平均收益率（15%）
610	西安旅游	35.94	16.12	62.57
600107	美尔雅	69.71	33.05	60.73
600405	动力源	84.18	70.92	74.08
600551	时代出版	51.43	152.19	60.64
600777	新潮能源	95.28	112.71	182.43
等权重投资组合收益率		67.31	77.00	88.09

从表 8-8 分析可以得出，在等权重投资 5 只股票的情况下，即投资组合收益为 5 只股票收益的平均值，运用三类模型得到的股票预测值进行投资都能够给投资者带来较大的收益，相比于无风险收益率而言要大许多。这说明在股票市场中运用合理的投资策略的确能够获利。

进一步分析运用三类模型获得收益的差异。从个股的收益来看，在不同的抉择比例下，多只股票运用第一类模型的收益结果要比其他两类的收益结果更好。而从整体投资组合的收益来看，在10%的抉择比例下，运用第一类模型得到的收益比运用第二类模型得到的收益要高28%；而在15%的抉择比例下，运用第一类模型得到的收益比运用第二类模型得到的收益要高34%。另外，在5%、10%、15%的抉择比例下，运用第一类模型得到的投资收益相比运用第三类模型的投资收益，要分别获得34%、49%、18%的超额收益。说明投资者在只关注上市公司较为客观的财务指标下进行投资会有更大的套利空间，这与本文的预期相符，即价值投资策略在我国的股票市场是可操作的、合理的、有较大存在空间。因此，投资者在股票市场应该保持理性，认真分析上市公司的内在价值，而非盲目地跟随市场的情绪进行投资。

进一步，本章采用样本内价值投资策略标准差与夏普比率分析股票的风险与回报，其结果见表8－9。

表8－9　　样本内价值投资策略标准差与夏普比率

第一类模型股票估计值

		5%		10%		15%	
股票代码	股票名称	收益率标准差	夏普比率	收益率标准差	夏普比率	收益率标准差	夏普比率
000610	西安旅游	318.44	0.38	244.31	0.36	265.99	0.43
600107	美尔雅	187.75	0.49	128.79	0.63	140.02	0.77
600405	动力源	113.68	0.41	91.10	0.57	93.17	0.79
600551	时代出版	243.02	0.45	544.13	0.44	263.00	0.60
600777	新潮能源	132.01	0.43	156.84	0.54	55.29	0.71

第二类模型股票估计值

		5%		10%		15%	
股票代码	股票名称	收益率标准差	夏普比率	收益率标准差	夏普比率	收益率标准差	夏普比率
000610	西安旅游	101.12	0.84	168.59	0.79	115.91	0.93
600107	美尔雅	174.85	0.55	86.16	0.57	127.81	0.87
600405	动力源	161.53	0.26	94.07	0.46	65.42	0.59
600551	时代出版	374.42	0.59	136.51	0.88	104.12	0.52
600777	新潮能源	131.24	0.41	138.13	0.56	60.21	0.86

续表

第三类模型股票估计值

		5%		10%		15%	
股票代码	股票名称	收益率标准差	夏普比率	收益率标准差	夏普比率	收益率标准差	夏普比率
000610	西安旅游	106.27	0.29	70.25	0.16	78.16	0.74
600107	美尔雅	152.47	0.42	58.73	0.48	54.28	1.03
600405	动力源	162.47	0.49	89.62	0.74	78.07	0.88
600551	时代出版	92.36	0.50	321.41	0.46	109.77	0.51
600777	新潮能源	152.88	0.59	176.91	0.61	225.27	0.79

从表8－9分析可以得出，从个股的收益标准差来看，在不同的抉择比例下，不同的股票所承受的投资风险规律不一，并没有很大的趋势表明运用第一类模型的投资风险会比其他两类更小。同样，在夏普比率上，三类模型在不同抉择比例下，股票表现出的在相同风险下获得超额回报的能力也不同，因此从投资风险的角度来看，价值投资策略并没有体现出很明显的优势。但是结合前面的收益率来看，价值投资策略的优势还是很显著的，所以相对而言，价值投资策略在我国股票市场还是极有实践价值的。

8.3.3 价值投资策略样本外预测分析

本节选用2019年1月至2019年6月的数据，来模拟样本外的价值投资策略。本节同样运用插值法将财务因子的数据从季度频率扩充为月度频率。由于样本外的数据只有6个月的长度，从时间上来说比较短暂，因此本文把买卖抉择比例降为2.5%和5%，并且股票在后期只有买的情况时，将其认为是借款需要减去对应时间的无风险利率（本文中无风险利率取5%）。具体策略的收益结果见表8－10。

表 8-10　　　　样本外价值投资策略收益表

第一类模型股票预测值			
股票代码	股票名称	平均收益率（2.5%）	均收益率（5%）
000610	西安旅游	82.72	93.76
600107	美尔雅	40.91	40.91
600405	动力源	56.42	434.40
600551	时代出版	20.20	40.77
600777	新潮能源	58.47	66.42
等权重投资组合收益率		51.74	135.25
第二类模型股票预测值			
股票代码	股票名称	平均收益率（2.5%）	收益率（5%）
000610	西安旅游	129.94	122.32
600107	美尔雅	40.91	40.91
600405	动力源	37.41	56.42
600551	时代出版	25.69	33.44
600777	新潮能源	58.47	86.65
等权重投资组合收益率		58.48	67.95
第三类模型股票预测值			
股票代码	股票名称	平均收益率（2.5%）	收益率（5%）
000610	西安旅游	118.54	118.54
600107	美尔雅	-20.28	40.91
600405	动力源	37.41	56.42
600551	时代出版	22.18	33.44
600777	新潮能源	71.30	71.30
等权重投资组合收益率		45.83	64.12

从表 8-10 列示的年化收益率进行分析可得，绝大多数个股运用三类模型进行投资都可获得可观收益。在等权重投资 5 只股票的情况下，投资组合的收益相比于无风险收益 5% 都要高许多。

从个股收益情况来看，某些股票在不同的比例下其获得收益一样，可能是由于在短期内买卖时点较为固定，因此算出的收益相同。而在表中出现一些较为异常的值，如动力源在5%的比例下，运用第一类模型而得到的收益率为434.40%，远高于其他情况；而美尔雅在2.5%的比例下，运用第三类模型而得到的收益率为-20.28%，远低于其他情况，这可能是由于中国股市真实股价在这段时间非常不稳定，而样本外预测股价相对平稳一些，因此在计算收益的时候可能会出现异常情况。

从样本外实证总体分析，对比三类模型收益结果，依然可以发现第一类模型的收益在5%的比例下投资组合是最好的；在2.5%的比例下比运用第三类模型得到的收益更高；而个股的收益也普遍高于运用其他两类模型得到的个股收益。其中，在2.5%的抉择比例下，运用第一类模型得到的投资组合收益比运用第三类模型所得收益高13%，而与运用第三类模型所得收益相比虽然更低，但是差距不大。而在5%的抉择比例下，运用第一类模型进行等权重投资所获收益比运用第二类模型与第三类模型得到的收益要高出99%、111%，说明在5%的抉择比例下，运用价值投资策略的效果要更好。这一结果也再次证明了价值投资策略的确在股票市场中存在套利空间。

结语

本章的主要研究工作是基于DMA模型构建三类模型对股票进行定价，然后根据定价效果筛选，最后对实施价值投资策略的收益进行分析。自Fama-French五因子以来，关于因子模型进行资产定价的模型较多，而关于如何构建与筛选因子的研究较少；与投资者情绪分析相关的研究较多，而引导投资者理性投资的研究较少。DMA模型在其他领域应用广泛，但应用到资产定价模型，用于筛选因子的研究较少。本章在已有多因子股价估计模型的研究基础上，创新性地运用DMA模型对不同行业的三只个股进行了股价预测。经过预测因子具体形式的筛选后，依据预测因子的性质为每个行业建立了三类最优价值投资策略因子模型。第一类模型仅考虑财务信息预测因子；第二类模型在第一类模型的基础上增加了除政策与投资者非理性行为外的非财务预测因子；第三类模型在第二类模型基础上增加政策与投资者非理性行为因子。三类模型中，第三类模型所估计的股价最接近于真实股价，说明政府的政策与投资者非理性行为对股价有很大的影响。

此外，本章还验证价值投资策略是否在我国股票市场上具有套利空间。在选股时，优先筛选行业再进一步选择个股，最后构建等权重的投资策略。由于第一类模型仅考虑上市公司客观的财务指标，因此将该类模型预测得到的股价作为内在价值，将运用第一类模型投资的策略视为价值投资策略。在运用三类模型的股价预测值测算投资收益后，发现运用第一类模型进行投资得到的收益最好，证明了价值投资策略可以帮助投资者获利。

价值投资策略在我国证券市场的有效性，不仅有力说明非理性投资影响股价，也揭示了我国证券市场不能有效地服务实体经济的根源——由于非理性投资造成了股价扭曲，会进一步引起资金错配。资金错配的有如下几种：（1）发展良好（或较差）的公司因为股价被市场扭曲而过高估计，造成部分资金使用率低下，甚至闲置；（2）发展良好的公司（或发展较差的公司）因股价被扭曲而低估，造成股价下跌而缺乏流通资金，从而影响其运营。因此，如何使金融市场有效地服务实体经济，一直是金融学研究的热门话题。

本章主要创新与贡献有以下三点：一是将大盘指数与本章构建的行业指数作为反映政策与投资者非理性行为的影响因子纳入了多因子 DMA 定价模型，使其更精准地定价股票。二是采用 DMA 模型对股票定价与价值投资策略理论进行个股筛选，验证了价值投资策略在我国股市的有效性。相比于传统的时间序列模型，该研究成果对于广大的投资者更具有实际参考意义，它允许解释变量变化，克服了传统模型解释变量单一固定的缺陷。三是投资的非理性影响了金融市场的繁荣与发展，进一步影响到实体经济。本章构建的价值投资策略有利于这一类非理性行为的消失，促进金融市场与实体经济稳定与发展。该研究成果对于广大的投资者更具有实际参考意义。在瞬息万变的股票市场中，有诸多因素对股价进行影响，股价的波动是复杂的、难以精准预测的。投资者的目标在于获得收益，在各种冗杂信息的冲击下，投资者应该把握住那些可预测的，而最能体现上市公司的内在价值的客观信息即具有短期不变性的财务指标。无论在整体市场低迷或浮躁的情况下，投资者都应当保持理性投资，运用价值投资策略实现获利的同时，也为更多有“潜能”的上市公司提供发展机会。

本章在实施价值投资策略时，为了规避风险，也是前文所提及的“不将鸡蛋放入一个篮子”，这是基于个体投资者的角度来实施价值投资策略。但基于国家层面，实施价值投资策略是为了使金融市场更好地服务于实体经济，即避免价格扭曲造成资金错配。这样国家可以成立一个机构用来实施本章研究的价值投资策略，从而避免价格扭曲造成资金错配，也更好促进实体经济良性发展。该机构买入或卖出股票时，金融市场上的个体大多数会跟进，这样很快使得股价回到财务报表体现的价值水平。以国家名义成立价值投资策略的机构对股价进行扭曲后的恢复，不仅可以稳定金融市场与促使实体经济稳健发展，而且还能促使非理性投资行为的消失。当金融市场大多数个体对国家成立的价值投资策略机构采用跟随策略时，价值投资策略就会失效，中国证券市场将趋于稳健、成熟与有效。这看似是一个悖论。因为这个机构存在的作用就是为了使价值投资策略失效，当价值投资策略失效时，该机构也退出了历史舞台。但这一切的假定，都是以真实可靠的财务数据为基石。

本章的研究不足有三：第一，由于财务报表只有季数据，本章是以季度数据按等间距填充成的日度数据，因而比较粗糙。同时财务数据的真实性，本文也没有过多考究。第二，由于本章篇幅与研究能力限制，本章分析的样本都是随机抽取，虽然最后样本外检测的样本数据是按一定规律选出，但还是有一定局部性。第三，由于财务报表数据过少，本章只留有半年的数据做了样本外检验，样本时间长度还不足以完全精确地论证价值投资策略。

第九章

初探中国的债券市场

债券是金融市场中的一种债务工具，表示一个发行人需要向持有人支付利息并在未来偿还本金。债券的本质是一种借款，而持有人则是债权人，他们有权在未来获得回报。债券的收益通常固定，但也有一些债券的利率是浮动的。在中国，债券市场发展迅速，已经成为国内金融市场的重要组成部分。债券市场的规模不断扩大，债券品种也日益丰富，满足了不同投资者的需求。债券市场的健康发展对于推动中国经济发展、优化资源配置、降低企业融资成本等方面具有重要意义。

9.1 股票市场与债券市场的差异

债券市场和股票市场是金融市场的两个重要组成部分，近年来，随着中国经济的快速发展和金融市场的不断深化，债券市场和股票市场均取得了显著增长。从投资者的角度来看，债券市场和股票市场之间存在着资金配置的互补性，在构建投资组合时，投资者通常会根据市场环境和个人风险偏好，在债券和股票之间进行合理配置，以达到风险和收益的平衡。但是，两者在风险与收益、融资目的、流动性、监管等方面存在差异，具体差异如下：

①风险与收益：债券通常被视为较为稳定的投资工具，能够提供相对

稳定的收益，尤其是政府债券和高评级的企业债券，债券投资者可以通过债息收入获得稳定的现金流，并且在债券到期时收回本金。中国债券市场的风险主要包括信用风险、利率风险和通货膨胀风险，比如，债券发行方无法按时支付利息或偿还本金的风险；市场利率波动对债券价格的影响等。相比之下，股票市场的风险较高，因为股票价格波动较大，投资者面临较大的市场风险。然而，股票投资的潜在收益也相对较高，因为股票投资者可以分享公司的利润增长和股息回报。

②融资目的：股票融资通常用于企业的扩张和运营，为企业提供永久性资本。企业通过发行股票筹集资金，用于研发、市场营销、设备购置等长期投资，以支持公司的持续发展。而债券融资的目的主要是为了筹集短期资金，主要用于偿还旧债、补充企业流动资金等短期需求。债券的发行为企业提供了一种低成本的融资方式，企业只需按期支付利息和本金，对资金的使用相对灵活。

③流动性：中国股票市场流动性相对较强，交易活跃。一方面，随着中国资本市场的不断开放，越来越多的投资者参与其中，使股票市场的交易量不断攀升；另一方面，中国股票市场的价格波动相对较小，这得益于市场监管的严格和信息披露的透明。相比之下，中国债券市场的流动性则呈现出不同的特点。尽管债券市场的规模不断扩大，但交易量相对较小，流动性不如股票市场。这主要是由于债券市场的投资者结构较为单一，大部分投资者为银行和保险公司等机构投资者，个人投资者参与较少。此外，债券市场的交易机制和信息披露制度也需要进一步完善。

④监管：债券市场和股票市场都受到监管机构的监管，但也存在一定差异。股票市场受到中国证券监督管理委员会的严格监管，相关法律法规较为完善，包括证券发行、交易、信息披露等方面都有明确规定。相比之下，债券市场的监管则较为分散，涉及多个部门，如中国人民银行、财政部、中国证券监督管理委员会等。相关法律法规不如股票市场完善，部分领域存在监管空白，在实际操作中，债券市场的监管力度相对较弱，存在信息不透明、违规操作等问题。

9.2 中国债券的发展历史

9.2.1 政府债券的发展历史

政府债券包括国债和地方政府债券。国债是中央政府为筹集资金而发行的债券，信用度极高，被认为是最安全的投资工具，而地方政府债券则是地方政府发行的债券，用于地方基础设施建设等，其信用担保为地方政府的税收能力。两者都是政府利用财政手段筹集资金的重要方式，但国债的信用等级和流通性通常优于地方政府债务。

9.2.1.1 国债的发展历史

自国债诞生之初，就与国家经济紧密相连，见证了财政制度的变迁。从最早的简单借贷到如今的规模化发行，国债不仅为政府筹集了大量资金，推动了国家基础设施建设，还在调节市场经济、稳定金融秩序方面发挥了不可或缺的作用。

(1) 国债的定义与起源。

国债，又称国家公债，是由国家发行的债券。它是中央政府为筹集财政资金而发行的一种政府债券，是中央政府向投资者出具的、承诺在一定时期支付利息和到期偿还本金的债权债务凭证。国债是国家以其信用为基础，按照债的一般原则，通过向社会筹集资金所形成的债权债务关系。由于国债的发行主体是国家，所以它具有最高的信用，被公认为是最安全的投资工具。

中国国债的历史可以追溯到很久以前，早在春秋战国时期，就已有国家发行债券。据《周礼》记载，当时周赧王因财政困难，向“高氏”借债，“以三年十一”，即以11%的年利率借债。到了汉朝，政府有时会通过向富商巨贾借钱来解决财政困难，这些借款往往是以皇帝的名义直接进行的。

（2）新中国成立初期的国债发行。

新中国成立之初，国家百废待兴，需要大量的资金进行经济建设和基础设施建设。然而，国家的财政收入有限，无法满足所有需求。于是，国家开始考虑发行国债来筹集资金。1949 年 12 月 2 日，中央人民政府委员会第四次会议通过《关于发行人民胜利折实公债的决定》，指出为了保证当时的财政经济状况和支援大规模的经济建设，发行人民胜利折实公债。此次国债的发行采取了折实的方式，即以实物为计算标准，其发行是为了支援大规模的经济建设、克服国家的财政困难以及稳定市场物价。这次发行的国债总额为 1834 亿分，分 10 年还清，每年偿还 21%。其发行对象主要是机关、团体、学校、企业事业单位、城乡居民等。

（3）中国改革开放以来的国债发展历程。

改革开放以来，随着经济体制改革的深入和经济建设的快速发展，国债作为国家财政政策的重要工具之一，其发行规模逐年增加，品种也逐步多样化，包括国库券、建设债券等。规模不断扩大的同时，市场体系也不断完善。国债市场初步形成，为投资者提供了新的投资渠道，以下是中国改革开放以来国债发展历程的详细梳理。

①恢复与初步发展阶段（1979—1984 年）。

自 1979 年开始，为了弥补财政赤字和筹集国家建设资金，国债重新发行。这一时期的国债品种比较单一，主要是国库券，采取无记名债券形式，期限大多为 1—5 年。由于当时国债的名义利率较高，吸引了大量投资者购买。这一阶段，虽然国债规模较小，但为国债市场的进一步发展奠定了基础。

在改革开放初期，我国经济基础相对薄弱，财政收入有限，国债发行规模较小。随着改革开放政策的实施和国民经济的快速发展，国债发行规模逐渐扩大。1981 年，我国首次公开发行国库券，发行对象为个人和企业，这是我国国债市场发展的重要里程碑。此后，国债发行规模逐年扩大，品种也不断增多。

②起步阶段（1985—1991 年）。

从 1985 年开始，国债的发行和交易开始起步。国债的品种和期限也逐渐增多，包括国家建设债券、财政债券和特别国债等。同时，国债的发行方式也转变为银行承销和柜台销售相结合的方式。这一时期，国债市场初步形成，二级市场交易开始活跃，一些场外交易市场和证券交易所开始出现。

随着经济的发展和政府财政状况的好转，国债发行规模不断扩大。为了满足市场需求和提高发行效率，国债的发行方式逐步实现招标发行和集中托管。同时，国债的品种和期限更加多样化，包括记账式国债、凭证式国债、电子式储蓄国债等。此外，国债市场的投资者群体也不断扩大，从个人投资者拓展到机构投资者和境外投资者。这一时期，国债市场的快速发展为国家的经济建设提供了重要的资金支持。

在这一阶段，我国国债市场的发展得到了政策的大力支持。政府出台了一系列法律法规和政策文件，规范了国债市场的运作和管理。例如，《中华人民共和国国库券条例》等法规的颁布实施为我国国债市场的健康发展提供了法律保障。此外，中国人民银行、财政部等部门也积极推动国债市场的改革和发展，加强对市场的监管和管理。这些措施的实施为我国国债市场的起步阶段提供了有力支持。

③发展和规范阶段（1992—1996 年）。

随着国债市场的不断发展成熟，政府对市场的管理和调控也更加规范有效。1992 年以后，我国采取了以凭证式国债为主要发行方式的政策，这一政策对于稳定市场秩序、规范操作、保障投资者利益等方面起到了积极的作用。同时，财政部通过招标方式确定承销商和发行利率水平等措施，提高了发行效率和市场透明度。此外，我国还逐步建立了比较完善的国债托管结算系统，保障了市场的正常运行。这一时期，我国国债市场的规模不断扩大、品种不断增加、市场流动性不断提高、投资者结构不断优化。我国国债市场已经发展成为国内金融市场的重要组成部分之一。

在发展和规范阶段（1992—1996 年），我国国债市场在规模和结构方面都有了较大的发展。国债发行规模逐年扩大，品种不断创新丰富；同时，市场参与者的范围也在不断扩大，投资者群体更加多元化。此外，政府对市场的调控和管理也更加规范有效。这些措施的实施为我国国债市场的健康发展提供了有力支持。

④现代化阶段（1997年至今）。

随着国债市场的不断发展成熟，政府对市场的管理和调控也更加规范有效。1997年以后，我国在银行间债券市场成功发行了特别国债、中央银行票据等创新品种。这些创新品种的出现丰富了国债市场的投资品种和交易工具，为投资者提供了更多的选择和机会。同时，我国还积极推进国债市场的国际化进程，吸引更多的境外投资者参与中国国债市场的交易和投资活动。这不仅有利于提高中国在国际金融市场中的地位和影响力、促进国际资本流动和人民币国际化进程；还有利于提高中国金融市场的开放程度和国际化水平、增强中国金融市场的竞争力和抗风险能力；更有利于拓宽中央银行的货币政策操作空间和工具、增强中央银行对市场利率的调控能力。

此外，我国还逐步完善了国债市场的法律法规和监管体系。例如，《中华人民共和国证券法》的颁布实施为规范和发展国债市场提供了重要的法律保障；中国证监会等监管机构也加强了对国债市场的监管力度，提高了市场的透明度和规范性。同时，我国还积极推进国债市场的信息化建设和技术创新，提高了市场的运行效率和安全性。这些措施的实施为我国国债市场的现代化发展提供了有力支持。

中国国债所筹集资金通常用于基础设施建设、社会福利以及经济调控等方面，随着中国经济持续增长和财政需求的增加，国债发行量逐年攀升。图9-1显示，2005—2023年，中国国债的发行规模经历了显著增长和变化，2005年的国债发行量仅为5042亿元，而2023年则发行了108210.40亿元。具体分析各个阶段的国债发行规模，2005—2008年，中国国债的发行量相对稳定，每年发行的国债规模维持在6000亿元左右，这一阶段的国债主要用于基础设施建设和经济调控。然而，随着全球金融危机的爆发，中国政府采取了积极的财政政策，大规模增发国债以应对危机冲击，因此，国债发行量在2008年和2009年急剧增加。此后，随着中国经济逐渐复苏，国债发行量有所回落。2010年后，随着中国经济结构调整和金融市场改革的不断深化，政府加大了对重点领域的投资，如科技创新、环境保护、普惠金融等领域需要大量资金支持，因此，国债的发行规模逐年攀升。2020—2023年期间，受新冠疫情的影响，中国政府加大了对经济的支持力度，国债发行量再次增加。

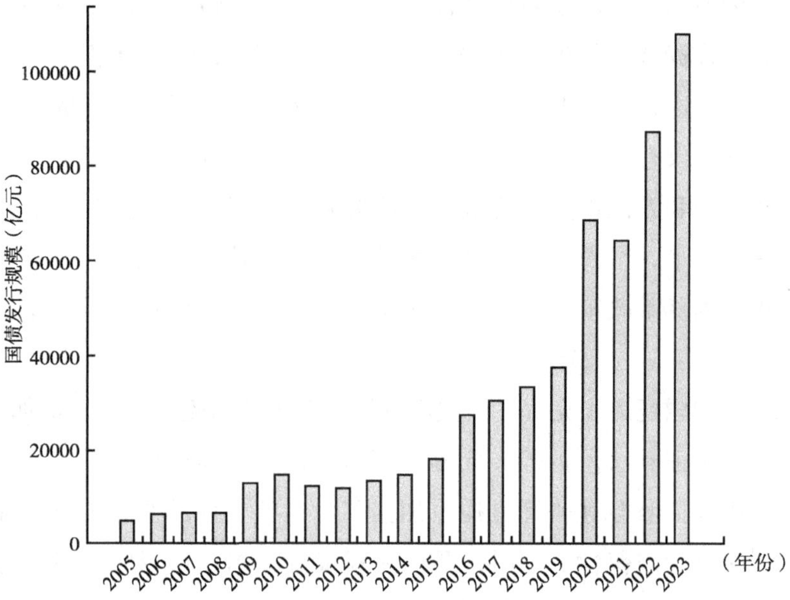

图9－1　2005—2023年历年国债发行规模

9.2.1.2　地方政府债的发展历史

地方政府债是地方政府为筹集资金推动地方经济和社会发展而发行的债券，与由中央政府发行、以国家信用为基础的国债不同，地方政府债以地方政府信用为担保，其资金主要用于地方基础设施和公共服务项目，并且在流通性和市场接受度上虽不及国债，但仍是地方政府重要的融资工具。截止到2023年底，全国地方政府债余额为40.74万亿元，占全国政府债务余额比重约为57.6%。

地方政府债的发展历史可以追溯到1950—1980年的起步阶段，当时地方政府债券开始出现并为地方经济建设筹集资金。随后，在1981—1994年的探索阶段，伴随着改革开放，多地政府相继发行地方债以支持经济建设，但也暴露出融资方式不规范等问题。进入1995—2008年的规范初期阶段，受到《中华人民共和国预算法》的限制，地方政府不得随意发行债券，主要以财政部代发债券为主。自2011年至今，地方政府债进入自行发债与法治化阶段，地方政府逐渐获得自行发债权，债券发行也日益走向法治化和规范化。具体而言，地方政府债券的发展可以分为以下四个阶段：

（1）起步阶段（1950—1980年）。

新中国成立之初，为了迅速恢复国家经济，中央政府承担起主要的经济建设任务，通过发行国家经济建设公债来筹集资金。在这一时期，地方政府并未直接参与债券发行，其资金筹集主要依赖中央政府的转移支付和自身的财政预算，这样的安排反映了当时国家财政的集中管理和统一调配原则。

（2）探索阶段（1981—1994年）。

随着改革开放的推进，地方政府在经济发展中的角色逐渐凸显。为了缓解财政压力，一些地方政府开始尝试发行债券。然而，由于当时法律框架和管理制度的缺失，这些债券的发行多处于无序状态。尽管存在诸多问题，但这一阶段的探索为地方政府债券市场的后续发展奠定了基础。

（3）规范初期与代发债券阶段（1995—2008年）。

1995年，《中华人民共和国预算法》明确规定地方政府不得发行地方政府债券，限制了地方政府的直接发债权。然而，为了满足资金需求，地方政府开始通过其他渠道筹集资金，如依靠政府融资平台和城投公司发行债券。这种做法在一定程度上规避了法律限制，但也带来了债务不透明和管理不规范的问题。

（4）地方政府债券如履薄冰（2011—2014阶段）。

为了进一步推动地方政府债券市场的发展并赋予地方政府更多自主权，

2011 年，上海市、浙江省、广东省、深圳市等地成为地方政府自行发债的试点地区。这一改革举措为地方政府在债券发行方面提供了更大的灵活性和自主权，同时也为全面推广自行发债积累了宝贵经验。2011—2014 年，地方政府债券发行规模分别为 2000 亿元、2000 亿元、3500 亿元和 4000 亿元。需要注意的是，在自行发债初期，试点地区政府在国务院批准的发债规模限额内，自行组织债券的发行工作，但债券的还本付息仍由财政部代办执行，即“自发代还”模式。

（5）地方政府债券大规模发行阶段（2015 年至今）。

2014 年，新修订的《中华人民共和国预算法》赋予了地方政府依法适度举债的权利，并明确了举债的方式、限额和管理要求，这一法律变革标志着地方政府债券市场进入了法治化和规范化的新阶段。此后，地方政府债券市场的监管体系不断完善，包括信息披露、信用评级、风险控制等方面的规定也逐步健全。需要注意的是，自 2014 年开始，地方政府债券的发行和还本付息都是由地方政府负责，即“自发自还”模式。地方政府债券分为专项债券和一般债券。专项债券主要用于特定的基础设施建设或公益性项目，其投资目标和项目具有明确性，相比之下，一般债券的资金用途则更为广泛，并不局限于某一特定领域，而是可以用于地方政府的多个方面支出。两者在偿还方式上也有显著的区别，专项债券的偿还依赖于项目建成后的收入，如政府性基金或专项收入，因此，其可能面临项目收益不达预期等风险，预期收益可能相对较高；而一般债券的偿还则主要依赖于地方政府的财政收入，其风险相对较低，预期收益相对固定。

图 9－2 显示，地方政府债券的规模在 2015—2023 年期间大幅度增长。在 2013 年，地方政府债券的发行规模仅 3500 亿元，而 2023 年的地方政府债发行规模达到了 93373.31 亿元。此外，2015—2018 年，一般债券的规模大于专项债券，而 2018 年后，专项债券的发行规模逐渐大于一般债券。

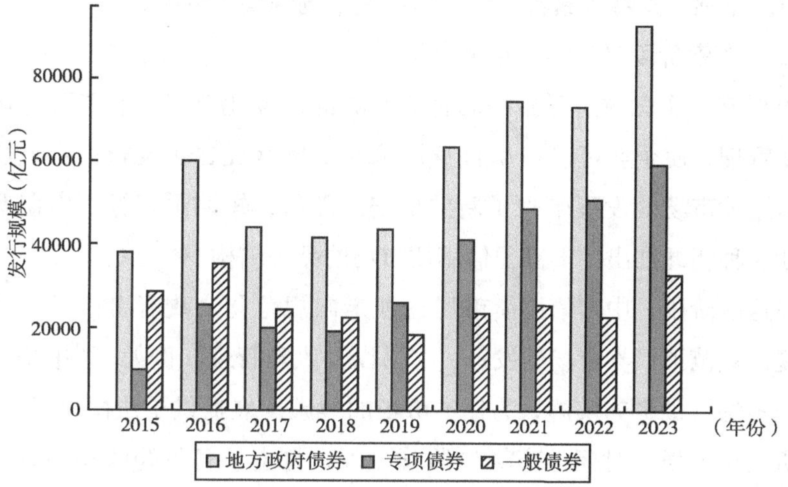

图 9－2　2015—2023 年地方政府债发行规模

9. 2. 2　信用债的发展历史

信用债是指发行人以其自身信用为基础，按照一定期限和利率向投资者支付利息，并按照约定条件偿还本金的债务工具。在中国，信用债通常包括企业债券、公司债券、短期融资券、中期票据等。与政府债券相比，信用债的偿付责任由发行人承担，而非政府财政。

中国信用债市场经历了从无到有，从小到大，从单一到多元的发展历程。这个历程大致可以分为以下三个阶段：起步阶段、探索阶段和快速发展阶段。

（1）起步阶段（1983—1997 年）。

中国信用债市场的起步可以追溯到 1983 年，当时主要是以集资方式出现，其票面形式、还本付息方式等基本方面很不规范。1987 年 3 月 27 日，国务院发布了《企业债券管理暂行条例》，使中国企业债券在发行、转让、形式、管理等各个方面开始走向规范化。然而，这一阶段信用债市场的发展仍然受到许多限制。一方面，政府对债券市场的管制较为严格，发行审批程序烦琐，发行成本较高；另一方面，投资者对债券市场的认知度有限，投资意愿不强。这些因素都制约了信用债市场的快速发展。

（2）探索阶段（1998—2004 年）。

1998 年，中国政府开始推动企业债券的市场化改革，取消了企业债券的额度管理，使企业可以根据自身需求和市场状况自主发行债券。这一改革为信用债市场的发展带来了新的机遇。随后，短期融资券、中期票据等信用债品种相继推出，丰富了信用债市场的品种结构。

在这一阶段，中国信用债市场逐渐走向规范化。政府出台了一系列政策法规，规范了债券市场的发行、交易以及风险管理。例如，《中华人民共和国证券法》的颁布实施，为债券市场的健康发展提供了法律保障。同时，监管机构也加强了对债券市场的监管力度，打击了各种违法违规行为，保护了投资者的合法权益。

然而，这一阶段信用债市场的发展仍然存在一些问题。一方面，市场规模相对较小，投资者群体较为单一，市场流动性不足；另一方面，信用风险事件时有发生，影响了市场对信用债的信心。

（3）快速发展阶段（2005 年至今）。

2005 年以后，中国政府加大了对债券市场的支持力度，推动债券市场的发展。这一阶段，中国信用债市场的发展主要表现在以下几个方面：

①市场规模不断扩大。随着政府对债券市场支持力度的加大，信用债市场规模不断扩大。债券发行量逐年增加，债券品种也日益丰富，包括企业债券、公司债券、短期融资券、中期票据等。此外，随着债券市场的对外开放，外资机构也逐渐成为中国信用债市场的重要参与者。

②投资者群体多元化。在快速增长阶段，中国信用债市场的投资者群体不断扩大和多元化。除了传统的商业银行、保险公司等机构投资者外，养老金、证券公司、基金公司等也逐渐成为信用债市场的重要投资者。此外，随着债券市场的对外开放，外资机构也逐渐成为中国信用债市场的重要参与者。投资者群体的多元化提高了市场交易的活跃度和市场的透明度。

③监管体系不断完善。为了推动信用债市场的健康发展，政府不断完善监管体系。中国人民银行、证监会等监管机构先后出台了一系列政策法

规，规范了债券市场的发行、交易、风险管理等方面。此外，监管机构还加强了对债券市场的执法力度，打击了各种违法违规行为，保护了投资者的合法权益。

④市场基础设施建设不断完善。为了提高信用债市场的运行效率，政府不断完善市场基础设施建设。例如，建设了全国统一的债券交易系统、清算结算系统等，实现了债券交易的电子化和自动化。此外，政府还加强了对市场参与者的培训和教育，提高了市场参与者的素质和专业技能。

⑤国际化程度不断提高。随着中国经济的全球化进程不断加快，中国信用债市场的国际化程度也不断提高。中国政府积极推动债券市场的对外开放，吸引外资机构参与中国信用债市场。例如，QFII、RQDII 等政策的推出，为外资机构提供了更多投资中国信用债市场的机会。此外，中国信用债市场也越来越多地参与到国际市场中，如国际评级机构的评级、国际投资者对中国信用债的认购等。

中国信用债市场在经历了三个阶段的发展后，已经成为了中国金融市场的重要组成部分。如图 9－3 所示，在 2005 年的时候，信用债的发行规模仅为 604 亿元人民币，而各种发行主体在 2023 年发行的信用债规模已经达到了 79487.66 亿元。

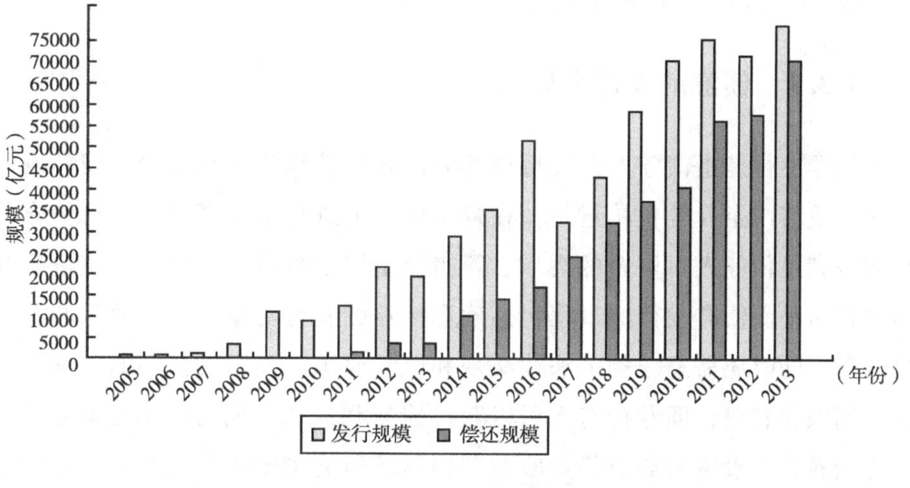

图 9－3　2005—2023 年历年信用债发行规模（数据来源于 Wind）

9.3 中国债券市场

中国的债券市场在广义和狭义两个层面上都扮演着重要角色。从广义的角度来看，中国的债券市场是一个庞大而复杂的体系，涵盖了债券的发行、交易、托管结算等多个环节，以及与债券相关的各类市场基础设施。在广义的债券市场中，债券的发行是首要环节，涉及发行人、承销商、投资者等多方参与；债券市场的交易环节包括场内市场和场外市场，场内市场是指在交易所市场，包括上海证券交易所市场和深圳证券交易所市场，交易行为受到严格的交易规则和监管制度约束，具有高度的透明度和流动性，而场外市场则是指通过银行间市场进行的债券交易市场，交易相对灵活，但也存在着流动性不足和信息不对称等问题；托管结算机构负责债券的登记、清算和交割等工作，确保交易的安全顺利进行。同时，广义的债券市场还包括与债券相关的各类市场基础设施，如评级机构、信息服务提供商等，它们为市场参与者提供了必要的信息和服务支持。从狭义的角度来看，中国的债券市场主要包括债券的发行和交易市场，其中交易市场又分为银行间市场、交易所市场和柜台市场。

9.3.1 债券的发行市场

债券发行是指债务人以发行债券的形式向债权人募集资金。债券发行一般由政府或企业等机构进行，在资本市场上进行募集资金。发行债券的目的是满足债务人对资金的需求，筹措资金用于投资、扩大生产或进行其他经营活动。债券发行的过程包括确定债券的发行对象、发行数量和发行价格等，同时还需遵守相关法律法规和监管要求。发行的债券通常具有一定的期限和利率，债券持有人可以获得债券利息和到期时的本金偿还。这使得债券成为投资者获取稳定收益和保值增值的重要工具之一。实际债券发行的具体细节和流程可能因地区和发行机构的不同而有所差异，具体情况可以参考相关的政府机构、金融机构或证券市场的规定和公告。

（1）债券的发行流程。

债券发行是整个流程的起点。首先，发行人，如政府、企业等，会根据自身的资金需求，制定详细的债券发行计划，这个计划会明确债券的类型、面值、利率、期限等关键要素。随后，发行人会向相关监管机构报批，提交包括发行人财务报表、业务情况说明等在内的申请文件。

在获得批准后，发行人会接受信用评级机构的评级，这是为了确保债券的信用等级符合市场要求，从而吸引投资者。紧接着，发行人会进行路演，向潜在投资者介绍债券的特点和优势，以提高市场认可度。

路演结束后，发行人会确定债券的最终发行价格和发行时间，并通过证券交易所、银行间市场等渠道进行正式发行。在发行过程中，债券的登记托管也是不可或缺的一环，这确保了债券的合法性和安全性。

债券发行完成后，就进入了交易阶段。在交易所市场，投资者可以通过竞价方式进行买卖，交易门槛相对较低，交易方式公开透明。而在银行间市场，交易则更加专业和定制化，主要面向金融机构，采用询价方式达成交易。

（2）债券发行定价的两种方式。

中国债券市场的定价方式多种多样，其中公募发行和私募发行是两种主要的定价方式，它们各自具有独特的特点和适用场景。

公募发行是债券发行的一种重要方式，通常面向广大社会公众投资者。在公募发行中，债券的定价主要受到市场供求关系、发行人信用等级、债券期限和利率水平等多种因素的影响。由于公募发行的债券数量较大，涉及投资者众多，因此定价过程相对公开透明。发行人通常会通过询价、招标等方式确定债券的发行价格，以确保发行成功并满足市场需求。公募发行的定价方式有助于维护市场的公平性和公正性，促进债券市场的健康发展。

与公募发行不同，私募发行主要面向少数特定的投资者，如大型机构、富裕个人等。私募发行的债券定价方式更加灵活，通常基于发行人与投资者之间的私人谈判和协商。在定价过程中，发行人会考虑投资者的投资需求、风险偏好以及市场状况等因素，以达成双方满意的交易价格。由于私募发行的投资者数量有限，且投资规模较大，因此定价过程相对私密，更注重个性化需求的满足。

①公募发行。

公募发行的定价方式主要基于市场供求关系和债券的基本要素，包括市场供求关系、信用等级、债券期限和利率水平等。发行人和承销商需要密切合作，根据市场情况和投资者需求来制定合理的发行价格，以实现债券的成功发行。

在公募发行过程中，发行人会根据市场情况和投资者的需求，结合债券的信用等级、期限、利率水平等因素，制定出一个初步的发行价格范围。随后，承销商会通过询价、招标等方式，与投资者进行多轮次的谈判和协商，最终确定发行价格。在这个过程中，市场供求关系起着决定性的作用。如果市场需求旺盛，投资者认购踊跃，发行价格往往会相对较高；反之，如果市场需求不足，发行价格可能会受到一定的压力。此外，债券的信用等级也是影响发行价格的重要因素。信用等级较高的债券通常能够获得较低的发行利率，因为投资者对这类债券的信用风险较低，愿意以较低的成本持有。除了市场供求关系和信用等级，债券的期限和利率水平也是公募发行定价的重要考虑因素。长期债券的发行价格通常较短期债券高，因为长期债券面临的不确定性和风险更大。同时，市场利率的变动也会对债券的发行价格产生影响。发行人需要密切关注市场利率的变化，以便及时调整发行价格，确保债券的顺利发行。

②私募发行。

与公募发行面向广大社会公众投资者不同，私募发行主要面向少数特定的投资者，如大型机构、富裕个人等。因此，私募发行的定价方式更加灵活和个性化，定价过程中，发行人会根据投资者的投资需求、风险偏好以及市场状况等因素，与投资者进行深入的谈判和协商，以达成双方满意的交易价格。这种定价方式更加注重个性化需求的满足，使私募发行的定价更加灵活多变。

私募发行的定价方式在多个方面与公募发行存在不同。首先，私募发行的投资者数量有限，投资规模较大，因此发行人在定价时更注重与投资者的深入沟通和协商，以达成双方都能接受的价格。其次，私募发行的定价过程相对私密，更注重保护投资者和发行人的商业机密，因此定价信息通常不会公开披露。此外，私募发行的定价还受到投资者风险偏好的影响，不同投资者对风险的承受能力不同，因此发行人需要根据投资者的风险偏好来制定合适的发行价格。

（3）发行结果隐含的信息。

债券发行定价的最终确定对二级市场的交易活动具有显著影响。特别是利率债的招标发行结果，往往对当日的债券利率动向产生重要引导，甚至决定其走向。这背后的原因，在于债券发行定价的结果深藏着投资者对债券市场未来发展的预期，能够有效揭示当前债券投资者的情绪与态度。

①如何从债券发行定价结果看市场情绪。

债券发行定价结果是市场情绪的直接体现。债券发行定价与市场利率水平密切相关，当市场利率水平稳定时，发行价格的微调可以反映出投资者对债券的认可程度。如果发行价格高于面值，说明市场情绪较为乐观，投资者对债券的未来收益充满信心。反之，如果发行价格低于面值，则可能表明市场情绪较为悲观，投资者对债券的未来收益持谨慎态度。因此，通过观察债券发行定价结果，我们可以窥见市场情绪的一斑。但需要注意的是，市场情绪是复杂多变的，受到多种因素的影响，如宏观经济环境、政策调整、国际形势等。因此，在分析债券发行定价结果时，需要综合考虑多种因素，以得出更为准确的结论。

②中标利率。

债券的中标利率就像一面镜子，映射出市场对未来经济的预期与信心。当市场情绪乐观时，投资者对风险的容忍度提高，愿意以较低的收益率接受债券，此时中标利率可能相对较低。这表示市场对于未来的经济状况持有积极预期，资金供给充裕，投资者更倾向于追求长期稳定的回报。相反，当市场情绪悲观时，投资者对风险的担忧上升，要求更高的回报率以补偿潜在风险，这时中标利率可能会上升。因此，中标利率的高低可以作为市场情绪的一个重要指标：利率下行代表市场情绪乐观，资金成本较低；利率上行则表明市场情绪趋于悲观，资金成本增加。

③边际利率与边际倍数。

在债券市场中，边际利率是指在招投标过程中，最后一个被接受的投标所对应的利率，代表了市场对该债券的最低收益要求。而边际倍数则是投标总量与计划发行量的比值，反映了投资者对该债券的需求热度。这两个指标都是市场情绪的重要反映。当市场情绪乐观，投资者信心充足时，资金供给充裕，边际利率往往较低，同时投标总量可能超出计划发行量，推高边际倍数。相反，市场情绪悲观时，投资者更为谨慎，资金成本上升，边际利率可能提高，投标总量也可能减少，导致边际倍数降低。因此，通过观察边际利率和边际倍数的变动，可以直观地感知市场情绪的变化。

（4）债券一二级收益率倒挂之谜。

在债券市场中，一二级市场利率倒挂是一个值得关注的现象。这通常指的是二级市场的收益率高于一级市场，即投资者在二级市场上购买已发行的债券所获得的收益率，要高于直接从一级市场购买新发行债券的收益率。

一二级市场利率倒挂的原因可能有多方面。首先，市场情绪的影响不可忽视。当投资者对未来市场持悲观态度时，他们可能更倾向于在二级市场上购买相对安全的已发行债券，从而推高了二级市场的收益率。此外，承销商为了促销新债券，有时会提供额外的返费，这可能在一定程度上扭曲了一级市场的定价。

另外，金融机构的资产配置需求也是导致利率倒挂的一个重要因素。由于二级市场的债券通常具有更好的流动性和更广泛的选择范围，金融机构可能更倾向于在二级市场上进行交易，从而影响了二级市场的收益率。

9.3.2 债券的交易市场

债券交易市场主要分为银行间市场、交易所市场和柜台市场。银行间市场是大型金融机构进行债券交易的主要场所，交易双方通常通过电子交易系统或电话协商完成大宗交易，具有交易量大、流动性强的特点。交易所市场则是面向更广泛的投资者，包括个人和机构投资者，交易更加透明，价格由市场供求决定。柜台市场则便于个人投资者进行小额交易。这三个市场相辅相成，共同构成了我国债券交易的主要平台，为投资者提供了多样化的投资选择和风险管理工具，同时也为国家的经济发展和金融稳定发挥了重要作用。其中银行间市场和交易所市场是我国债券交易市场的主体部分，截止到2023年末，银行间市场的债券存量占全部债券市场存量的比重高达80%以上，交易所市场的债券存量占10%左右，柜台市场的存量债券占比不到1%，因此，本文重点探讨银行间市场和交易所市场，不再介绍柜台市场。

9.3.2.1 银行间市场

债券市场的银行间市场是一个专为金融机构设立的债券交易平台，它汇集了多家银行、证券公司、保险公司等金融机构，为它们提供了进行债券买卖、回购等交易活动的场所。在这个市场中，金融机构之间可以直接进行交易，无需通过交易所等中介机构，从而实现了交易的高效与便捷。

银行间市场的存在对于促进债券市场的健康发展具有重要意义。它不仅能够满足金融机构对于资本的需求，使其能够按照债券的特性进行合理的投资，同时也为投资者提供了一个优质的投资平台。此外，银行间市场还通过其独特的交易机制和监管体系，确保了市场的公平、透明和稳定。通常而言，银行间市场的交易有四种形式，分别为：现券交易、回购交易、债券远期交易、债券借贷交易。

（1）现券交易。

债券市场中的现券交易是债券市场中最为基础和常见的交易方式，它指的是债券买卖双方按照约定的价格，在特定的时间内进行债券所有权的转移，并在成交当日或次日完成资金与债券的交割。现券交易不仅是债券投资者实现投资收益的主要手段，也是金融机构调整债券持仓结构、管理流动性风险的重要工具。

在现券交易过程中，交易对手的选择显得尤为重要，它不仅关乎交易能否顺利进行，更影响到交易双方的利益与风险。通常而言，金融机构在银行间市场找交易对手有四种方式：

①金融机构可以利用自身的资源，直接和关系好的金融机构达成交易。这种方式主要依赖于金融机构之间长期建立起来的信任和合作关系。这些金融机构可能有着相似的投资理念、风险偏好和业务需求，因此更容易在现券交易中达成共识。通过直接沟通，双方可以迅速了解对方的交易需求，高效地完成交易。

②金融机构可以通过专门的货币中介寻找交易对手。货币中介在银行间市场中扮演着桥梁的角色，他们拥有广泛的业务网络和丰富的市场资源，能够为金融机构提供多样化的交易对手选择。金融机构可以将自己的交易需求告知货币中介，由其协助寻找合适的交易对手，并完成交易撮合。这种方式能够扩大金融机构的交易范围，提高交易效率。

③金融机构还可以通过其他金融机构寻找交易对手。这通常发生在一些大型金融机构或综合性金融机构中，他们可能拥有更广泛的业务合作伙伴和更丰富的市场经验。这些金融机构可以基于自身的业务关系和市场认知，为其他金融机构推荐合适的交易对手。通过这种方式，金融机构可以进一步拓展交易渠道，增加交易机会。

④金融机构还可以通过做市商来达成交易。做市商是市场中活跃的交易者，他们通常具有较强的市场影响力和议价能力。金融机构可以与做市商建立合作关系，利用其专业的市场分析和交易能力，达成更优质的现券交易。做市商通常能够提供实时的报价和交易服务，有助于金融机构在市

场中快速捕捉交易机会。

（2）回购交易。

回购交易是银行间市场的一种重要融资方式。在回购交易中，债券的卖方（正回购方）将债券质押给买方（逆回购方），并约定在未来某一时间以约定的价格购回债券。逆回购方则通过购买债券获得资金使用权，并在未来按照约定收回资金。回购交易有助于金融机构调节短期资金头寸，提高资金使用效率。在债券市场中，买断式回购和质押式回购是两种常见的回购交易方式，它们在操作方式和风险特点上有所不同：

①买断式回购，又称开放式回购，是指债券持有者（正回购方）将债券卖给债券购买者（逆回购方），并约定在未来某一时间按约定价格买回相同数量的同种债券的交易行为。这种交易方式使逆回购方在回购期内拥有债券的所有权，可以自由处置，如再次卖出或用于质押融资。但这也意味着逆回购方需承担债券价格波动的风险。

②质押式回购则是指债券持有者（融资方）将债券质押给交易对手方（融券方）以融入资金，并约定在未来某一时间按约定价格购回该债券的交易行为。在质押期间，债券的所有权不发生转移，融券方不能对债券进行处置。这种方式的风险相对较低，因为债券的所有权始终在融资方手中。

目前而言，质押式回购在中国债券市场中占据了主导地位。由于质押式回购具有相对较低的交易成本和较高的资金利用效率，它成为金融机构进行短期融资和流动性管理的主要工具。同时，质押式回购的风险相对较低，因为债券在回购期间仍然由融资方持有，融券方仅获得债券的质押权。

（3）债券远期交易。

债券市场的债券远期交易是一种衍生金融工具交易方式，它允许交易双方约定在未来某一特定日期，以事先确定的价格和数量买卖某一指定债券。这种交易方式的核心在于“远期”和“约定”，即交易双方在当前就未来的交易条件达成一致，并在未来某一时刻履行合约。

债券远期交易为市场参与者提供了灵活的风险管理工具。通过远期交易，投资者可以根据自身需求和对未来市场走势的判断，提前锁定债券价格，规避利率风险。此外，债券远期交易也有助于提升债券市场的流动性，促进市场价格的合理形成。然而，值得注意的是，债券远期交易也伴随着一定的风险。由于交易双方在未来履行合约时可能会受到多种因素的影响，如市场利率变动、信用风险等，因此投资者在参与债券远期交易时需谨慎评估风险，制定合理的投资策略。

(4) 债券借贷交易。

债券市场的债券借贷交易是一种特殊的金融活动，它允许债券持有者（出借方）将债券借给需要债券的投资者（借入方），借入方在约定的期限内支付利息并归还债券。这种交易的核心在于债券的暂时转移和利息的支付。

值得注意的是，债券借贷交易实际上是一种做空行为。借入方通过借入债券，可以在市场上进行卖出操作，从而获取价差收益。若债券价格下跌，借入方能够以更低的价格买回债券并归还给出借方，实现盈利。这种做空机制为投资者提供了在市场下跌时也能获取收益的可能性。

9.3.2.2 交易所市场

债券市场的交易所市场，是一个集中化、标准化的交易平台，为广大投资者提供了买卖债券的场所。在这里，个人和机构投资者均可参与，通过竞价方式达成交易，交易门槛相对较低，便于广大投资者参与。

相比之下，债券银行间市场的交易门槛则较高，主要面向商业银行、保险公司等金融机构，采用询价方式达成交易，具有更高的专业性和定制性。这种区别使得银行间市场更适合大额、复杂的债券交易，而交易所市场则更加贴近普通投资者的需求。

此外，两者在交易方式上也有所不同。交易所市场采用竞价交易，注重市场的公平性和透明性；而银行间市场则通过询价方式达成交易，更加灵活和个性化。这种差异使得两个市场在债券市场中各有侧重，共同促进了债券市场的繁荣与发展。

9.3.3 债券市场的规模

与股票市场相比，债券市场规模更大，发展速度也更快。根据万得（Wind）数据显示，截至2023年末，我国债券市场总规模达157.9万亿元人民币，位居世界第二，较2012年末增长了4.3倍。债券余额占当年GDP的比重也不断增加，从2012年末的48.8%增长到2023年末的125.34%。2012年债券市场规模与股票市场市值相当，2023年，股票市场市值增长到83.73万亿元，而同年债券市场存量已经是股票市场的1.84倍。

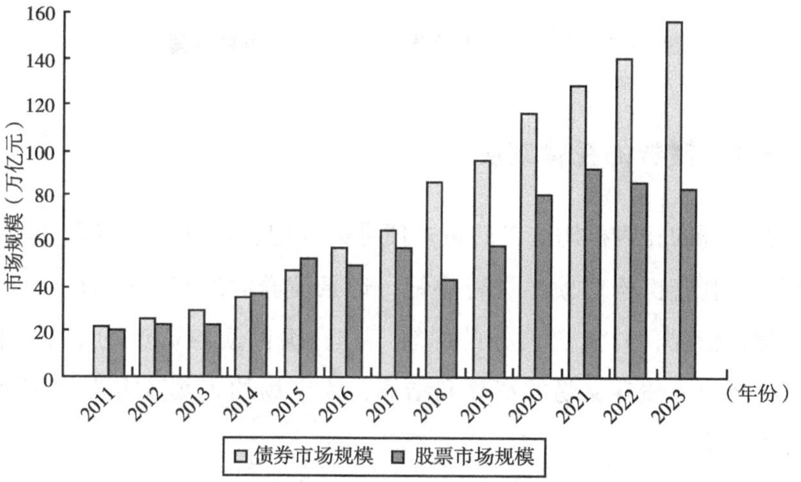

图9－4　2021—2023年中国债券与股票市场规模

我国债券市场通过不断创新，从最初的国债、政策性银行金融债（以下简称“政金债”）和企业债等几个债券品种发展到多个品种。根据Wind数据，从广义债券来看，截至2023年末，我国债市中规模排第一的券种是政府债券，余额为70.73万亿元（地方政府债券余额为40.74万亿元，国债余额为30万亿元），占比为44.79%；第二是金融债，余额为33.74万亿元，占比为24%；第三是非金融公司信用类债，余额为25.74万亿元，占比为18%；同业存单增速较快，2021年达到14.11万亿元规模，占比为10%；资产证券化产品为5.12万亿元，占比仅为4%。

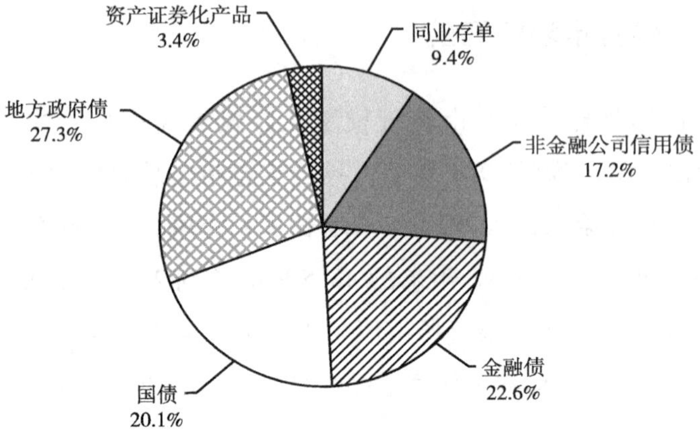

图 9－5　2023 年末中国债券市场各种债券的存量规模

9.3.4　债券的托管制度

债券市场的托管机构是专门负责债券的登记、托管和结算服务的机构。具体而言，托管机构对债券进行登记，记录债券的所有权变动、利息支付和本金偿还情况，并负责债券的保管工作，确保债券资产的安全，同时，托管机构还负责债券交易的清算和结算，为市场的买卖双方提供资金交收和债券过户服务。

中国债券市场经过多年的发展，已经形成了相对完善的托管体系，目前而言，中国债券市场有三家托管机构，分别为：中央国债登记结算有限责任公司（以下简称“中债登”）、银行间市场清算所股份有限公司（以下简称“上清所”）和中国证券登记结算有限责任公司（以下简称“中证登”）。这三家托管机构在中国债券市场中各有侧重，共同构建了全面而稳健的托管体系。

中债登，成立于 1996 年，主要负责国债、金融债等利率债和部分信用债的登记、托管和结算。作为财政部唯一授权主持建立、运营全国国债托管系统的机构，中债登在中国债券市场中占据着举足轻重的地位。其服务范围广泛，除了国债和金融债外，还包括企业债等固定收益证券。

中证登，成立于2001年，由证监会发起设立，股东为上海证券交易所和深圳证券交易所，主要负责证券、股票、基金、证券衍生品等登记托管，并且以股票为主。虽然其主要业务在股票市场，但在债券市场也占有一定的地位，特别是在交易所债券市场中。中证登为在交易所上市的公司债、可转债等提供托管服务，确保了交易所债券交易的准确性和安全性。

上清所，成立于2009年，是中国人民银行主导下的登记结算机构，股东包括汇交易中心、中债登、印钞造币总公司和金币总公司。上清所在银行间市场扮演着重要角色，为市场提供高效的清算服务。与中债登不同，上清所更注重信用债的托管和清算，为银行间市场的稳健运行提供了有力保障。

此外，从托管的规模来看，中债登所托管的债券规模最大，托管规模占债券市场66%左右，其次是上清所，托管规模占比为21%左右，而中证登的托管规模最小，托管规模占比仅11%左右。

表9－1　债券市场的托管机构

	中债登	中证登	上清所
成立时间	1996年	2001年	2009年
股东	国务院。	上交所、深交所。	汇交易中心、中债登、印钞造币总公司和金币总公司。
涉及交易场所	银行间市场、交易所市场、柜台市场。	交易所市场。	银行间市场。
托管的债券	国债、地方债、政金债、商业银行债、企业债、资产支持证券等。	国债、地方债、政金债、企业债、公司债、私募债、可转债等。	短融、超短融、中票、私募债、同业存单、大额可转让存单等数信用债。

9.3.5　债券的监管

中国债券市场经过多年的发展，已经形成了相对完善的监管体系。这一体系的建立旨在保护投资者的利益，确保市场的公平、透明和规范，并促进债券市场的健康发展。

（1）监管主体。

中国债券市场的监管主体主要包括中国人民银行、中国证券监督管理委员会（以下简称“证监会”）以及国家发展和改革委员会（以下简称“发改委”）。这些机构各司其职，共同构成了中国债券市场的监管框架。

①中国人民银行：中国人民银行指导下的银行间市场交易协会在中国债券市场监管中发挥着核心作用，它监管的债券类型包含短期融资工具、超短期融资工具、中期票据、资产支持票据、项目收益票据等，所涉及的发行和流通市场是银行间市场。首先，其主要负责金融债和非金融企业债的注册发行，并对银行间市场交易进行严格监管，确保市场交易的公平性和规范性。通过优化注册发行机制、完善信息披露制度，有效推动了债券市场的高质量发展。同时，交易商协会还积极引导市场创新，如推动绿色债券等新型金融产品的发展，为债券市场注入了新的活力。此外，作为行业自律组织，交易商协会制定并执行相关规则，加强行业自我约束，为市场的稳定和健康发展提供了有力保障。

②证监会：证监会在中国债券市场监管中扮演着举足轻重的角色，它主要负责监管证券交易所内的债券市场，其监管范围涵盖了公司债、企业债、可转债等产品的发行与交易。需要注意的是，此前，企业债的监管部门为发改委，但随着金融市场的不断演变，监管需求也日益复杂化。因此，在2023年10月20日，中国证监会发布了《关于企业债券过渡期后转常规有关工作安排的公告》。也就是说，从此企业债（包括公司债）的发行审核职能将统一由证监会来负责，这一变革是中国债市统一监管进程中的一大步，有助于提升监管的一致性和效率。

③发改委：2023年10月前，发改委在中国债券市场的监管中，主要负责企业债券的发行审批与监管，包括对企业债的发行规模、资金用途、利率等核心要素进行严格把关，确保债券发行符合国家的宏观经济政策和产业政策。此外，发改委不仅要评估发行人的信用状况和偿债能力，还要监督债券募集资金的合规使用，以保障投资者的权益。因企业债监管职责划分至证监会，发改委的监管职能逐步弱化，信用债监管体系将形成以证监会和中国银行间市场交易商协会并行的监管体系。

表9－2　　中国债券市场的监管主体

监管主体	证监会	交易商协会	发改委
监管范围	公司债券、企业债券等证券市场。	银行间债券市场，包括金融债、非金融企业债等。	企业债券（2023年10月前）。
监管重点	发行审核、信息披露、市场监管、打击违法行为。	市场规则制定、自律管理、创新产品审批、市场活跃度提升。	项目审批、资金投向监管（2023年10月前），之后转变为协调与指导。
监管方式	行政许可、监督检查、行政处罚等法律手段。	制定和执行市场规则、自律管理措施、创新引导。	宏观指导、政策制定（2023年10月后重点）。
监管机构性质	政府行政监管机构。	行业自律组织。	政府宏观经济管理部门。

（2）监管措施。

发行审核：首先，监管机构会对债券发行计划进行全面审查，包括发行人的信用状况、资产负债情况、偿债能力等，以确保发行人具备偿还债务的能力。其次，监管机构会严格审查债券发行相关的所有文件和资料，如招募说明书、财务报告等，以确保这些信息的真实性、准确性和完整性。此外，还会对债券的评级、担保情况进行评估，以及对筹集资金用途的合规性进行核查。这些措施旨在保护投资者的利益，防止欺诈行为和不当操作，确保债券市场的稳定和公平。如果发现任何不合规或欺诈行为，监管机构将采取相应的法律措施。

信息披露：为了保护投资者的知情权，提高市场的透明度和公平性，维护债券市场的稳定和健康发展，监管机构要求债券发行人必须按照相关规定，及时、准确、完整地披露财务报告、经营状况等关键信息，以便投资者全面了解发行人的运营和财务状况。其次，监管机构对信息披露的真实性和准确性进行严格监督，防止虚假记载、误导性陈述或重大遗漏。对于违反信息披露要求的行为，监管机构将依法进行查处，并采取相应的处罚措施。

投资者保护：在中国的债券市场，监管机构通过多项措施对投资者进行保护。首先，监管机构建立了严格的信息披露制度，要求发行人充分披露债券相关信息，确保投资者能够基于准确信息进行投资决策。其次，监管机构设立了债券持有人会议制度和受托管理人制度，为投资者提供集体行动和代表权益的平台，以更好地维护投资者利益。此外，还建立了债权人司法救济制度，为投资者在债务违约情况下提供法律途径追索权益。同时，监管机构加强对市场的监控，及时发现并处罚违规行为，以维护市场秩序和投资者利益。这些措施共同构成了中国债券市场投资者保护的重要机制。

9.4 债券市场的投资者

9.4.1 债券市场主要投资者结构

中国债券市场近年来蓬勃发展，市场规模不断扩大，品种日益丰富，吸引了众多投资者的广泛参与，这些投资者各具特色，有着不同的投资目标和风险偏好，共同构成了中国债券市场多元化的投资主体。目前而言，中国债券市场的投资者不仅包括政府机构、商业银行、保险公司、证券公司、基金管理公司、企业以及个人投资者，还有日益增长的境外投资者，这些投资者在债券市场中发挥着不同的作用，共同推动了市场的繁荣发展。

图 9－6 显示了 2020 年某个时间段的各类投资者在银行间市场的分布情况，结果显示，商业银行在银行间的债券市场起主导作用，占比为 59% 左右，其次是广义基金，占比为 28% 左右。

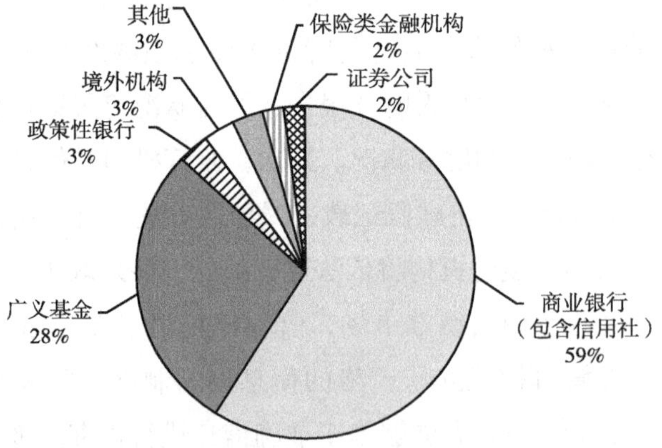

图 9－6 银行间市场各类机构投资者的份额占比

9.4.2 商业银行

商业银行是债券市场的最大投资者，截止到2020年7月，商业银行持有的债券规模达到52万亿元，占债券市场的比重达到了59%左右。在债券持有类型上，商业银行更加偏好持有低风险的政府债券和政策性银行债券，占配置仓位的80%左右。需要注意的是，各种类型的商业银行配置的债券类型也存在显著的差异，六大国有银行（中国农业银行，中国工商银行，中国银行，中国建设银行，交通银行，邮政储蓄银行）和股份制银行的风险偏好较低，配置的利率债比重更高，而城市商业银行可能是因为负债成本高的原因，持有的政府债券和政策性银行债券的比重相对低一些。

商业银行配置债券的行为是多方面因素综合作用的结果，其中包括收益追求、流动性管理、税收政策以及监管要求等多个维度。

（1）收益追求。

①票息收入和资本利得：商业银行配置债券首要的动机是追求收益。债券作为一种固定收益类资产，能够为银行提供稳定的票息收入。此外，当市场利率下降时，债券价格上升，银行可以通过出售债券获得资本利得。这种潜在的价格变动为银行提供了额外的收益来源。

②利率环境和市场预期：商业银行在配置债券时会考虑当前的利率环境和对未来市场利率的预期。在利率下行周期中，债券价格通常上升，此时增加债券配置可以锁定较高的收益率。相反，在利率上升周期中，银行可能会减少债券配置，以避免资本损失。

③投资组合多样化：债券投资有助于商业银行实现投资组合的多样化，降低整体投资风险。不同类型的债券（如国债、企业债、金融债等）具有不同的风险和收益特征，银行可以通过配置不同种类的债券来分散投资风险。

（2）流动性管理。

①资产负债期限匹配：商业银行需要管理资产和负债的期限结构，以

确保在面临流动性压力时能够满足客户的提款需求。债券，尤其是短期债券和同业存单，具有较高的流动性，可以帮助银行在不影响整体资产负债表的情况下，快速调整流动性。

②应对存款波动：商业银行的存款水平可能会因为季节性因素、市场情绪或其他宏观经济因素而波动。通过配置债券，银行可以在存款减少时，通过出售债券来补充流动性，从而维持日常运营。

（3）税收政策。

①税收优惠：在某些国家和地区，持有政府债券等特定类型的债券可能会享受税收优惠。例如，国债利息收入可能免税或享有较低的税率。这种税收优势使债券成为一个吸引人的投资选择。

②税后收益最大化：商业银行在配置债券时会考虑税后收益。通过优化债券投资组合，银行可以最大化税后收益，提高资本效率。

（4）监管要求。

①资本充足率：监管机构要求商业银行维持一定的资本充足率，以确保银行系统的稳定性。配置低风险权重的债券，如国债和政策性金融债，可以帮助银行降低风险资产总额，从而提高资本充足率。

②流动性覆盖率：流动性覆盖率（LCR）是衡量银行短期流动性状况的监管指标。配置高流动性的债券，如国债和同业存单，可以提高银行的LCR，满足监管要求。

③压力测试：监管机构还会对银行进行压力测试，评估在极端市场条件下银行的稳健性。配置债券可以帮助银行在压力测试中表现出更好的抗风险能力。

9.4.3 广义基金

关于广义基金的定义，官方并没有统一的定义，通常而言，通过发行资管产品募集资金，然后将募集资金用于投资的机构投资者称为广义基金，根据这个标准，广义基金包括银行理财、公募基金、券商资管、信托计划。截止到2020年7月，广义基金迅速崛起，已经成为债券市场的第二大机构投资者，持有债券规模达25.66万亿元，占债券市场的比重达到了28.28%左右。

9.4.3.1 公募基金

在中国债券市场中，公募基金是重要的参与者之一，其参与方式主要是通过货币型基金和债券型基金来持有各种类型的债券。截止到2020年11月，货币基金和债券型基金在开放式基金中的占比达到63%左右。

(1) 货币型基金。

中国货币基金的发展历程是一个不断适应市场变化、应对政策风险并抓住投资机会的过程。2011年前，货币基金的债券配置占60%左右。自2011年中国证券监督管理委员会发布《关于加强货币市场基金风险控制有关问题的通知》起，货币基金便迎来了新的发展机遇。该通知取消了货币市场基金投资定期存款不得超过基金资产净值30%的比例限制，为货币基金的投资策略提供了更大的灵活性。此后，货币基金开始积极调整其资产配置，通过提高协议存款的比例来增厚收益，以此吸引更多的投资者。

随着时间的推移，市场环境也在不断变化。2013年的“钱荒”现象使得货币市场利率急剧上升，货币基金因此获得了较高的收益率，进一步增强了其市场吸引力。许多投资者开始将货币基金视为一种既安全又能提供相对可观收益的投资工具，大量资金流入推动了货币基金市场的快速发展。

2014年，随着中国央行货币政策的转向宽松，存款利率开始下降，居民存款逐渐向理财产品“搬家”。在这一背景下，银行理财凭借其强大的渠道优势和良好的信用背书，规模迅速扩张。但当时经济下行压力较大，银行理财资金并不愿意直接投向实体经济，而是更倾向于投资于风险较低、流动性好的公募基金，尤其是货币基金。这种资金流向的变化再次为货币基金市场注入了新的活力。

在货币基金市场蓬勃发展的同时，监管部门也加强了对市场的监管力度。为了防范金融风险，保护投资者的合法权益，2017年中国证监会出台了《公开募集开放式证券投资基金流动性风险管理规定》。这一规定对公募基金，尤其是货币基金的投资行为进行了严格规范，包括摊余成本法的使用、定制货基的投资比例、货基资产投向等多个方面。这些规定的出台标志着货币基金市场进入了严监管时代，但同时也为其健康、稳定的发展提供了有力保障。

除了政策环境和市场动态的影响外，货币基金自身也在不断探索和创新以适应市场的变化。在资产配置方面，货币基金经历了从以债券为主到现金类资产和债券并重的转变。特别是在2018年之前，货币基金投资同业存单的规模快速上升，甚至一度达到了惊人的比例。这种投资策略的调整不仅提高了货币基金的收益水平，也增强了其资产的流动性。当然，货币基金市场的发展也并非一帆风顺。在面对市场波动、政策风险以及竞争加剧等多重挑战时，货币基金需要不断创新和优化其投资策略以应对各种不确定性。同时，投资者也需要根据自身的风险承受能力和投资目标来选择合适的货币基金产品。

（2）债券型基金。

债券型基金，作为资本市场的一个核心构成部分，其演变与宏观经济状况、货币政策走向以及市场风险承受度有着紧密的联系。通过对其历史的深入剖析，可以清晰地观察到债券型基金如何在不同的市场环境下调整其债券投资策略。

在2017年之前，受益于当时宽松的货币政策，债券型基金的发展与货币基金呈现出相似的趋势。在那种流动性充裕的环境下，商业银行手握巨额资金，寻找投资机会。它们不仅投资于货币基金以扩大规模和进行流动性管理，还积极通过专户、定制债券型基金等渠道投资于债券型基金。这一时期，债券型基金的高收益和税收优惠政策成为了吸引银行资金的关键因素。与货币基金相比，债券型基金通常能提供更诱人的回报。同时，银行通过债券型基金投资债券还可以享受免税待遇，这无疑进一步增强了债券型基金的吸引力。

然而，这种对银行资金的过度依赖也带来了潜在的风险。随着银行资金的迅速涌入，债券型基金的负债端变得日益脆弱，对银行的依赖性也逐渐增强。当市场环境发生变化，特别是银行资金面出现波动时，债券型基金的稳定性就会受到严峻挑战。例如，在市场流动性趋紧的情况下，银行为了满足自身的资金需求，可能会选择赎回债券型基金。为了筹集资金，基金公司可能不得不抛售手中的债券。然而，这种抛售行为往往会导致债券价格的下跌，从而影响债券型基金的净值。由于债券型基金采用市值法进行估值，因此债券价格的下跌会直接反映在基金的净值上，这可能会刺激银行进一步赎回基金份额，从而形成一个恶性循环。2016 年底的债券市场就曾经历过这样一次危机。当时，随着市场资金面的收紧，银行纷纷开始赎回债券型基金，并收紧了对非银机构的融资。这导致那些依赖银行资金的债券型基金不得不抛售债券以筹集资金，进而引发了债市的大幅下跌和基金净值的下滑。净值的下跌又进一步加剧了银行的赎回行为，最终导致了机构的恐慌性抛售，使得债市收益率迅速攀升。

但与货币基金在严格监管后的萎缩态势不同，债券型基金在 2017 年面临严格监管后并未出现明显的收缩。相反，在经过一段时间的调整后，其规模继续扩大。这主要归功于债券型基金在资产配置上的灵活性和多样性，以及投资者对稳定收益的持续追求。

从资产配置的角度来看，根据 Wind 数据，债券型基金将高达 93% 的资金投向了债券。在具体债券品种的选择上，债券型基金明显偏好金融债、中期票据、企业债和短期融资券。其中，金融债在整体投资组合中占比较高，成为了债券型基金的重要投资对象。以 2020 年上半年为例，债券型基金将接近 50% 的资金配置到了金融债上，这充分凸显了金融债在债券型基金资产配置中的核心地位。

9.4.3.2 银行理财

银行理财是中国债券市场的重要投资者之一。银行理财是一种由商业银行发行的理财产品，旨在为投资者提供更为灵活的投资方式，同时也能够帮助银行进行资产管理和风险控制。在中国，银行理财之所以配置债券，主要出于以下两点：

首先，从流动性的角度来看，银行理财对资金流动性有着极高的要求。这是因为理财产品的投资者通常期望能够在需要时快速赎回资金，这就要求银行必须保持一定的资金流动性以应对可能的赎回潮。与此相对，非标资产，如一些长期投资项目，往往期限较长且不易变现，这在很大程度上限制了资金的灵活性。而债券，特别是国债和高评级的企业债，通常具有较好的市场流动性，便于银行在需要时快速出手，从而满足理财产品的赎回需求。

其次，监管政策的推动也是银行理财投资债券的重要原因。回顾历史，我们可以发现，在2013年之前，银行理财投资于债券的规模相对较小。然而，随着监管机构对非标投资和同业资产的限制加强，银行开始转向更为标准化、透明度更高的资产，债券自然成为了首选。这一转变不仅符合监管要求，也提高了银行理财产品的风险可控性和透明度。

银行理财产品在投资债券时，通常采用多种方式以最大化其投资收益并管理风险。这不仅包括直接购买债券，还涉及委托外部机构进行投资，即委外投资。下面将深入分析银行理财如何投资债券，并探讨委外投资的两种主要模式。

银行理财产品在市场上存在严重的同质化问题，但为了吸引客户，它们往往会承诺一个相对较高的预期收益率。这就意味着，仅依靠债券的票面收益是远远不够的。因此，银行理财产品需要通过“加杠杆、加久期、下沉信用”等投资策略来提高债券投资的回报率。加杠杆即是通过借款来增加投资规模，加久期则是选择到期期限更长的债券以获得更高的利息，而下沉信用则是指投资于信用评级较低的债券以获取更高的风险溢价。然而，随着银行理财产品规模的扩大，一些银行，尤其是中小银行，开始面临内部专业投研人员不足的问题。同时，由于银行的合规要求较为严格，理财产品在加杠杆等方面也受到一定限制。因此，这些银行迫切需要找到一种更加便利的债券投资方式，委外投资便成为了一个理想的选择。

委外投资在银行理财中主要有两种模式：产品模式和投资顾问模式。产品模式下，银行将资金委托给外部机构，由外部机构独立管理和运作，银行只收取固定的管理费用。而在投资顾问模式中，银行则聘请外部机构作为投资顾问，提供投资建议和策略，但最终的投资决策仍由银行自己负责。

以某中小银行为例，该银行近年来推出了多款高收益的理财产品，为了实现这些产品的收益承诺，它们选择了与一家专业的债券投资机构进行合作，采取委外投资的方式。通过委外投资，该银行不仅解决了内部投研能力不足的问题，还成功实现了理财产品的高收益承诺，吸引了大量客户。

9.4.3.3 券商

券商是中国债券市场的重要投资者之一。券商是指证券公司，主要业务包括股票、债券等证券的交易、承销、代理发行、资产管理等。在中国，券商可以通过自营交易、资产管理、投行等业务，将大量的资金投资到债券市场中，获取相应的利息收益和资本收益。

首先，从投资收益的角度来看，债券为券商资管提供了稳定的收益来源。其固定利息回报和到期还本的特性使得投资风险相对较低，这恰好满足了券商资管追求稳健投资策略的需求。尤其是在当前金融市场环境下，稳定且可预测的投资回报显得尤为重要。其次，从风险管理的角度来看，债券在投资组合中起到了分散风险的作用。由于债券与其他资产类别的相关性较低，如股票和商品等，将其纳入投资组合中可以有效降低单一资产类别的风险敞口，提升投资组合的稳健性。这种风险分散的策略对于保护投资者利益、防止资产大幅缩水具有重要意义。最后，从资金配置的角度来看，债券具有良好的流动性，便于券商资管根据市场变化及时调整投资组合。这种灵活性使得券商资管能够更好地应对市场波动，抓住投资机会，从而实现资产的优化配置和增值。

具体到投资方式，券商资管通常会根据市场趋势、宏观经济环境以及投资者的风险偏好等因素来制定投资策略。例如，在市场利率下行时，券商资管可能会增加对长期债券的投资以获取更高的利息收益；而在市场利率上行时，则可能会减少对长期债券的投资以降低潜在的资本损失。此外，券商资管还会通过分散投资来降低单一债券违约的风险，确保投资组合的安全性。

值得注意的是，随着监管政策的加强和市场的不断变化，券商资管在投资债券时也需要不断调整策略以适应新的市场环境。例如，在严监管之后，券商资管开始更加注重主动管理业务，加大对标准化资产如债券的投资力度。这一转变不仅有助于提升投资组合的稳健性，也符合当前金融市场的发展趋势。

9.4.3.4 信托

信托是中国债券市场的重要投资者之一。信托是一种由信托公司作为受托人，为受益人管理和投资资金的形式，旨在为投资者提供更为灵活和多样化的投资方式。信托在债券市场的影响是一个复杂且多维的话题。首先，从信托投资的方向来看，中国信托产品的规模在近年来经历了显著的波动。2017 年，信托规模达到了一个高峰，超过 25 万亿元，显示了信托业在当时的强劲发展势头。然而，随着监管政策的收紧和市场环境的变化，信托产品的规模逐渐缩小。从资金投向来看，信托资金主要投向实体经济。长期以来，工商企业一直是信托资金的主要投向。2020 年第三季度，信托资金投向工商企业的资金占比达到 31.47%，投向基建和房地产行业的比重为 29.8%。然而，投向债券市场的比例仅有 7.86%，这表明信托资金在债券市场的投资相对较少。

信托资金不愿投资债券的原因主要有以下几点。首先，房地产开发商和地方融资平台等给出的收益率较高。在房价上涨的背景下，开发商有能力并愿意付出较高的成本融资。这使得信托资金更倾向于投向这些高收益领域，而非票面收益相对较低的债券市场。其次，信托产品的负债成本高。相比于银行理财，信托产品筹集资金的成本更高，集合资金信托或单一信托资金的融资成本往往在 6% 以上。这么高的资金成本使得信托资金很难投向债券等票面收益相对较低的资产。最后，信托公司的投研能力不足也是影响其投资债券市场的重要因素。信托公司以前主要依赖房地产企业和地方融资平台放款来获取高收益和低风险，对证券市场涉足较少，因此相应的投研能力也不强。

9.4.4 外资

外资是中国债券市场的重要投资者之一。随着中国金融市场的不断开放和国际化进程的推进，越来越多的外国投资者开始关注中国债券市场，并逐步加大在中国债券市场的投资规模。这些境外机构大致可以分为两类：央行类机构投资者和商业类机构投资者。它们各自的投资动机、行为模式以及对中国债券市场的影响均有所不同。以下是对这两类境外机构投资者在中国债券市场投资的详细分析。

（1）央行类机构投资者

央行类机构包括各国央行（货币当局）和其他官方储备管理机构、国际金融组织和主权财富基金。这类机构在债市开放初期是主要的境外投资者，它们的行为对市场有一定影响力。与商业类机构不同，央行类机构投资者的投资行为则更多地受到政治性因素和人民币国际化的影响。它们通常会出于外汇储备多元化的考虑而投资中国债券，以降低对单一货币的依赖风险并寻求更高的收益。同时，随着中国在全球经济中的地位不断提升和人民币国际化的加速推进，央行类机构投资者也看到了投资中国债券市场的长期价值。央行投资机构的投资行为通常较为稳健和长期，不太受短期市场波动的影响。它们更注重资产的安全性和流动性，以确保在需要时能够及时变现或调整投资组合。

（2）商业类机构投资者

商业类机构投资者涵盖范围较广，包括境外商业银行、基金、证券公司等。与央行类机构不同，商业类机构投资者以盈利为主要目标，因此会更加关注债券的收益率、风险和流动性。

对于商业类机构投资者而言，投资中国债券的收益来源主要包括票息收入和资本增值。与直接购买美国债券相比，购买中国债券需要先进行货币兑换，即将持有的美元等外币兑换成人民币。这一过程可能会增加投资成本并带来汇率风险。它们会密切关注中国债券市场的动态和政策变化，以寻求最佳的投资机会。在投资决策过程中，这些机构会综合考虑收益率、风险和流动性等多个因素，以确保投资回报的最大化。除了追求收益外，商业类机构投资者还看重中国经济的长期增长潜力和人民币国际化的趋势。随着中国经济的不断发展和金融市场的逐步开放，这些机构看到了投资中国债券市场的广阔前景和机遇。

商业类机构投资者的加入增加了中国债券市场的活力和多样性。它们通过灵活的投资策略和敏锐的市场洞察力，不断寻求最佳的投资机会。同时，这些机构也为中国债券市场带来了更多的国际经验和专业知识，有助于提升市场的整体水平和国际竞争力。

9.5 债券的指标

9.5.1 基本指标

在中国债券市场中，投资者通常关注债券的票面价格、市场价格、票面利率、发行期限、发行人、信用评级等指标，这些指标是投资者在中国债券市场中进行投资决策时需要关注的重要因素。

（1）票面价格：债券的票面价格是债券发行时所标明的货币金额，它代表债券持有人到期时应收回的本金数额，同时也是计算债券利息的基础。票面价格通常设定为标准化金额，如 100 元或 1000 元等，便于债券的交易和比较。然而，票面价格并不等同于债券的市场价格，后者受到市场利率、债券信用状况等多种因素影响而波动。

（2）市场价格：债券的市场价格是债券在公开市场上交易时形成的价格。它由多种因素决定，包括债券的票面价值、利率、市场供求关系、债券的评级和信用风险等。市场价格围绕债券面值波动，当市场利率上升时，债券价格通常下降，反之亦然。这是因为固定利率的债券在未来支付的利息是确定的，当市场利率变化时，投资者会重新评估债券的相对价值，从而影响其市场价格。同时，债券的评级和发行方的信用状况也对其市场价格产生重要影响。

（3）票面利率：债券的票面利率，又称为息票率或名义利率，是指债券发行时确定的、债券持有人每年可获得的利息与债券票面金额的比率。它代表了债券发行人承诺给投资者的回报水平，通常以百分比形式表示。票面利率的设定取决于多种因素，包括市场利率、债券的信用评级、发行人的融资需求等。对于投资者而言，票面利率是衡量债券投资收益的重要指标之一。然而，需要注意的是，票面利率并非债券的实际收益率，实际收益率还受到债券价格变动等因素的影响。

（4）发行期限：指的是债券从发行之日起至到期日之间的时间跨度，通常以年为单位表示。它决定了投资者持有债券的时长以及债券发行人偿还本金的时间点。期限的长短对债券的风险和收益特性具有重要影响。短期债券期限较短，流动性较好，风险相对较低；而长期债券则具有较长的投资期限，可能面临更高的利率风险和信用风险，但也可能带来更高的收益。

（5）发行人：债券的发行人多样，包括中央政府、地方政府、国有企业及民营企业。中央政府发行国债，以国家信用为担保，主要用于国家大型项目和基础设施建设，风险较低。地方政府发行地方债，用于地方经济发展和公共项目，其信用程度受地方政府财政状况影响。国有企业发行企业债，其还款能力通常较为稳定。民营企业也可发行债券，其风险与收益水平取决于企业自身的经营状况和盈利能力。

（6）评级：债券评级是专业机构对债券信用风险的评价，反映发行人的还款能力。在中国，债券评级从 AAA 到 D 级不等，AAA 级最高，代表极低违约风险。目前，中国债券市场以高评级债券为主，但中低评级债券亦占一定比重，以 2023 年发行债券主体的发行主体评级为例，61.71%、19.08%、8.71%的发行主体评级为 AAA、AA +、AA，这种分布既反映了市场多元化的投资需求，也体现了不同发行人的信用状况。

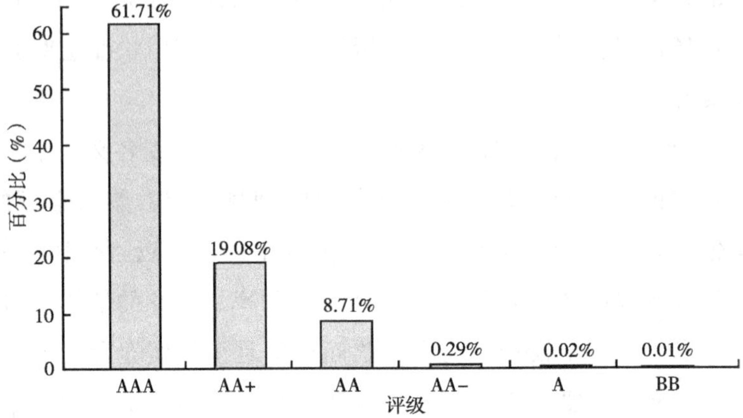

图9－7　2023年发行债券的发行主体评级分布

9.5.2　其他扩展指标

除了上述基本指标外，投资者在中国债券市场中还需要关注一些其他的指标和因素，包括：

（1）市场利率：市场利率是指借贷市场上的主导利率，它反映了资金供求关系和宏观经济状况。市场利率的变化对债券市场价格产生直接影响。当市场利率上升时，新发行的债券利率也会相应提高，这使得已发行的固定利率债券的相对吸引力降低，投资者可能更愿意购买新发行的高利率债券，从而导致旧债券的市场价格下降。相反，市场利率下降时，已发行的债券的相对收益率变得更有吸引力，债券的市场价格通常会上涨。

（2）久期：久期是衡量债券价格对市场利率变化敏感度的指标，表示债券价格变化1%时市场利率需要变动的百分点数。久期越长，意味着债券价格受市场利率变动的影响越大，即利率风险越大。当市场利率发生变动时，久期长的债券价格波动幅度会比久期短的债券更大。因此，投资者在选择债券时，应根据自己的风险承受能力和市场利率的预期变化来选择合适久期的债券。

（3）收益率曲线：债券收益率曲线是描述相同信用风险的不同期限债

券收益率与到期期限之间关系的图形。它反映了无风险收益率与到期期限之间的关系，通常呈现为一条向上倾斜的曲线，长期债券的收益率高于短期债券的收益率。这是因为长期债券面临更多的不确定性，需要更高的收益率来吸引投资者。收益率曲线的形状可以提供关于未来利率走势、经济增长预期和通货膨胀预期等重要信息，是投资者和政策制定者重要的参考工具。通过观察和分析收益率曲线，可以更好地理解市场动态和经济环境，从而做出更明智的投资和经济决策。

（4）流动性：债券的流动性指的是债券在市场上能够快速且容易地买卖的能力。流动性好的债券通常意味着投资者可以在短时间内以较为接近市场价格的方式买卖债券，而不会引起价格的大幅波动。流动性受到多种因素影响，包括债券发行量、市场规模、交易活跃度以及债券本身的信用评级等。高流动性的债券通常具有较低的买卖差价，便于投资者及时调整投资组合。对于投资者而言，了解债券的流动性对于评估其投资价值和风险至关重要，因为流动性差的债券可能在需要时难以快速出手，从而影响投资策略和风险控制。

第十章
中国债券市场的常见投研框架

10.1 经济基本面分析

经济基本面是影响债券收益率的关键因素。其中，通货膨胀和经济增长尤为突出。一方面，通货膨胀会侵蚀债券的固定收益，使实际回报率降低。因此，在高通胀环境下，投资者往往要求更高的名义收益率来补偿损失，从而推高债券收益率。另一方面，经济增长也会影响债券的吸引力。强劲的经济增长可能提升股票等风险资产的吸引力，使得资金从债券市场流向其他市场，对债券价格构成压力，进而影响收益率。

10.1.1 通货膨胀

通货膨胀是中国债券市场的重要经济基本面分析因素之一，它是指货币流通量过多，导致物价普遍上涨的现象，通货膨胀水平的高低将直接影响到债券市场的供求关系，进而影响债券价格和收益率。通货膨胀的指标包括通货膨胀率、消费者价格指数（CPI）和生产者价格指数（PPI）等核心经济指标，这些指标提供了关于经济整体通胀状况的直接证据，是构建和调整投资策略的基础。

（1）通货膨胀率。

通货膨胀率直接反映了货币价值的变化，当通货膨胀率上升时，意味着货币的购买力下降，固定收益的债券实际回报会受到影响。如果债券的票面利率是固定的，而通货膨胀率上升，那么投资者从债券中获得的利息收入的购买力就会降低，这就会导致投资者的实际收益减少。因此，在通货膨胀率上升的环境中，投资者可能会倾向于购买具有浮动利率的债券或是通胀保护债券，这类债券的利率或本金可以与通货膨胀率挂钩，从而在一定程度上保护投资者的实际收益。另外，投资者也可能会缩短债券投资组合的久期，以减少因通货膨胀率上升而导致的资本损失风险。

（2）消费者价格指数（CPI）。

CPI 是衡量消费者物价水平变动的重要指标，它直接反映了通货膨胀对消费者生活的影响。当 CPI 持续上升时，通常意味着通货膨胀压力加大，央行可能会采取相应的货币政策来调控物价。在这种情况下，投资者需要密切关注央行的政策动向及其对市场利率的影响。如果央行采取紧缩货币政策来抑制通货膨胀，那么市场利率可能会上升，从而导致债券价格下跌。因此，在 CPI 上升的环境中，投资者需要谨慎评估债券投资组合的利率风险，并可能需要调整债券的持仓结构，以应对潜在的市场利率变动。

（3）生产者价格指数（PPI）。

PPI 主要反映了生产环节的成本变化。当 PPI 上升时，意味着企业的生产成本增加，这可能会传导到消费端，导致 CPI 的上升，进而引发通货膨胀。因此，PPI 的变动可以作为预测未来通货膨胀趋势的重要参考。如果 PPI 持续上升，投资者可能需要警惕未来通货膨胀压力的加大，并相应地调整债券投资策略。具体来说，投资者可能会考虑增加对通胀保护债券的配置，或是寻找其他能够对冲通货膨胀风险的资产类别。

（4）商品零售价格指数（RPI）。

商品零售价格指数（RPI）是衡量零售商品和服务价格变动的指标，它反映了消费者购买日常商品和服务的成本变化。RPI 的涨跌与通胀水平密切相关，RPI 上升通常意味着通胀压力的增大。在债券投资中，RPI 的变动对策略制定至关重要。通胀上升可能导致固定收益债券的实际回报率下降，因为利息收入未能跟上物价上涨。因此，投资者需根据 RPI 调整债券配置，如选择浮动利率或通胀保值债券来对冲通胀风险。

（5）企业商品交易价格指数（CGPI）。

企业商品交易价格指数（CGPI）是衡量企业间商品交易价格变动的指数，反映了供应链上游的价格动态。CGPI 的波动与通胀紧密相关，其上涨可能预示着未来生产成本和消费者价格的上升，进而加剧通胀压力。在债券投资策略中，CGPI 的变动对投资者决策至关重要。若 CGPI 持续攀升，可能推高市场通胀预期，导致债券的实际收益率下降。

（6）RMPI、PPI、CGPI、CPI（RPI）之间的传导关系。

RMPI、PPI、CGPI、CPI、RPI 之间构成了一个清晰的价格传导链条，每一环节的价格变动都会沿着这个链条向下传递，最终影响消费者的购买价格，展现了从原材料到最终消费品的整个经济流程中的价格变动关系。首先，RMPI 是衡量企业购买原材料、燃料和动力等投入品价格变动的指数，这些原材料价格的波动会直接影响到生产者的成本，进而影响到 PPI，也就是说，如果原材料价格上涨，生产者的成本会随之增加。其次，PPI 则反映了生产者出售其产品时的价格变动。当生产者成本上升时，他们往往会将这些增加的成本转嫁到销售价格上，以保持利润水平，因此 PPI 会相应上涨，PPI 的变动是企业间商品交易价格即 CGPI 变动的重要参考。再次，CGPI 衡量了企业之间的商品交易价格，由于生产成本的增加，企业在销售给其他企业时，价格也会相应调整，因此 CGPI 会受到 PPI 变动的影响。最后，这些成本的上升会传递到消费者层面，体现在 CPI 或 RPI 的上涨上。消费者在购买商品和服务时，将不得不面对更高的价格。

10.1.2 经济增长

经济增长是中国债券市场的重要经济基本面分析因素之一，经济增长水平的高低将直接影响到债券市场的供求关系，进而影响债券价格和收益率。在中国债券市场的常见投研框架中，经济基本面分析是其中的一个重要部分，而经济增长是相关指标分析尤为重要的指标之一，投资者通过关注经济增长水平，判断未来的市场环境，从而制定投资策略。

（1）国内生产总值（GDP）增长率。

GDP 增长率的变化反映了经济的整体增长状况，当 GDP 增长率较高时，通常意味着经济活动繁荣，这可能会引发市场对未来通胀上升的担忧。由于债券的回报率通常是固定的，通胀上升会降低债券的实际回报率，因此投资者可能会对债券投资持谨慎态度。GDP 的增长也会影响央行的货币政策，在经济增长过快、通胀压力上升的情况下，央行可能会上调利率以控制通胀，这将对债券市场产生直接影响，利率的上升会导致债券价格下降，从而影响投资者的债券投资策略。最后，GDP 的变化还会影响市场的风险偏好，在经济增长强劲的时期，投资者可能会更倾向于将资金投向风险更高的资产，如股市，以追求更高的收益，这可能会导致资金从债券市场流向股市，对债券价格产生负面影响。

（2）失业率。

失业率是衡量一个国家或地区劳动力利用情况的关键指标，对债券投资策略具有显著影响。当失业率较低时，表明经济较为繁荣，劳动力市场需求强劲，这通常会导致工资水平上升，进而可能引发通货膨胀。由于债券的回报率固定，通胀上升会降低债券的实际回报率，因此投资者在失业率较低的环境下，可能会对长期债券持谨慎态度，减少持仓以避免潜在的资本损失。

相反，当失业率上升时，表明经济状况可能不佳，通胀压力相对较小。这时，央行可能会采取宽松的货币政策来刺激经济，如降低利率。利率的下降通常对债券价格有利，因为债券的固定收益在低利率环境下变得更有吸引力。因此，在失业率上升的情况下，投资者可能会增加对债券的投资，尤其是长期债券，以获取稳定的收益。

此外，失业率的变化还会影响投资者的风险偏好。在失业率较高的时期，投资者可能更倾向于选择风险较低的投资，如国债或高评级企业债，以确保资金的安全性和稳定收益。

（3）货币供应量增长率。

货币供应量增长率是衡量货币供应速度的重要指标，对债券收益率具有直接影响，货币供应量增长率的增加意味着经济体中的货币供应量正在快速增长，这通常会对债券市场产生显著影响。首先，货币供应量的快速增长可能会导致通货膨胀预期的上升。当市场上货币供应过多时，货币的购买力会下降，商品和服务的价格可能会上涨。这种通胀预期上升可能会影响投资者对债券的实际回报率的要求，从而对债券价格产生影响。具体来说，如果通胀预期上升，投资者可能会要求更高的回报率来补偿通胀风险，这可能会导致债券价格下降，收益率上升。其次，货币供应量的快速增长还可能影响市场的利率水平。在经济体中货币供应增加的情况下，货币的供需平衡可能会被打破，导致市场利率的变动。如果货币供应量增加导致市场利率上升，那么债券的相对吸引力可能会下降，因为投资者可以在其他市场获得更高的回报。最后，这可能会导致资金从债券市场流向其他市场，对债券价格产生负面影响，进而提高债券收益率。

（4）贸易和经常账户余额。

贸易和经常账户余额通过影响投资者信心、货币政策和通胀水平等多个方面，进而对债券收益率产生影响。首先，贸易和经常账户余额反映了一个国家的经济实力和外部均衡状况，当一个国家出现贸易顺差和经常账户盈余时，这通常意味着该国经济相对较强，有更多的外汇收入。这种情况下，投资者可能会对该国的经济实力和偿债能力持乐观态度，从而增加对该国债券的需求，需求的增加可能会推高债券价格，进而降低债券收益率。相反，如果一个国家出现贸易逆差和经常账户赤字，这可能引发投资者对该国经济稳定性和偿债能力的担忧，这种情况下，投资者可能会减少对该国债券的需求，甚至抛售手中持有的债券。需求的减少和抛售行为可能会导致债券价格下跌，进而提高债券收益率。其次，贸易和经常账户余额的变化还可能影响一个国家的货币政策和通胀水平，从而间接影响债券收益率。例如，持续的贸易顺差可能会导致国内货币供应增加，进而引发通胀压力。为了控制通胀，央行可能会上调利率，这将对债券市场产生影响。利率的上升会导致已发行的债券价格下跌，进而提高债券收益率。

（5）工业生产和产能利用率。

工业生产和产能利用率是影响债券投资策略的重要因素。工业生产的增长意味着企业活动的增加和经济的扩张，这通常被视为经济增长的积极信号。当工业生产持续增长时，投资者对经济前景的信心可能会增强，这可能会降低对安全资产如债券的需求，从而影响债券的价格和收益率。

产能利用率是衡量工业生产能力利用程度的重要指标。当产能利用率高时，表明工业生产接近或达到其最大能力，这可能会带来更高的盈利和更好的企业表现。这种情况下，投资者可能会更倾向于投资股市等风险资产，而非债券。相反，如果产能利用率低，可能表明存在产能过剩，企业盈利可能受到压力，这时投资者可能会更倾向于投资相对安全的债券。

在制定债券投资策略时，投资者需要综合考虑工业生产和产能利用率的变化。例如，在工业生产强劲、产能利用率高的情况下，投资者可能会减少对长期债券的持仓，以避免潜在的利率风险。而在工业生产疲软、产能利用率低时，投资者可能会增加对债券的投资，尤其是国债和高评级企业债，以获取稳定的收益。

10.2 “货币＋信用”组合分析

“货币＋信用”的分析框架对债券收益率有着深远的影响。货币政策的调整直接关系到市场流动性和资金成本，进而影响债券的市场价格和收益率。当货币政策宽松时，市场流动性充裕，资金成本较低，债券收益率往往会随之下行。反之，紧缩的货币政策则会推高资金成本，导致债券收益率上升。同时，信用环境的变化也不容忽视，信用风险的增减会直接影响企业债等信用类债券的收益率。信用状况改善时，投资者对债券的信用风险溢价要求降低，从而可能使得债券收益率下降；反之，信用风险加剧则会提升收益率以补偿风险。因此，在“货币+信用”框架下，债券收益率受到货币政策和信用环境的双重影响。

10.2.1 货币目标的松紧

在经济学和金融领域中，货币目标的松紧是指中央银行或货币政策制定机构所设定的货币供应量或利率目标的宽松或紧缩程度。货币政策的松紧直接影响到金融市场的流动性、借贷成本以及整体经济状况，进而对债券收益率产生显著影响。

（1）货币目标的松紧定义。

货币目标的“松”：货币政策的“松”意味着中央银行采取措施增加货币供应、降低市场利率，以刺激经济增长。这通常在经济衰退或增长放缓时出现，目的是通过降低借贷成本来鼓励企业和消费者增加投资和消费。宽松的货币政策可能导致更多的货币追逐相对固定的资产，如债券等，从而推高其价格并降低收益率。

货币目标的“紧”：相反，紧缩的货币政策是指中央银行减少货币供应或提高利率，以控制通货膨胀、稳定物价和防范金融风险。在经济增长过快、通货膨胀压力上升时，紧缩政策可能被采用。紧缩政策导致市场上的货币减少，借贷成本上升，可能会降低债券的价格，从而提高债券的收益率。

（2）货币政策松紧与债券收益率之间的关系。

货币政策的松紧与债券收益率之间存在着密切的联系。当货币政策宽松时，市场上的货币供应量增加，借贷成本下降，投资者更倾向于将资金投入风险较低的债券市场，从而推高债券价格，降低债券收益率。此时，债券作为一种相对安全的资产类别，吸引了大量资金流入。

相反，在紧缩的货币政策下，市场上的货币供应量减少，借贷成本上升。这可能导致投资者从债券市场撤资，转向其他可能提供更高收益的资产类别，如股市或房地产。资金流出债券市场会导致债券价格下跌，从而提高债券的收益率。

此外，货币政策的预期变化也会对债券收益率产生影响。如果市场预期中央银行将实施更紧缩的货币政策，投资者可能会提前调整投资组合，从债券市场撤资，导致债券价格下跌和收益率上升。相反，如果市场预期货币政策将保持宽松或进一步宽松，投资者可能会增加对债券的投资，推高债券价格并降低收益率。

（3）2010—2022 年中国货币目标松紧程度。

自 2010—2023 年，中国的货币政策经历了多次的松紧调整，以适应国内外经济形势的变化，保持经济的稳定增长，并应对各种经济风险。

2010 年，随着全球金融危机的逐渐消退，中国经济开始强劲复苏。为了抑制通货膨胀和资产泡沫的风险，中国人民银行开始逐步收紧货币政策。这一年，央行多次上调存款准备金率和基准利率，以减少市场上的流动性，此时的货币政策相对“紧”。

2011—2012 年，面对持续高涨的通货膨胀压力和全球经济的不确定性，中国继续实施稳健的货币政策，但相对于 2010 年有所放松。央行通过公开市场操作等手段微调市场流动性，保持经济增长的稳定。

2013—2014 年，随着经济增速放缓和通货膨胀压力的降低，货币政策开始转向“稳健略偏宽松”。央行通过降息、降准等手段逐步增加市场的流动性，以支持经济增长。

2015 年，面对全球经济的复杂形势和国内经济增长的压力，中国加大了货币政策的宽松力度。央行多次降准、降息，以刺激经济增长和稳定市场预期。此时的货币政策“宽松”。

2016—2017 年，为了防控金融风险和抑制资产泡沫，货币政策再次转向稳健中性。央行通过公开市场操作等精细化的政策工具来管理市场流动性，既不过于宽松也不过于紧缩。

2018 年，面对国内外的复杂经济形势，中国继续实施稳健中性的货币政策，但在实际操作中略偏向宽松，以支持实体经济和稳定市场预期。央行通过定向降准、中期借贷便利（MLF）等工具提供流动性。

2019 年，在全球经济增长放缓和国内经济下行压力增大的背景下，中国货币政策继续保持稳健略偏宽松的基调。央行通过降准、降息等手段进一步释放流动性，降低企业融资成本，支持实体经济发展。

2020 年，受新冠疫情冲击，全球经济陷入严重衰退。为了稳定经济增长和市场预期，中国采取了更加宽松的货币政策。央行通过降准、降息、再贷款等多种手段提供充足的流动性支持，并推动贷款利率下行，以减轻企业负担。此时的货币政策“明显宽松”。

2021 年，随着疫情得到有效控制和经济复苏的加快，货币政策开始逐步回归常态。央行在保持流动性合理充裕的同时，更加注重精准滴灌和结构性政策工具的运用，以支持实体经济的高质量发展。

2022 年，面对全球经济的不确定性和国内经济增长的压力，中国货币政策继续保持稳健的基调，但在实际操作中更加注重灵活性和针对性。央行通过公开市场操作、再贷款等工具提供必要的流动性支持，同时加强跨周期调节，以稳定市场预期和促进经济增长。

10.2.2 信用的松紧

（1）信用的松紧定义。

在“货币+信用”框架中，信用的松紧是另一个核心要素，它主要反映了实体经济从金融体系获取资金的难易程度以及债务的增长情况。信用的松紧可以通过社会融资规模、信贷增速以及企业融资环境等指标来衡量。

信用宽松：信用宽松指的是金融体系向实体经济提供资金的意愿增强，信贷条件放宽，企业更容易获得融资。这通常表现为社会融资规模快速增长，信贷增速上升，企业融资难度降低。在信用宽松的环境下，企业有更多的资金进行生产和投资，有助于推动经济增长。

信用紧缩：与信用宽松相反，信用紧缩则意味着金融体系对实体经济的资金支持减少，信贷条件收紧。这可能是由于银行风险偏好下降、资本充足率要求提高或监管政策收紧等原因导致的。在信用紧缩的情况下，企业融资难度增加，社会融资规模和信贷增速放缓，可能会对经济增长产生抑制作用。

（2）信用的松紧对债券市场收益率的影响。

信用的松紧状况对债券市场的收益率具有重要影响，主要体现在以下几个方面：

融资需求与债券供给：在信用宽松的环境下，企业融资需求增加，可能会导致债券市场的供给增加。然而，由于资金相对充裕，投资者对债券的需求也相应增加，从而可能对债券价格产生支撑作用，影响收益率的变动。

风险偏好与投资选择：信用宽松时，投资者的风险偏好可能会提升，部分资金可能会流向风险更高的资产，如股市。这可能对债券市场的资金流产生一定影响，从而影响债券的收益率。相反，在信用紧缩时，投资者可能更加倾向于风险较低的债券市场，从而增加对债券的需求，影响收益率的走势。

经济预期与通胀压力：信用的松紧也反映了市场对未来经济发展的预期。信用宽松可能意味着市场对未来经济增长持乐观态度，而经济增长往往伴随着一定程度的通胀压力。通胀预期的变化会影响债券的实际收益率和投资者的持有意愿。

（3）2010—2022 年中国信用松紧程度梳理。

自 2010—2023 年，中国的信用环境经历了显著的松紧变化，这些变化与国内外经济形势、政策导向以及金融市场的发展密切相关。

2010 年，信用适度宽松。随着全球金融危机的消退和中国经济的强劲复苏，为了支持经济增长，信用环境相对宽松。政府和金融机构积极推动信贷投放，以支持基础设施建设和企业发展。此时，社会融资规模快速增长，信贷增速处于较高水平。

2011—2012 年：信用稳步收紧。面对通货膨胀压力和全球经济的不确定性，中国开始逐步收紧信用。政府加强了对房地产市场的调控，限制了部分行业的信贷投放。同时，银行也开始加强风险管理，对信贷审批更加严格。这一时期，社会融资规模增速逐渐放缓，信贷增速有所回落。

2013—2014 年：信用适度宽松。随着经济增速放缓，政府再次调整信用政策，通过适度宽松的信用环境来刺激经济增长。金融机构加大了对实体经济的支持力度，特别是在小微企业、农业和农村发展等领域。此时，社会融资规模增速有所回升，信贷增速保持稳定。

2015 年：信用明显宽松。为了应对经济增长下行压力，政府采取了更加积极的财政政策，并推动金融机构加大对实体经济的信贷支持。这一年，多次降准降息，释放了大量流动性，社会融资规模大幅增长，信贷增速明显提升。

2016—2017 年：信用逐步收紧。为了防控金融风险和抑制资产泡沫，政府开始逐步收紧信用政策。金融机构加强了对信贷投放的风险管理和控制，特别是在房地产、地方政府融资平台等领域。此时，社会融资规模增速逐渐放缓，信贷增速有所回落。

2018 年：信用适度宽松。面对国内外的复杂经济形势，政府再次调整信用政策，通过适度宽松的信用环境来稳定经济增长。金融机构加大了对基础设施、制造业等领域的信贷支持。这一年，社会融资规模保持稳健增长，信贷增速有所回升。

2019 年：信用保持稳定。政府继续实施稳健的货币政策和积极的财政政策，以保持经济增长的稳定。金融机构在风险可控的前提下，继续加大对实体经济的信贷支持。此时，社会融资规模增速保持稳定，信贷增速略有回落。

2020 年：信用明显宽松。受新冠疫情冲击影响，政府采取了更加积极的财政政策和适度宽松的货币政策来稳定经济增长。金融机构纷纷推出支持实体经济的政策措施，如延期还本付息、降低贷款利率等。这一年，社会融资规模大幅增长，信贷增速明显提升。

2021 年：信用稳步收紧。随着疫情得到有效控制和经济复苏的加快，政府开始逐步收紧信用政策以防范金融风险。金融机构加强了对信贷投放的风险管理和控制，特别是在房地产、影子银行等领域。此时，社会融资规模增速逐渐放缓，信贷增速有所回落。

2022 年：信用适度宽松。面对全球经济的不确定性和国内经济增长的压力，政府再次调整信用政策以刺激经济增长。金融机构加大了对小微企业、绿色发展、科技创新等领域的信贷支持。这一年，社会融资规模保持稳健增长，信贷增速有所回升。同时，政府也加强了对地方隐性债务的监管和风险防范。

10.2.3 “货币 + 信用”组合

(1)“宽货币 + 宽信用”组合。

在“宽货币 + 宽信用”的政策组合下，中央银行采取宽松的货币政策，通过降息、降准等手段增加市场流动性，同时金融体系也放宽信贷条件，使得企业和个人更容易获得融资。这种政策环境通常出现在经济下行压力较大时，政府希望通过宽松政策刺激经济增长。

①债券收益率变化趋势：在“宽货币 + 宽信用”的政策组合下，由于市场流动性充裕，资金成本降低，债券的收益率通常会呈现下降趋势。投资者对债券的需求增加，推动债券价格上涨，从而降低债券的到期收益率。

②债券投资策略：在“宽货币 + 宽信用”环境下，投资者可以采取以下策略。

a. 拉长债券久期：由于预期利率将维持低位或继续下行，投资者可以购买久期较长的债券以获取更高的资本利得。

b. 增加信用债配置：在宽信用的环境下，企业融资成本降低，信用债的违约风险相对减小，因此可以适当增加信用债的配置比例。

c. 利用杠杆：在资金成本较低的情况下，可以适当利用杠杆提高投资收益。

(2)“宽货币 + 紧信用”组合。

在“宽货币 + 紧信用”的政策组合中，中央银行实施宽松的货币政策，但金融体系对信贷的投放较为谨慎，信贷条件相对收紧。这种情况可能出现在政府希望稳定金融市场、防控金融风险时。

①债券收益率变化趋势：由于货币政策宽松，市场流动性充裕，这通常会对债券收益率产生下行压力。然而，紧信用的环境限制了资金进入实

体经济的渠道，可能会导致部分资金流向债券市场，进一步压低收益率。

②债券投资策略：在“宽货币 + 紧信用”组合，投资者可以考虑以下策略：

a. 投资利率债：由于货币政策宽松，利率债（如国债）的收益率可能会受到压制，是较为安全的投资选择。

b. 优选高评级信用债：在紧信用环境下，低评级信用债的违约风险增加，因此应优选高评级的信用债。

c. 控制杠杆：尽管资金成本较低，但紧信用环境可能限制了杠杆的使用，因此应谨慎使用杠杆。

（3）“紧货币 + 宽信用”组合。

在“紧货币 + 宽信用”的政策组合下，中央银行采取紧缩的货币政策，通过提高利率、减少货币供应等手段来控制通货膨胀和稳定金融市场。然而，金融体系仍然保持较为宽松的信贷条件，以支持经济增长。

①债券收益率变化趋势：紧缩的货币政策通常会导致债券收益率上升，因为市场流动性减少，资金成本增加。但宽信用的环境可能会对债券收益率的上升起到一定的缓冲作用。

②债券投资策略：在“紧货币 + 宽信用”的环境下，投资者可以采取以下策略：

缩短债券久期：预期利率将上行，因此应缩短债券久期以减少利率风险。

关注信用利差：在宽信用的环境下，信用利差可能会收窄，因此可以关注信用债的投资机会。

谨慎使用杠杆：在紧缩的货币政策下，资金成本上升，使用杠杆的成本和风险都会增加。

（4）“紧货币 + 紧信用”组合。

在“紧货币 + 紧信用”的政策组合中，中央银行和金融体系都采取紧缩的政策。中央银行通过紧缩货币政策控制通货膨胀和金融市场风险，而金融体系也收紧信贷条件以防范金融风险。

①债券收益率变化趋势：在此环境下，债券收益率通常会呈现上升趋势。紧缩的货币政策导致市场流动性减少，资金成本上升，而紧信用的环境进一步限制了资金的供应，从而推高债券收益率。

②债券投资策略：投资者在“紧货币 + 紧信用”组合下可以采取以下策略：

a. 保持短期投资：由于预期利率将维持高位或继续上行，投资者应倾向于购买短期债券以降低利率风险。

b. 减少信用债配置：在紧信用的环境下，企业融资成本上升，信用债的违约风险增加，因此应减少信用债的配置比例。

c. 避免使用杠杆：在资金成本高昂且信贷条件收紧的情况下，使用杠杆将显著增加投资风险。

10.3 信用风险分析框架

信用风险框架是金融机构评估和管理借贷风险的重要体系。该框架主要包括财务分析和外部评级两大核心。财务分析旨在通过深入研究企业的财务报表，评估其偿债能力、盈利能力和运营效率，从而判断其信贷可靠性。这包括对资产负债表、利润表及现金流量表的详尽剖析，从而洞察企业的财务健康状况。外部评级则是由专业评级机构根据企业整体经营状况、市场环境及偿债能力等多方面因素进行的综合评定，为金融机构提供独立的信用风险参考。这一评级通常会影响企业的借贷成本和市场信誉，综合财务分析和外部评级，信用风险框架为金融机构提供了一套科学、全面的风险评估方法，有助于减少不良贷款，确保金融安全。

10.3.1 财务分析

在债券投研中，财务分析是核心环节。首先，从资产负债角度分析企业资产规模、结构和质量，以及负债的期限、成本，评估企业的偿债能力和财务稳健性。其次，通过利润分析考察企业的盈利能力、成本控制及增长潜力，判断企业未来现金流的可持续性。最后，现金流量分析则揭示企业现金流入流出状况，反映其经营效率和短期偿债能力。

（1）资产负债分析：稳固基础与风险预判。

在债券投资研究领域，资产负债分析是一个至关重要的环节。通过对企业的资产负债表进行深入剖析，可以洞察企业的财务状况、运营能力以及潜在风险，从而为债券投资决策提供有力的数据支持。

①资产负债表的重要性。资产负债表是企业财务状况的核心报表之一，它详细列示了企业在某一特定日期的资产、负债和所有者权益状况。对于债券投资者而言，资产负债表是评估企业偿债能力、运营效率和整体财务状况的重要依据。

在债券投研中，一方面，首先关注的是企业的资产规模和质量。资产规模的大小直接反映了企业的经济实力和市场地位。一般来说，资产规模较大的企业往往具有更强的偿债能力和抗风险能力，因此其发行的债券相对较为安全。同时，资产质量也是不容忽视的因素，优质资产能够为企业创造持续稳定的现金流，从而保障债券的按时兑付。另一方面，也需要关注企业的负债状况。负债的规模和结构直接影响了企业的偿债压力和财务风险，过高的负债水平可能导致企业面临偿债困难，甚至引发破产风险。

②资产负债分析的关键指标。

a. 资产类指标：一是流动资产与非流动资产比例：这一指标反映了企业资产的流动性。流动资产占比高的企业通常具有较强的短期偿债能力，而非流动资产则代表了企业的长期投资价值和发展潜力。二是应收账款周转率：应收账款周转率衡量了企业应收账款的回收速度。较高的周转率意味着企业的应收账款管理效率较高，有助于提升现金流和偿债能力。三是存货周转率：存货周转率反映了企业存货的管理效率。高效的存货管理有助于减少资金占用，提高盈利能力。

b. 负债类指标：一是资产负债率：资产负债率是企业负债总额与资产总额的比率，它衡量了企业的财务杠杆水平。合理的资产负债率有助于企业实现稳健发展，但过高的资产负债率则可能加大财务风险。

二是流动比率与速动比率：这两个指标分别衡量了企业流动资产和速动资产（流动资产减去存货）对流动负债的覆盖程度。较高的流动比率和速动比率意味着企业具有较强的短期偿债能力。

③资产负债分析在债券投研中的应用。在债券投研过程中，资产负债分析为我们提供了评估企业偿债能力、运营效率和财务风险的重要依据。通过对关键财务指标的深入分析，可以更加准确地判断企业的基本面状况和投资价值。具体分析时，首先，资产负债分析有助于我们识别潜在的投资机会。当发现一家企业拥有优质的资产、合理的负债结构和良好的运营效率时，这可能意味着该企业发行的债券具有较高的投资价值。此时，我们可以进一步深入研究该企业的市场前景、竞争优势等因素，以确定是否将其纳入投资组合。其次，资产负债分析还可以帮助我们规避潜在的投资风险。当发现一家企业存在过高的负债水平、不合理的资产结构或低效的运营管理时，我们应保持警惕并谨慎评估其债券的投资风险。在必要时，我们可以选择减持或避免投资该类债券以降低投资组合的整体风险。最后，资产负债分析还有助于我们制定合理的投资策略。通过对多家企业的资产负债状况进行比较分析，我们可以筛选出具有相对优势的投资标的并构建多元化的投资组合。同时结合市场走势、宏观经济环境等因素进行综合分析，以制定更为精准的投资决策。

（2）利润与现金流分析：盈利质量与现金流动性。

在债券投资研究领域，从利润和现金流角度进行深入分析，是评估债券发行主体信用风险和投资价值的关键环节。利润代表了企业的经营成果，而现金流则是企业运营的血液。这两者共同构成了评估企业健康状况和债券安全性的基础。

①利润和现金流的重要性。利润是企业经营活动的核心成果，它直接反映了企业在一定时期内的经营绩效。对于债券投资者而言，利润不仅是评估企业盈利能力的重要指标，更是判断企业偿债能力的重要依据。一个持续稳定增长的利润，意味着企业有较强的经济实力和良好的运营状况，

这有助于提升企业的偿债能力，从而保障债券投资者的利益。

现金流则是企业运营的“生命线”，它体现了企业的资金流动状况和支付能力。在债券投资中，现金流分析尤为重要，因为它直接关系到债券本息能否按时兑付。稳定的现金流是企业稳健运营的基础，也是企业履行偿债义务的重要保障。因此，现金流分析在债券投研中占据着举足轻重的地位。

②利润和现金流分析的关键指标。

a. 净利润：净利润是企业经营活动的最终结果，它反映了企业在扣除所有费用后的实际盈利情况。在债券投研中，我们应关注净利润的绝对值、增长率和稳定性。

b. 毛利率和净利率：毛利率反映了企业销售收入的盈利水平，而净利率则体现了企业整体的盈利能力。这两个指标有助于我们深入了解企业的成本控制和盈利能力。

c. 利润增长率：利润增长率反映了企业盈利能力的提升速度。一个持续稳定增长的利润，意味着企业有较强的盈利潜力和良好的发展前景。

d. 经营活动现金流：经营活动现金流是企业通过正常经营业务产生的现金流入和流出。稳定的经营活动现金流是企业偿债能力的重要保障。

e. 自由现金流：自由现金流是企业经营活动中产生的、在满足了再投资需要之后剩余的现金流量。这个指标有助于我们判断企业在维持现有运营和扩大规模之间的平衡能力。

f. 现金储备：现金储备体现了企业应对突发风险和短期偿债需求的能力。充足的现金储备可以增强企业的抗风险能力，从而保障债券的安全性。

③利润和现金流分析在债券投研中的应用。

在债券投研中，利润和现金流分析的应用主要体现在以下几个方面：

a. 评估偿债能力：通过利润和现金流分析，我们可以全面评估企业的偿债能力。一个持续稳定增长的利润和充足的现金流，意味着企业有较强的偿债能力，从而降低债券的信用风险。

b. 预测未来发展潜力：利润增长率和现金流稳定性等指标，有助于我们预测企业的未来发展潜力。一个具有良好发展前景的企业，其债券的投资价值也会相应提升。

c. 发现潜在风险：通过对利润和现金流的深入分析，我们可以及时发现企业可能面临的潜在风险。例如，净利润的突然下滑或现金流的紧张状况，都可能是企业运营出现问题的信号。这时，债券投资者应保持高度警惕，并采取相应的风险控制措施。

d. 制定投资策略：根据利润和现金流的分析结果，我们可以制定更为合理的投资策略。例如，对于盈利能力稳定、现金流充足的企业，我们可以适当增加债券的投资比例；而对于盈利状况不佳、现金流紧张的企业，则应谨慎投资或选择回避。

（3）综合财务分析在债券投研中的应用。

在债券投资研究领域，单纯地依赖某一方面的财务指标往往难以全面评估债券的投资价值和潜在风险。资产负债、利润和现金流作为三大核心财务指标，在投研过程中各自扮演着重要角色，它们之间的内在联系和综合应用才是揭示企业真实财务状况和偿债能力的关键。

首先，资产负债表提供了企业资产和负债的总体情况，是评估企业规模和债务负担的基础。但仅有资产负债数据是远远不够的，我们需要将其与利润表中的数据相结合。利润表中的净利润、毛利率等指标能够反映企业的盈利能力和运营效率，这直接关系到企业是否有足够的盈利能力来支持其债务偿还。

其次，现金流量表则展示了企业的现金流入和流出情况，特别是经营活动产生的现金流，这是判断企业短期偿债能力的关键。一个健康的现金流状况意味着企业在面临偿债压力时，有足够的能力通过现金流来应对。

在综合应用这三个方面的数据时，我们可以构建一个更为全面的企业财务状况模型。例如，一个高资产负债率的企业，如果其利润稳定增长，且现金流充沛，那么其偿债能力可能仍然强劲。相反，一个资产负债率较低的企业，如果其利润下滑或现金流紧张，那么其偿债能力也可能受到质疑。

此外，通过对比企业历年的资产负债、利润和现金流数据，我们可以观察其变化趋势，从而预测企业的未来发展。这种动态分析比静态的单一指标分析更具参考价值。

10.3.2 外部评级

在债券市场，外部评级是评估债券信用风险的重要工具。它能为投资者提供关于债券发行主体信用状况的独立意见，帮助投资者判断债券的安全性和投资价值。本书将构建一个基于外部评级的债券投研框架，从而为投资者提供一个系统化、科学化的投资决策方法。

（1）外部评级简介。

在债券市场，外部评级指的是由独立的第三方信用评级机构对债券发行者或债券本身进行的信用风险评估，并以一定的符号或等级来表示这种信用风险的大小。这些评级机构运用专业的分析技术和方法，对债券发行主体的偿债能力、财务状况、经营环境等多方面进行综合评价，最终给出一个具体的信用等级。首先，外部评级通过全面评估债券发行者的经营管理、财务状况、偿债能力及未来发展等因素，为投资者提供了一个量化且直观的信用风险参考。这有助于投资者更加清晰地了解债券的安全性，进而做出更为明智的投资选择。其次，外部评级在中国债券市场中的重要性还体现在降低信息不对称、影响市场定价、引导资金流向以及提供风险预警等方面。评级机构作为独立的第三方，其评估结果增加了市场信息的透明度，减少了投资者与发行者之间的信息不对称。同时，评级结果也会直接影响债券的市场定价，通常评级较高的债券市场价格也相对较高。此外，评级还能引导资金向信用状况良好的企业或项目流动，优化市场资源配置。当评级机构调整评级时，还能为投资者提供及时的风险预警。

在中国，主要的债券外部评级机构包括中诚信国际、大公国际、联合资信和上海新世纪等，外部评级等级通常分为以下几个层级，以中诚信国际为例：

a. AAA：表示偿债能力极强，基本不受不利经济环境的影响，违约风险极低。

b. AA：表示偿债能力强，受不利经济环境的影响不大，违约风险很低。

c. A：表示偿债能力较强，较易受不利经济环境的影响，违约风险较低。

d. BBB：表示偿债能力一般，受不利经济环境影响较大，违约风险一般。

e. BB、B、CCC、CC、C：表示偿债能力依次减弱，违约风险逐渐增大。

f. D：表示已经发生违约。

此外，每一个信用等级可用“+”“-”符号进行微调，表示略高或略低于本等级，但不包括“AAA+”。

需要注意的是，评级并不是完全准确的，评级机构也存在误判的可能。此外，评级机构有时也会受到外部因素的影响，如政治压力、市场需求等，从而影响其评级的客观性。因此，投资者应该充分了解评级机构的评级方法和标准，同时也要结合其他因素，如发行人的财务状况、行业状况、政策环境等，综合考虑债券的信用风险水平。

（2）基于外部评级的债券投研步骤。

外部评级是债券投资的重要依据之一，基于外部评级进行债券投资研究的步骤包括评级获取与分析、风险评估与比较、收益预期确定、综合分析与决策，以及持续监测与调整，通过系统地利用外部评级信息，投资者可以降低投资风险，提高投资效益。以下是外部评级的债券投研步骤：

a. 评级获取与分析：外部评级机构是债券投资者获取债券发行主体信用信息的重要渠道之一。投资者可以通过订阅评级机构的报告或者直接访问它们的网站来获取评级信息。评级报告通常包括对债券发行主体的财务状况、经营业绩、行业地位等方面的分析，以及相应的信用评级。

在获取评级信息后，投资者需要对评级结果进行深入分析。首先要了解评级机构的评级标准和方法，以便准确理解评级结果的含义。其次，需要关注评级的稳定性和历史变化，了解债券发行主体信用状况的发展趋势。最后，还需要考虑评级机构的声誉和独立性，以确保评级结果的可靠性和客观性。

b. 风险评估与比较：外部评级是债券投资者评估债券风险的重要参考依据。根据评级结果，投资者可以对债券的违约风险进行评估。一般来说，投资级债券具有较低的违约概率，而非投资级债券则存在较高的违约风险。投资者可以根据自身的风险偏好和投资目标选择适合的债券。此外，还可以通过比较不同发行主体的评级来确定相对风险水平，从而优化投资组合，实现风险分散。

c. 收益预期确定：外部评级也可以作为投资者确定债券收益预期的重要参考依据。一般来说，投资级债券的收益率相对较低，因为它们具有较高的信用质量和较低的违约风险。而非投资级债券的收益率通常较高，因为它们存在较高的违约风险。投资者在确定收益预期时，需要综合考虑债券的评级、市场利率和发行主体的特殊情况等因素，以确保收益预期与风险水平相匹配。

d. 综合分析与决策：外部评级只是债券投资决策的一个方面，投资者还需要综合考虑其他因素。在综合分析时，投资者可以考虑债券的发行条件、市场环境、宏观经济状况等因素，以及投资组合的整体结构和风险分散情况。综合分析的目标是找到最佳的投资机会，实现投资组合的风险调整和收益最大化。最终，投资者需要根据综合分析的结果做出投资决策，包括选择是否投资以及投资金额等。

e. 持续监测与调整：外部评级只是一时的信用评估，债券发行主体的信用状况可能随时发生变化。因此，投资者需要定期监测债券发行主体的评级变动和财务状况，及时调整投资组合。此外，投资者还需要关注市场环境和宏观经济状况的变化，以及可能影响债券市场的其他因素，灵活调整投资策略，降低投资风险，实现投资组合的长期稳健增长。

第十一章
交易策略与投资组合

11.1 投资者的目标

在制定投资策略时，必须首先明确投资者的投资目标。因为目标是策略制定的指南针，它决定了我们的投资路径和选择。不同的投资者因其风险承受能力、资金需求和投资期限的不同，会有各自独特的投资目标。明确的目标不仅能帮助我们筛选合适的投资工具和时机，更能让我们在市场的波动中保持冷静，坚持自己的投资理念和方向。因此，本书将深入探讨各类投资者在中国债券市场中的具体投资目标。

（1）养老基金。

养老基金作为长期稳定的机构投资者，其投资目标主要是实现资金的长期增值，以保障未来养老金的支付能力。在债券市场中，养老基金的投资目标可以细化为以下几点：

①追求长期稳定的收益：养老基金需要为未来的养老金支付做准备，因此其首要目标是获取长期稳定的投资收益。在债券市场中，养老基金通常会选择信用等级较高、期限较长的国债或企业债作为投资对象，以确保稳定的利息收入。

②分散投资风险：为了降低投资风险，养老基金会通过配置不同类型

的债券来实现投资组合的多样化。这包括投资国债、地方政府债、企业债以及可转债等多种债券品种，以分散单一债券违约的风险。

③保持资产的流动性：虽然养老基金的投资期限较长，但仍需保持一定的资产流动性以应对可能的赎回需求。因此，养老基金在配置债券时，也会考虑债券的流动性因素，确保在需要时能够及时变现。

（2）保险公司。

保险公司在债券市场中的投资目标主要是与其保险业务的特点和资金需求相匹配。具体来说，保险公司的投资目标包括：

①匹配保险产品的负债特性：保险公司需要根据其销售的保险产品的负债特性来配置相应的债券资产。例如，对于长期寿险产品，保险公司更倾向于投资长期限的债券，以确保稳定的现金流回报。

②获取稳定的投资收益：与养老基金类似，保险公司也需要获取稳定的投资收益来支持其保险业务的稳健运营。在债券市场中，保险公司通常会选择信用等级较高的债券进行投资，以降低信用风险。

③保持偿付能力：保险公司需要确保其资产足以覆盖其负债，以保持偿付能力。因此，在债券市场中投资时，保险公司会注重资产与负债的匹配程度，以确保在需要时能够及时履行赔付责任。

（3）商业银行。

商业银行在债券市场中的投资目标主要是调节资金头寸、优化资产结构和获取投资收益。具体来说，商业银行的投资目标包括：

①调节资金头寸：商业银行需要通过债券市场调节其资金头寸，以满足日常的流动性需求。在债券市场中，商业银行可以通过买卖债券来快速调整其资金状况。

②优化资产结构：为了提高资产的收益性和安全性，商业银行需要通过配置不同类型的债券来优化其资产结构。这包括投资国债、金融债以及优质企业债等，以实现资产的多元化配置。

③获取投资收益：除了调节资金头寸和优化资产结构外，商业银行还需要在债券市场中获取投资收益。这要求商业银行在选择债券时需要关注

债券的收益率、信用等级以及市场流动性等因素。

（4）个人投资者。

个人投资者在债券市场中的投资目标主要是保值增值、获取稳定收益和分散投资风险。具体来说，个人投资者的投资目标包括：

①保值增值：个人投资者希望通过投资债券来保持和增加其财富的价值。在通货膨胀的环境下，投资债券可以获取固定的利息收入，从而在一定程度上抵御通胀的影响。

②获取稳定收益：与机构投资者类似，个人投资者也需要获取稳定的投资收益来支持其日常生活或未来的资金需求。在债券市场中，个人投资者可以选择信用等级较高、利率适中的债券进行投资。

③分散投资风险：为了降低投资风险，个人投资者也需要通过配置不同类型的债券来实现投资组合的多样化。这有助于减少单一债券违约带来的损失风险。

除了以上这些，不同类型的投资者还有其他的目标和考虑因素。例如，基金机构可能会根据不同的基金类型和客户需求，采用不同的投资策略和目标。总体而言，投资者应该根据自身的风险承受能力、资产负债结构和投资目标，选择适合自己的债券投资策略和产品。

11.2　交易策略

在债券交易中，投资者可以采用多种策略来寻求最佳回报。收益率曲线策略关注利率期限结构，套息策略利用利差获利，而事件策略则侧重于市场或企业特定事件，这些策略灵活多变，有助于投资者在不同市场环境下捕捉投资机会。

11.2.1　收益率曲线交易策略

收益率曲线交易策略是中国债券市场中的一种重要交易策略，主要是通过研究不同期限债券的收益率曲线来判断市场走势和交易信号，从而进行交易决策，以下是该策略的详细介绍。

（1）策略原理。

债券收益率曲线交易策略，是一种基于市场预期的交易策略，其核心在于深入分析收益率曲线的形态和走势，并以此为依据来决定交易行为，该策略主要关注的是债券的到期收益率与到期期限之间的关系，尤其是这种关系在市场环境变化下的动态调整。收益率曲线通常反映了市场对未来利率走势的预期。当收益率曲线呈现向下倾斜的形态时，这通常意味着市场参与者对未来经济前景持悲观态度，预期利率将下降。在这种情况下，长期债券的收益率会相对较低，因为其价格受到了更多的追捧。相反，当收益率曲线向上倾斜时，市场对未来经济持乐观态度，预期利率将上升，这时短期债券的收益率会相对较低。

（2）策略的特点。

①市场预判性：债券收益率曲线交易策略的核心在于对市场的预判。投资者需要通过对宏观经济、货币政策、市场情绪等多方面的综合分析，来预测收益率曲线的未来走势。

②灵活性：这种策略可以根据市场条件的变化灵活调整。例如，在预期经济前景悲观时，可以增加长期债券的配置；在预期经济前景乐观时，则可以增加短期债券的配置。

③风险管理：通过调整债券组合的久期，该策略可以在一定程度上管理利率风险。久期是衡量债券价格对市场利率变动敏感性的指标，通过调整久期，可以控制债券组合在市场利率变动时的价格波动。

（3）策略的案例分析。

策略背景

自新冠疫情暴发以来，全球经济遭受了前所未有的冲击。为了缓解疫情对经济的负面影响、避免深度衰退，各国政府和央行迅速采取了应对措施。其中，货币政策成为主要的宏观调控工具，通过降息、量化宽松等手段向市场注入大量流动性。这些举措对债券市场产生了深远影响。一方面，长期债券的收益率在疫情初期因市场恐慌和经济不确定性而大幅下降，随后又因经济复苏的预期和通胀压力的上升而有所回升。另一方面，短期利率则受到央行政策利率的直接影响，保持在相对较低的水平。

这种背景下，债券市场的收益率曲线发生了显著变化，为投资者提供了新的交易机会。特别是在曲线的陡峭度、凸度等方面，都出现了不同于常态的走势。因此，许多投资者开始关注并尝试利用收益率曲线的变化来获取超额收益。

策略实施

①深入分析疫情对经济的影响。

投资者需要全面了解新冠疫情对全球及本国经济的具体影响，包括消费、投资、出口等各个方面。这有助于投资者更准确地预测未来经济增长和通胀的走势。

②研究央行政策与市场反应。

央行在疫情期间的货币政策对债券市场具有直接影响。投资者需要密切关注央行的政策动向，并分析市场对这些政策的反应，从而判断收益率曲线的可能变动。

③构建交易策略。

基于对经济和政策的深入分析，投资者可以构建相应的交易策略。例如，如果预期经济复苏强劲且通胀压力上升，那么长期债券的收益率可能会上升，此时可以采取“做多长期债券、做空短期债券”的策略来捕捉收益率曲线的陡峭化。

④执行与监控。

在确定交易策略后，投资者需要在债券市场上执行买卖操作，并持续监控市场动态和收益率曲线的变化。如果市场走势与预期不符，投资者需要及时调整策略以控制风险。

风险与收益考量

在新冠疫情的背景下进行收益率曲线交易策略，投资者需要特别注意以下几点风险：一是疫情对经济的影响存在不确定性，可能导致市场波动加剧；二是央行的货币政策调整可能引发市场利率的突然变动；三是市场流动性可能因疫情等因素而受到影响，导致交易成本上升或交易困难。在收益方面，如果投资者能够准确预判收益率曲线的变动并成功执行交易策略，那么可能获得显著的超额收益。但这也要求投资者具备深厚的专业知识和敏锐的市场洞察力。总的来说，新冠疫情为债券市场收益率曲线交易策略带来了新的机遇和挑战。投资者需要密切关注市场动态和政策变化，灵活调整交易策略以应对不确定性。

11.2.2　套息策略

（1）套息策略原理。

套息策略，又称为利差交易策略，是金融市场中常用的一种投资策略。在债券市场中，套息策略的核心原理是利用市场、债券或不同到期日之间的利率差异，借入低成本的资金投资于高收益的债券，以此赚取利差。这种策略的实现通常涉及两个关键步骤：首先是以较低的利率融入资金，然后是以更高的利率将资金投入债券市场。

这种策略的成功实施依赖于几个条件：首先是借贷成本要低于投资收益率，这样才能确保利差的存在；其次是市场利率的变动不会大幅度地侵蚀或消除这个利差，以维持策略的盈利性；最后是能够有效地管理相关风险，包括利率风险、信用风险等。

（2）套息策略的特点。

收益与风险的平衡：套息策略在追求相对稳定的收益时，也伴随着一定风险。由于涉及到借贷，策略本身具有杠杆效应，可能放大盈利，但同样也可能放大损失。

市场敏感性：套息策略对市场利率的变动非常敏感。即使是微小的利率变动也可能对策略的收益产生显著影响。

资金成本的重要性：借贷成本是决定套息策略成功与否的关键因素。低成本资金是策略盈利的基石，因此，投资者需要密切关注货币市场条件和融资成本的变化。

长期性：套息策略通常更适合长期投资，因为短期市场波动可能会对策略造成干扰。从长期来看，市场利率的差异和变动趋势更容易被预测和利用。

技术性和专业性：成功执行套息策略需要投资者具备一定的金融知识和分析能力，包括对市场利率的深入理解、风险评估以及投资组合的构建和管理。

（3）套息策略的具体应用。

策略背景

套息策略作为一种经典的投资策略，其核心思想是利用市场利率、债券收益率或其他金融工具的利率之间的差异，来获取无风险的利润。这种策略通常在市场利率曲线呈现正斜率，即长期利率高于短期利率的情况下最为有效。

新冠疫情期间，全球主要经济体为了刺激经济增长，普遍采用了较为宽松的货币政策，导致短期利率保持在相对较低的水平。与此同时，由于市场对未来经济增长和通胀的预期，长期利率往往维持在较高的水平。这种长短期利率的差异为套息策略提供了广阔的操作空间。此外，随着金融市场的发展和全球化进程的加速，不同国家和地区的利率水平也存在显著差异，某些国家或地区的债券收益率可能远高于其他国家，这为跨市场的套息交易提供了机会。在此背景下，本案例将深入探讨一个典型的套息策略操作过程，聚焦于如何利用债券回购市场进行高效的套息交易。

策略实施

①市场洞察与利差识别。

投资者首先对全球各主要经济体的货币政策、通胀预期以及经济增长前景进行深入分析，从而确定哪些市场或债券之间存在显著的利率差异。

②选定目标与构建投资组合。

在确定了存在利差的市场或债券后，投资者需要精心选择具体的投资标的。这不仅涉及对单一债券的信用评级、流动性等因素的考量，还需要综合考虑投资组合的多样性和风险分散。

③回购融资操作。

选定投资标的后，投资者会利用债券回购市场进行融资。由于回购市场的利率通常低于所选债券的收益率，这为投资者提供了低成本的资金来源。

④资金再投资与利差锁定。

通过回购融入的资金，投资者会进一步购买高收益的债券，从而锁定利差。这一过程中，投资者需要密切关注市场动态，确保再投资的债券仍能保持较高的收益率。

⑤动态调整与风险管理。

在投资策略执行过程中，市场条件可能会发生变化。投资者需要定期评估投资组合的表现，并根据市场情况进行动态调整。此外，为了降低风险，投资者还可能采用对冲策略，如利率互换等。

风险与收益探究

尽管套息策略在理想的市场环境下能够为投资者带来稳定的收益，但它也面临着多重风险。首先，市场利率的变动可能导致债券价格的波动，从而影响策略的盈利性。其次，回购市场的流动性状况也是一个关键因素。在市场压力增大时，回购融资的成本可能会上升，甚至可能出现融资困难的情况。最后，信用风险也不容忽视，尤其是当选择的债券信用等级较低时。

11.2.3 事件策略

（1）策略原理。

事件策略是债券市场交易策略中的重要组成部分，其基本原理是依据市场上发生的特定事件或预期将要发生的事件，通过深入分析这些事件对债券市场价格和收益率的潜在影响，做出相应的交易决策，以获取超额收益。

在债券市场中，多种事件都可能成为交易决策的触发点。这些事件包括但不限于政策变动、经济数据发布、重大新闻事件、公司或国家信用评级变化等。例如，当市场预期央行将降息时，债券价格往往会上涨，因为较低的利率使得债券的相对收益率变得更有吸引力。此时，事件策略可能会建议投资者增加债券头寸，以捕获价格上涨带来的收益。此外，事件策略还关注市场、行业或公司的特殊情况。比如，某公司假如宣布进行重大资产重组或获得突破性技术，其信用状况可能得到显著改善，从而提高该公司债券的市场吸引力，引发投资者的购买兴趣，此时事件策略会指导投资者及时入场。

（2）策略特点。

①前瞻性与时效性：事件策略的核心在于其前瞻性，即能够在事件发生之前或之初，就准确预判其对市场可能产生的影响，并迅速做出反应。这要求投资者具备敏锐的市场洞察力和高效的执行能力。

②高度灵活性：由于事件类型和发生时间的多样性，事件策略需要高度的灵活性来应对不同的市场情况。策略可能随着新信息的出现而快速调整，这就要求投资者能够迅速适应变化并作出相应决策。

③风险管理：事件策略强调风险管理，因为不是所有事件都能带来正面影响。策略需要评估各种可能的风险，并在必要时采取措施以降低潜在损失。

④数据依赖性：有效的事件策略高度依赖于准确和及时的数据和信息。这包括宏观经济数据、行业动态、公司公告等，这些数据对于评估事件的影响至关重要。

⑤高收益与高风险并存：虽然事件策略有可能带来超额收益，但同时也伴随着较高的风险。事件的突发性和不确定性要求投资者具备较高的风险承受能力和心理素质。

（3）策略的案例分析。

背景

假设市场上即将发布一份重要的经济数据报告，如失业率或消费者价格指数（CPI）。这些数据对于判断未来货币政策方向和经济走势具有重要意义，因此其发布往往会对债券市场产生显著影响。

策略应用

①数据预测与准备。

在数据发布之前，投资者会基于历史数据、经济学家预测和市场情绪等因素，对数据结果进行预测。同时，根据预测结果制定两种交易方案：一是数据好于预期时的交易计划，二是数据不及预期时的应对措施。

②交易决策。

·数据好于预期：如果发布的数据好于市场预期，通常意味着经济增长强劲，央行可能会提高利率以控制通货膨胀。这将导致债券价格下跌。因此，在数据发布前，投资者可能会选择卖空债券或减持债券头寸。

·数据不及预期：相反，如果数据不及预期，可能表明经济增长疲软，央行可能会维持或降低利率以刺激经济。这将有利于债券价格上涨。在这种情况下，投资者可能会选择增加债券头寸或买入更多债券。

③执行与监控。

在数据发布后，投资者需要迅速根据实际情况执行预先制定的交易计划，并持续监控市场动态以调整策略。

④结果评估与调整。

交易完成后，投资者应评估策略的执行效果，包括收益、风险控制等方面，并根据市场反馈进行必要的策略调整。

11.3 投资组合管理

11.3.1 组合的计量指标

在债券市场中构建投资组合时，投资者需要考虑一系列计量指标来评估和管理组合的表现。以下是对债券市场投资组合关键的计量指标的详细探讨。

（1）收益率指标。

收益率指标是衡量债券投资组合回报的关键参数，主要包括到期收益率和当前收益率。

到期收益率（Yield to Maturity，YTM）是评估债券长期回报能力的重要指标。它考虑了债券的购买价格、票面价值、所有未来的利息支付，以及债券的剩余到期时间，为投资者提供了一个从购买日到到期日所能获得的年化回报率预期。YTM 不仅反映了债券的票面利率，还体现了债券的市场价格与其内在价值的差异，是投资者判断债券是否被低估或高估的重要依据。

当前收益率（Current Yield）则更注重即时回报，它是债券的年度利息支付与当前市场价格的比率。与 YTM 不同，当前收益率不考虑债券的未来增值潜力，而是直接反映投资者每年从利息中获得的实际回报率。这一指标对于那些更看重定期利息收入的投资者来说尤为重要。

（2）风险指标。

在债券市场中，风险指标对于投资组合的管理至关重要。久期和凸度是两个核心的风险衡量工具。

久期（Duration）不仅仅是一个时间概念，它实际上衡量了债券价格对市场利率变动的敏感性。久期越长，意味着债券价格受市场利率变化的影响越大。当市场利率上升时，久期长的债券价格下跌幅度会更大；相反，利率下降时，其价格上涨的幅度也会更大。因此，久期成为了投资者预测和管理利率风险的关键指标。

凸度（Convexity）则进一步细化了久期的概念。它描述了久期随利率变化的速率，为投资组合提供了额外的风险管理维度。在市场利率发生大幅变动时，凸度较高的债券价格变动幅度会相对较小，这为投资组合提供了一定程度的保护。简言之，凸度有助于投资者更精确地预测债券价格与市场利率之间的关系，从而更好地管理利率风险。

（3）信用风险指标。

信用风险是债券投资中不可忽视的重要因素，而信用风险指标则是衡量这一风险的关键工具。

信用等级（Credit Rating）是评估债券发行人偿债能力的主要指标。它由专业的评级机构根据发行人的财务状况、偿债能力、经营环境等多方面因素综合评定。信用等级越高，意味着发行人的偿债能力越强，违约风险相对较低。投资者可以根据信用等级来筛选投资组合中的债券，以降低信用风险。

信用利差（Credit Spread）则反映了市场对于不同信用等级债券的额外风险所要求的回报率。信用利差越大，表明投资者对该债券的信用风险越担忧，因此要求更高的回报率作为补偿。通过观察信用利差的变化，投资者可以判断市场对某一发行人信用风险的看法，从而及时调整投资组合的配置。

（4）流动性风险指标。

流动性风险是债券投资中需要特别关注的风险类型，它关乎投资者在需要时能否迅速且低成本地买卖债券。买卖价差（Bid－Ask Spread）是衡量债券流动性风险的关键指标。具体来说，它是指在某一时刻，债券的买入价与卖出价之间的差距。价差越小，说明债券的交易更为活跃，流动性更好，投资者能够更快速地以接近市场价格进行交易。相反，买卖价差较大则意味着债券流动性不足，投资者在买卖时可能面临价格滑点和高额交易成本的风险。因此，在构建债券投资组合时，投资者应充分考虑债券的流动性，利用买卖价差等指标评估流动性风险，确保在需要资金时能够及时变现，避免潜在的流动性危机。

（5）波动性指标。

① 标准差（Standard Deviation）衡量了投资组合收益率的波动性，即风险的大小。标准差越大，表示投资组合的收益率波动越剧烈，风险也相对较高。

② β 系数（Beta Coefficient）衡量了投资组合收益率与市场整体收益率之间的相关性。β 系数大于 1 表示投资组合的波动性高于市场，小于 1 则表示波动性低于市场。

（6）绩效评估指标。

绩效指标是衡量投资组合表现的重要工具，其中夏普比率是一个关键性的绩效指标。夏普比率综合考虑了投资组合的收益率和风险，为投资者提供了一个评估投资组合风险调整后表现的数值。具体来说，夏普比率通过计算投资组合超额收益与风险的比值，来衡量单位风险所带来的回报。夏普比率越高，说明投资组合在相同风险水平下获得的超额收益越高，绩效表现也就越优秀。因此，投资者在选择投资组合时，应重点关注夏普比率等绩效指标，以评估投资组合的综合表现，从而做出更明智的投资决策。

11.3.2　主流的组合策略

（1）期限分散策略。

① 策略的原理：期限分散策略是债券投资组合管理中的一种重要策略，其核心思想是通过将投资资金分散到不同到期期限的债券上，以降低利率风险，增强投资组合的稳定性。利率风险是指由于市场利率的变动导致债券价格波动，进而影响投资组合价值的风险。而期限分散策略正是为了应对这种风险而设计的。

具体来说，期限分散策略通过购买不同到期日的债券，使得投资组合中的债券在不同时间点到期。这样做的好处是，当市场利率发生变化时，不同到期期限的债券价格变动方向和幅度可能不同，甚至可能相互抵消。因此，通过将资金分散投资到不同期限的债券上，可以降低整个投资组合对利率变动的敏感性，从而减少利率风险。

此外，期限分散策略还有助于满足投资者的流动性需求。由于投资组合中的债券在不同时间点到期，投资者可以根据需要选择到期的债券进行赎回或再投资，从而提高了投资组合的流动性。

② 策略特点：风险分散：通过将资金分散到不同到期期限的债券上，降低投资组合对单一到期期限债券的依赖，从而减少利率风险。

流动性管理：投资组合中的债券在不同时间点到期，为投资者提供了更多的赎回和再投资机会，有助于满足流动性需求。

灵活调整：投资者可以根据市场利率的变动情况和自身的投资目标，灵活调整投资组合中不同到期期限债券的比例，以优化投资组合的风险和收益。

长期稳健：期限分散策略通常更适合长期投资者，因为它强调的是通过分散风险来实现稳健的投资回报，而不是追求短期的高收益。

③策略的案例分析。

a. 背景介绍。

假设投资者有100万元可用于债券投资，并决定采用期限分散策略。投资者将资金分为四等份，分别投资于1年期、3年期、5年期和10年期的国债。

投资分配：

25万元投资于1年期国债，年利率为2%；

25万元投资于3年期国债，年利率为3%；

25万元投资于5年期国债，年利率为4%；

25万元投资于10年期国债，年利率为5%。

b. 利率变动情况。

假设在投资期间，市场利率上升了1个百分点，这通常会导致债券价格下跌。

不同期限的债券对利率变动的敏感性不同，长期债券通常比短期债券更敏感。

c. 投资组合表现。

1年期国债：由于期限短，对利率变动不敏感，价格下跌幅度较小。

3年期国债：价格下跌幅度略大于1年期国债，但仍相对有限。

5年期国债：价格下跌幅度进一步增大，但仍可接受。

10年期国债：价格下跌幅度最大，但由于其在投资组合中的占比仅为25%，因此对整个投资组合的影响被分散了。

d. 结果分析。

尽管市场利率上升导致所有债券价格下跌，但由于采用了期限分散策略，投资组合的整体跌幅被有效分散和减缓。投资者在每个到期期限都能获得一定的利息收入，这有助于稳定投资组合的整体收益。当部分债券到期时，投资者可以选择将本金和利息再投资于其他有吸引力的债券，进一步优化投资组合。

（2）信用质量分散策略。

① 策略的原理。

信用质量分散策略是债券投资组合管理中的重要策略之一，其核心思想是将投资资金分散到不同信用质量的债券上，以降低信用风险，提高投资组合的稳定性。信用风险，也称为违约风险，是指债券发行人因各种原因无法按时支付利息或偿还本金的风险。信用质量分散策略正是为了应对这种风险而设计的。

具体来说，信用质量分散策略要求投资者将资金分配到不同信用评级的债券上，包括高信用评级（如AAA级、AA级等）和低信用评级（如A

级、BBB级等）的债券。高信用评级的债券通常被认为是较安全的投资，因为发行人的偿债能力较强，违约风险较低。然而，这类债券的收益率也相对较低。相比之下，低信用评级的债券可能提供较高的收益率，以吸引投资者承担更高的信用风险。通过分散投资到不同信用质量的债券上，信用质量分散策略旨在平衡收益和风险。当某一信用评级的债券出现违约风险时，其他信用评级的债券可能表现稳定，从而减轻投资组合的整体损失。此外，不同信用评级的债券在不同市场环境下的表现也可能存在差异，因此分散投资可以更好地捕捉市场机会。

②策略特点。

信用风险分散：通过将资金分散到不同信用评级的债券上，降低投资组合对单一信用评级债券的依赖，从而减少信用风险。

收益与风险平衡：投资者可以根据自身的风险承受能力和收益目标，灵活调整不同信用评级债券的投资比例，以实现收益和风险的平衡。

市场机会捕捉：不同信用评级的债券在不同市场环境下可能表现出不同的投资机会，信用质量分散策略有助于捕捉这些机会，提高投资组合的收益。

长期稳健：信用质量分散策略更注重长期稳健的投资回报，而不是追求短期的高收益。因此，它更适合长期投资者。

③策略的案例分析。

a. 背景介绍。

假设投资者有100万元可用于债券投资，并决定采用信用质量分散策略。投资者将资金分为四等份，分别投资于不同信用评级的公司债。

b. 投资分配。

25万元投资于AAA级公司债，年利率为4%；

25万元投资于AA级公司债，年利率为4.5%；

25万元投资于A级公司债，年利率为5%；

25万元投资于BBB级公司债，年利率为5.5%。

c. 信用事件发生。

假设在投资期间，BBB 级公司债的发行人出现了财务问题，导致该债券的信用评级下调，价格下跌。

d. 投资组合表现。

AAA 级和 AA 级公司债：由于信用评级较高，受市场波动影响较小，价格保持稳定。

A 级公司债：受到一定影响，但价格波动相对较小。

BBB 级公司债：价格下跌幅度较大，但由于其在投资组合中的占比仅为 25%，且其他信用评级的债券表现稳定，因此对整个投资组合的影响有限。

e. 结果分析。

尽管 BBB 级公司债的价格下跌对投资组合造成了一定损失，但由于采用了信用质量分散策略，投资组合的整体风险被有效降低。投资者在每个信用评级的债券上都能获得一定的利息收入，这有助于稳定投资组合的整体收益。当某一信用评级的债券出现问题时，投资者可以及时调整投资组合，减少对该债券的持仓，降低损失。

（3）行业分散策略。

① 策略的原理。

行业分散策略是债券投资组合管理中的一种策略，其核心思想是将投资资金分散到不同的行业或部门，以降低特定行业风险，提高整体投资组合的稳健性。这种策略基于一个简单而深刻的理念：不同的行业或部门在经济周期中的表现是各异的，有的行业可能在某个时期表现优异，而其他行业可能在该时期面临困境。通过将投资分散到多个行业，可以有效平衡风险与回报，避免过度依赖单一行业的表现。

行业分散策略的关键在于选择不同行业或部门的债券进行投资，这些行业或部门应具有较低的相关性，即它们的业绩不会同时受到相同因素的影响而大幅波动。这样，即使某个行业遭受不利因素冲击，其他行业的表现可能会起到对冲作用，从而稳定投资组合的整体回报。此外，行业分散策略也考虑到不同行业的发展潜力和风险特点。某些行业可能处于成长阶段，具有较高的潜在回报，但也伴随着较高的风险；而其他行业可能更加成熟稳定，风险较低但回报也相对较低。通过在不同类型的行业中进行分散投资，投资者可以在追求回报的同时，更好地管理风险。

② 策略特点。

风险分散：通过将资金分配到不同的行业或部门，避免了过度集中在某一行业可能带来的高风险。即使某个行业出现问题，其他行业的稳健表现也能对投资组合起到保护作用。

回报稳定：行业分散策略有助于平滑投资组合的回报曲线。由于不同行业的周期性和风险因素各异，它们的回报表现也会有所不同。因此，通过行业分散，投资组合能够在各种市场环境下保持相对稳定的回报。

灵活性：行业分散策略为投资者提供了更大的灵活性。投资者可以根据市场环境和行业发展趋势，动态调整各行业在投资组合中的权重，以捕捉更多的投资机会。

长期增长潜力：通过投资多个行业，投资者可以接触到更多的增长机会。不同行业的发展阶段和前景各不相同，有些行业可能正处于快速增长阶段，而有些行业则可能处于成熟稳定期。通过行业分散，投资组合能够捕捉到这些不同阶段的增长机会，从而实现长期增长。

③策略的案例分析。

a. 背景介绍。

假设投资者计划构建一个100万元的债券投资组合，并决定采用行业分散策略。投资者选择了四个不同行业的债券进行投资，分别是：能源、科技、健康和消费品。

b. 投资分配。

25万元投资于能源行业的债券；

25万元投资于科技行业的债券；

25 万元投资于健康行业的债券；

25 万元投资于消费品行业的债券。

c. 市场环境变化。

假设在投资期间，由于全球经济复苏，能源需求增加，能源行业的债券表现优异，获得了较高的回报。同时，科技行业也受益于创新和技术进步，表现良好。然而，健康行业受到政策调整的影响，表现不佳。消费品行业则保持稳定但相对平庸的表现。

d. 投资组合表现。

能源行业和科技行业的债券为投资组合带来了可观的收益。健康行业的债券虽然表现不佳，但由于其在投资组合中的占比有限，对整体回报的负面影响被控制在一定范围内。消费品行业的债券为投资组合提供了稳定的现金流和回报。

d. 结果分析。

通过行业分散策略，投资组合在不同行业之间实现了风险的平衡和回报的优化。即使某个行业面临困境，其他行业的良好表现也能对投资组合起到支撑作用。投资者能够接触到多个行业的增长机会，从而实现投资组合的长期增值。

（4）债券指数策略。

① 策略的原理。

债券指数策略是一种被动投资策略，其核心思想是追踪和复制特定的债券指数，以获得与该指数相似的投资回报。债券指数是一个综合了多种债券的价格指数，通常由权威机构编制并定期公布，用以反映债券市场的整体表现。债券指数策略的目标不是超越市场，而是通过低成本、高效率的方式获得市场平均回报。

在债券指数策略中，投资者根据目标指数的成分和权重来构建投资组合，以确保投资组合的表现与目标指数高度相关。这意味着，当目标指数上涨或下跌时，投资组合的价值也会相应地上涨或下跌。通过这种方式，投资者可以获得与目标指数相似的投资回报，而无须进行复杂的投资决策或频繁的交易。

债券指数策略的成功取决于两个关键因素：一是目标指数的选择；二是投资组合的构建和调整。目标指数应该是具有代表性、广泛性和可持续性的，以确保投资组合能够长期追踪该指数并获得稳定的回报。在构建投资组合时，投资者需要根据目标指数的成分和权重来选择相应的债券，并定期进行调整以保持与目标指数的一致性。

② 策略特点。

低成本：由于债券指数策略采用被动投资方式，无须花费大量时间和资源进行市场分析和投资决策，因此可以降低投资成本。此外，由于投资组合的构建和调整通常较少，也可以减少交易成本和税费。

风险分散：债券指数策略通过追踪包含多种债券的指数，实现了风险的自动分散。投资组合中的债券种类和发行人多样化，有助于降低单一债券或发行人的信用风险。

透明度高：债券指数策略的投资组合构建和调整都是基于公开的指数信息，因此投资者可以清楚地了解投资组合的构成和风险敞口。这有助于增强投资者的信心和信任。

长期稳健：由于债券指数策略追求的是市场平均回报，因此它更适合长期投资者。通过长期持有和定期调整投资组合，投资者可以获得相对稳定的回报，并降低市场波动对投资组合的影响。

易于管理：采用债券指数策略的投资者无须时刻关注市场动态或进行复杂的投资决策。他们只需定期查看目标指数的表现，并根据需要进行简单的投资组合调整。这大大降低了投资管理的难度和复杂性。

③策略的案例分析。

a. 背景介绍。

假设投资者决定采用债券指数策略进行投资，并选择了某个权威的债券指数作为目标指数。该指数包含了多种不同类型的债券，如国债、企业债、金融债等，每种债券在指数中都有一定的权重。

b. 投资准备。

投资者首先分析目标指数的构成和权重分布，了解各种债券在指数中的占比。根据目标指数的构成，投资者确定投资组合中各种债券的购买数量和比例。

c. 投资组合构建。

投资者按照目标指数的权重分布，购买相应种类和数量的债券，以构建初始投资组合。投资组合构建完成后，投资者将其与目标指数进行对比，确保两者在构成和权重上高度一致。

d. 投资组合管理。

在投资期间，投资者定期查看目标指数的表现，并根据指数的调整对投资组合进行相应的调整。如果目标指数中的某些债券权重发生变化，投资者会相应地调整投资组合中这些债券的比例。如果目标指数中新增或删除了某些债券，投资者也会相应地调整投资组合。

e. 结果分析。

通过采用债券指数策略，投资者的投资组合在长期内获得了与目标指数相似的投资回报。由于投资组合的构建和调整都是基于公开的指数信息，投资者可以清楚地了解投资组合的构成和风险敞口，从而增强了投资信心。与主动投资策略相比，债券指数策略降低了投资成本和管理难度，使投资者能够更轻松地实现长期稳健的投资回报。

参考文献

[1] 安娜. 合理利用非正式渠道流通的信息 [J]. 西安文理学院学报(社会科学版), 2001, 4 (3): 82 -83.

[2] 班耀波, 齐春宇. 机构投资者: 稳定市场还是加剧波动 [J]. 经济评论, 2003, (6): 94 -98.

[3] 边江泽, 施东辉, 周皓. "售盈持亏" 怎样影响股票交易和流动性 [J]. 清华金融评论, 2018, (2): 103 -104.

[4] 陈国进, 张贻军, 刘淳. 机构投资者是股市暴涨暴跌的助推器吗? ——来自上海 a 股市场的经验证据 [J]. 金融研究, 2010, 55 (11): 45 -59.

[5] 陈梦根, 曹凤岐. 中国证券市场价格冲击传导效应分析 [J]. 管理世界, 2005, (10): 24 -33.

[6] 陈耀年, 周学农. 价值投资策略的行为金融学解释及其实证研究 [J]. 系统工程, 2005, (7): 62 -67.

[7] 陈占锋. 上海股票市场 a 股泡沫问题: 市盈率测量与综合解释 [J]. 世界经济, 2002, (7): 63 -70.

[8] 崔百胜. 基于动态模型平均的中国通货膨胀实时预测 [J]. 数量经济技术经济研究, 2012, (7): 76 -91.

[9] 崔丽, 郭沛然. 基于适应性预期的股价演化机理及羊群行为研究 [J]. 经济论坛, 2018, (8): 59 -66.

[10] 戴淑庚, 陆彬. 股票市场不完全信息交易与羊群效应变化趋势的实证分析 [J]. 广义虚拟经济研究, 2016, (4): 33 -41.

［11］杜云峰．基于移动平均线的投资策略研究［D］．西南财经大学，2016.

［12］冯用富，董艳，袁泽波，杨仁眉．基于 r^2 的中国股市私有信息套利分析［J］．经济研究，2009，(8)：50－59.

［13］伏天媛．投资者性别在处置效应上体现的差异［J］．现代商贸工业，2016，(29)：99－100.

［14］干伟明，张涤新．基于价值投资的多因子定价模型在中国资本市场的实证研究［J］．经济经纬，2018，(4)：136－140.

［15］韩少春，刘云，张彦超，程辉．基于动态演化博弈论的舆论传播羊群效应［J］．系统工程学报，2011，(2)：133－139.

［16］韩鑫韬，王擎．我国房地产价格波动与中央银行货币政策调控——来自货币供应量、汇率和利率的证据［J］．南方金融，2011，(11)：4－10.

［17］郝旭光，张嘉祺，邱筱青．中国证券监管者损失厌恶、代表性偏差与处置效应关联性的实证研究［J］．中央财经大学学报，2016，(6)：39－48.

［18］何佳，何基报．投资者结构与股价波动关系——基于理论的思考［J］．南方经济，2006，(2)：80－90.

［19］何欣．中国股市媒体效应研究：官方新闻、市场谣言与有限注意力［D］．西南财经大学，2012.

［20］贺国生，谢锋，肖瑶．国有、民营控股公司股价对“好”信息的不同反应分析［J］．金融研究，2013，(11)：167－179.

［21］贺显南．中国股市价值投资研究［J］．中南财经政法大学学报，2004，(5)：117－122.

［22］洪婕．中国市场上的投资者的处置效应问题研究［D］．浙江大学，2003.

［23］胡培．投资者情绪对 a 股市场价格指数影响的实证研究［D］，2018.

[24] 黄惠平，彭博．市场估值与价值投资策略——基于中国证券市场的经验研究［J］．会计研究，2010，(10)：40－46＋96.

[25] 蒋学雷，陈敏，吴国富．中国股市的羊群效应的arch检验模型与实证分析［J］．数学的实践与认识，2003，(3)：56－63.

[26] 景琦，李尧远．突发事件信息传播的渠道、过程与舆情管理［J］．西安电子科技大学学报（社会科学版），2015，25（6）：97－103.

[27] 雷震，杨明高，田森，张安全．股市谣言与股价波动：来自行为实验的证据［J］．经济研究，2016，(9)：118－131.

[28] 李洪涛，谭智平，方兆本．深沪股市与香港股市的羊群效应之比较［J］．预测，2002，(6)：45－48.

[29] 李立辉．深沪a股上市公司投资价值的多层次综合评估［J］．系统工程理论与实践，2002，(7)：35－40.

[30] 李瑄．证券市场个体投资人特征对处置效应的影响［J］．中国市场，2017，(28)：53－54.

[31] 林斗志．价值投资在我国股市表现的实证分析［J］．财经科学，2004，(S1)：271－274.

[32] 刘东玉，龙梓童．羊群效应与不完全信息［J］．现代营销（下旬刊），2018，(11)：51.

[33] 刘强，赵振全．股票投资价值分析的dea方法［J］．工业技术经济，2004，(1)：106－109.

[34] 刘庆富，周程远．中国股票市场的非对称效应研究［J］．系统工程学报，2012，27（5）：648－655.

[35] 刘维奇，武翰章．投资者情绪会影响股票市场的误定价吗？——基于上证a股市场的实证研究［J］．金融与经济，2018，(3)：19－25.

[36] 刘应森．中国股市应以价值投资支持实体经济［J］．中央财经大学学报，2013，(9)：33－37.

[37] 罗嘉雯，陈浪南．基于贝叶斯因子模型金融高频波动率预测研究［J］．管理科学学报，2017，(8)：13－26.

[38] 罗炜，余琰，周晓松．处置效应与风险投资机构：来自 ipo 公司的证据 [J]．经济研究，2017，(4)：181－194.

[39] 马丽．中国股票市场羊群效应实证分析 [J]．南开经济研究，2016，(1)：144－153.

[40] 屈正阳．不同市场环境下个人投资者处置效应和参考点调整研究 [J]．中国物价，2017，(9)：57－60.

[41] 任德平，龚旭，文凤华，杨晓光．中国股票投资者的处置效应检验和参考价格选择 [J]．中国管理科学，2013，(3)：1－10.

[42] 宋军，乔嘉麒，缪一琳，吴冲锋．基于 a－H 股溢价率的价值投资策略研究 [J]．系统工程学报，2009，(5)：64－70.

[43] 宋军，吴冲锋．金融市场中羊群行为的成因及控制对策研究 [J]．财经理论与实践，2001，(6)：46－48.

[44] 苏政豪．股票投资决策中的处置效应及其应对策略 [J]．财经界（学术版），2016，(15)：100＋144.

[45] 孙美，刘亚萍．分行业研究价值投资在中国股市的适用性 [J]．决策与信息（财经观察），2008，(10)：24－25.

[46] 索罗斯．金融炼金术 [M]．海口：海南出版社，2016.

[47] 谈千里．A 股市场处置效应实证研究 [J]．纳税，2018，(30)：182＋184.

[48] 王春艳，欧阳令南．价值投资于中国股市的可行性分析 [J]．财经科学，2004，(1)：32－36.

[49] 王竞．价值投资策略在中国证券市场的有效性分析 [J]．财会月刊，2010，(12)：21－22.

[50] 王溥，胡方园．股市异常波动中信息传播特征研究——对 2015a 股异常波动的传播视域解读 [J]．新闻研究导刊，2015，(20)：233－234.

[51] 王一茸，刘善存．投资者情绪与股票收益：牛熊市对比及中美比较 [J]．北京航空航天大学学报（社会科学版），2009，24（1）：74－80.

[52] 王宗润，谢楠，贺志芳．基于 garch－V 模型的处置效应研究

[J]. 控制与决策, 2019, (9): 1955-1963.

[53] 肖军, 徐信忠. 中国股市价值反转投资策略有效性实证研究 [J]. 经济研究, 2004, (3): 55-64.

[54] 肖琳, 赵大萍, 房勇. 中国融资融券业务处置效应的实证分析 [J]. 中国管理科学, 2018, (9): 41-51.

[55] 熊大顺. 中国证券市场投资者处置效应的实证研究 [J]. 湖南医科大学学报 (社会科学版), 2007, (2): 59-61.

[56] 徐建国. 中国a股指数的过度波动 [J]. 金融研究, 2010, (8): 94-111.

[57] 徐信忠, 郑纯毅. 中国股票市场动量效应成因分析 [J]. 经济科学, 2006, Vol. 28 (1): 85-99.

[58] 薛旎. 个人投资者的处置效应研究 [D]. 南京大学, 2018.

[59] 杨德明, 林斌. 信息泄漏、处置效应与盈余惯性 [J]. 管理科学学报, 2009, (5): 110-120.

[60] 杨继红, 王浣尘. 我国货币政策是否响应股市泡沫的实证分析 [J]. 财贸经济, 2006, (3): 38-40.

[61] 姚辉, 武婷婷. 兼顾基本面与估值指标的价值投资策略实证研究——来自2000-2013年中国沪深a股市场的经验数据 [J]. 投资研究, 2014, (11): 123-138.

[62] 尹志超, 宋全云, 吴雨. 金融知识、投资经验与家庭资产选择 [J]. 经济研究, 2014, (4): 62-75.

[63] 余剑峰. 考虑异质信念和相对表现的资产定价研究 [D]. 浙江大学, 2017.

[64] 曾贵, 李轶敏. 价值投资在我国股市的适用性研究 [J]. 湖南财政经济学院学报, 2015, (3): 61-68.

[65] 翟泓森, 任达. 关于上证a股指数处置效应的实证分析 [J]. 重庆理工大学学报 (自然科学), 2016, (7): 149-156.

[66] 张恩众. 正反馈交易对证券市场的影响——来自上海证券市场的

证据［J］. 山东社会科学，2009，(10)：83 -86.

［67］张伟强，王珺，廖理．中国个人权证投资者处置效应研究［J］. 清华大学学报（哲学社会科学版），2011，(4)：112 -122 +160.

［68］张兴龙．信息传播渠道差异与股票定价研究［D］. 天津大学，2014.

［69］张月芳．我国机构投资者处置效应及其影响因素研究［D］. 重庆理工大学，2019.

［70］赵静梅，何欣，吴风云．中国股市谣言研究：传谣、辟谣及其对股价的冲击［J］. 管理世界，2010，(11)：38 -51.

［71］赵静梅，何欣，吴风云．中国股市谣言研究：传谣、辟谣及其对股价的冲击［J］. 管理世界，2010，(11)：38 -51.

［72］赵胜民，闫红蕾，张凯．Fama - French 五因子模型比三因子模型更胜一筹吗——来自中国 a 股市场的经验证据［J］. 南开经济研究，2016，(2)：41 -59.

［73］郑瑶，董大勇，朱宏泉．异质性情绪影响股市羊群效应吗？——来自互联网股票社区的证据［J］. 系统工程，2016，(9)：9 -14.

［74］周雯静，刘毅，陈冉．我国 a 股市场投资策略设计及对比［J］. 中国国际财经（中英文），2017，(6)：195 -197.

［75］周月刚，雷晓燕．参考价格分布和股票回报：基于处置效应的分析［J］. 经济学（季刊），2011，(3)：1039 -1060.

［76］朱光伟，蒋军，王擎．信用账户杠杆、投资者行为与股市稳定［J］. 经济研究，2020，(2)：84 -100.

［77］朱培金．基于 dma 方法的通货膨胀预测研究［J］. 统计与决策，2017，(2)：9 -13.

［78］Adams M. Pedagogical Strategies for Incorporating Behavioral Finance Concepts in Investment Courses［J］. Journal of College Teaching & Learning，2007，4（542）：21 -32.

［79］Akerlof G A，Shiller R J. Animal Spirits［M］. 2013.

［80］Allen F，Gale D. From Cash - in - the - Market Pricing to Financial

Fragility [J]. Journal of the European Economic Association, 2005, 3 (2): 535 -546.

[81] Amos T, Daniel K. Advances in Prospect Theory: Cumulative Representation of Uncertainty [J]. Journal of Risk and Uncertainty, 1992, (4).

[82] Asch S E. Social Psychology [J]. American Journal of Sociology, 1952, 35 (6): 101 -101.

[83] Baker M, Wurgler J. Investor Sentiment and the Cross - Section of Stock Returns [J]. The Journal of Finance, 2006, 61 (4): 1645 -1680.

[84] Baker W E, Faulkner R R. Diffusion of Fraud: Intermediate Economic Crime and Investor Dynamics [J]. Criminology, 2003, 41 (4): 1173 - 1206.

[85] Banerjee A V. The Economics of Rumours [J]. Review of Economic Studies, 1993, 60 (2): 309 -327.

[86] Banz R W. The Relationship between Return and Market Value of Common Stocks [J]. Journal of Financial Economics, 1981, 9 (1): 3 -18.

[87] Barber J F. Digital Archiving and "the New Screen" [M]. 2008.

[88] Berkman H, Koch P D. Disagreement, Short Sale Constraints, and Speculative Trading before Earnings Announcements [J]. Ssrn Electronic Journal, 2008.

[89] Bertrand M, Duflo E, Mullainathan S. How Much Should We Trust Differences - in - Differences Estimates? [J]. Social Science Electronic Publishing, 2004, 119 (1): 249 -275.

[90] Black F. Noise [J]. Journal of Finance, 1986, 41 (3): 529 - 543.

[91] Byrne J P, Korobilis D, Ribeiro P J. On the Sources of Uncertainty in Exchange Rate Predictability [J]. International Economic Review, 2017, 59 (1).

[92] Camerer C, Babcock L, Loewenstein G, Thaler R. Labor Supply of New York City Cabdrivers: One Day at a Time [J]. Quarterly Journal ofEconom-

ics, 1997, 112 (2): 407 -441.

[93] Carter J R, Irons M D. Are Economists Different, and If So, Why? [J]. Journal of Economic Perspectives, 1991, 5 (2): 171 -177.

[94] Carvalho C, Klagge N, Moench E. The Persistent Effects of a False News Shock [J]. Social Science Electronic Publishing, 2009.

[95] Chan L K C, Hamao Y, Lakonishok J. Fundamentals and Stock Returns in Japan [J]. Journal of Finance, 1991, 46 (5): 1739 -1764.

[96] Chang E C, Cheng J W, Khorana A. An Examination of Herd Behavior in Equity Markets: An International Perspective [J]. Journal of Banking and Finance, 2000, 24 (10): 1651 -1679.

[97] Chen N F, Roll R, Ross S A. Economic Forces and the Stock Market [J]. Journal of Business, 1986, 59 (3): 383 -403.

[98] Chiang T C, Tan L, Li J, Nelling E. Dynamic Herding Behavior in Pacific - Basin Markets: Evidence and Implications [J]. Multinational Finance Journal, 2013, 17: 165 -200.

[99] Chinco A, Clark - Joseph A D, Mao Y. Sparse Signals in the Cross - Section of Returns [J]. Nber Working Papers, 2017.

[100] Cho S S, Shin J S, Byun J. The Value of a Two - Dimensional Value Investment Strategy: Evidence from the Korean Stock Market [J]. Emerging Markets Finance & Trade, 2012, 48 (s2): 58 -81.

[101] Christie W G, Huang R D. Following the Pied Piper: Do Individual Returns Herd around the Market? [J]. Financial Analysts Journal, 1995, 51 (4): 31 -37.

[102] Cipriani M, Guarino A. Herd Behavior in Financial Markets: An Experiment with Financial Market Professionals [J]. Journal of the European Economic Association, 2009, 7 (1): 206 -233.

[103] Clark P K. A Subordinated Stochastic Process Model with Finite Variance for Speculative Prices [J]. Econometrica, 1973, 41 (1): 135 -155.

[104] Cootner P H. The Random Character of Stock Market Prices [J]. Econometrica, 1967, 36 (36):

[105] Corsetti G, Pericoli M, Sbracia M. 'Some Contagion, Some Interdependence': More Pitfalls in Tests of Financial Contagion [J]. Journal of International Money and Finance, 2005, 24 (8): 1177 -1199.

[106] Coval J D, Shumway T. Is Sound Just Noise? [J]. Journal of Finance, 2001, 56 (5): 1887 -1910.

[107] Dangl T, Halling M. Predictive Regressions with Time - Varying Coefficients [J]. Journal of Financial Economics, 2012, 106 (1): 157 -181.

[108] Davies P L, Canes M. Stock Prices and the Publication of Second - Hand Information [J]. Journal of Business, 1978, 51 (1): 43 -56.

[109] De Bondt W F M, Thaler R H. Does the Stock Market Overreact [J]. Journal of Finance, 1985, 40 (3): 793 -805.

[110] De Long J B, Shleifer A, Summers L H, Waldmann R. Positive Feedback Investment Strategies and Destabilizing Rational Speculation [J]. Journal of Finance, 1990, 45 (2): 379 -395.

[111] Deutsch M, Gerard H B. A Study of Normative and Informational Social Influences Upon Individual Judgment [J]. The Journal of Abnormal and Social Psychology, 1955, 51 (3): 629 -636.

[112] Ding Z, Granger C W J, Engle R F. A Long Memory Property of Stock Market Returns and a New Model [J]. Journal of Empirical Finance, 1993, 1 (1): 83 -106.

[113] Dong L. A Self - Adapting Herding Model: The Agent Judge - Abilities Influence the Dynamic Behaviors [J]. Physica A Statistical Mechanics & Its Applications, 2008, 387 (23): 5868 -5873.

[114] Duffee G R. Stock Returns and Volatility: A Firm - Level Analysis [J]. Journal of Financial Economics, 1995, 37 (3): 399 -420.

[115] Eguíluz V M, Zimmermann M G. Transmission of Information and

Herd Behavior: An Application to Financial Markets [J]. Physical Review Letters, 2000, 85 (1): 5659 -5662.

[116] Fama E F, French K R. Common Risk Factors in the Returns on Stocks and Bonds [J]. Journal of Financial Economics, 1993, 33 (1): 3 -56.

[117] Fama E F, French K R. Multifactor Explanations of Asset Pricing Anomalies [J]. Journal of Finance, 1996, 51 (1): 55 -84.

[118] Fama E F. Efficient Capital Markets: A Review of Theory and Empirical Work [J]. Journal of Finance, 1970, 25 (2): 383 -417.

[119] Fama E F. Market Efficiency, Long - Term Returns, and Behavioral Finance [J]. Journal of Financial Economics, 1998, 49 (3): 283 -306.

[120] Fang L, Peress J, Zheng L. Does Your Fund Manager Trade on the News? Media Coverage, Mutual Fund Trading and Performance [M]. 2009.

[121] Feltham A G, Ohlson J. Valuation and Clean Surplus Accounting for Operating and Financial Activities [J]. Contemporary Accounting Research, 1995, 11 (2): 689 -731.

[122] Frazzini A, Kabiller D, Pedersen L H. Buffett's Alpha [J]. Financial Analysts Journal, 2018, 74 (4): 35 -55.

[123] Frederick S. Cognitive Reflection and Decision Making [J]. Journal of Economic Perspectives, 2005, 19 (4): 25 -42.

[124] Galdi F C, Lopes A B. Limits to Arbitrage and Value Investing: Evidence from Brazil [J]. Social Science Electronic Publishing, 2013, 14 (2): 107 - 137.

[125] Gao Y, Oler D. Rumors and Pre - Announcement Trading: Why Sell Target Stocks before Acquisition Announcements? [J]. Review of Quantitative Finance and Accounting, 2012, 39 (4): 485 -508.

[126] Gaulin S J C, McBurney D H. Psychology: An Evolutionary Approach [M]. 2nd ed. : Pearson, 2004.

[127] Genesove D, Mayer C J. Loss Aversion and Seller Behavior: Evi-

dence from the Housing Market [J]. Quarterly Journal of Economics, 2001, 116 (4): 1233 - 1260.

[128] Graham B, Dodd D. Security Analysis: Principles and Technique [M]. 4th ed. New York: Mcgraw Hill, 1962.

[129] Graham J R. Herding among Investment Newsletters: Theory and Evidence [J]. Social Science Electronic Publishing, 1999, 54 (1): 237 - 268.

[130] Grinblatt M, Han B. Prospect Theory, Mental Accounting, and Momentum [J]. Journal of Financial Economics, 2005, 78 (2): 311 - 339.

[131] Gu S, Kelly B T, Xiu D. Empirical Asset Pricing Via Machine Learning [J]. Social Science Electronic Publishing, 2018.

[132] Haigh M S, List J A. Do Professional Traders Exhibit Myopic Loss Aversion? An Experimental Analysis [J]. Journal of Finance, 2010, 60 (1): 523 - 534.

[133] Holt C A, Laury S K. Risk Aversion and Incentive Effects [J]. American Economic Review, 2002, 92 (5): 1644 - 1655.

[134] Hong H G, Scheinkman J A, Xiong W. Asset Float and Speculative Bubbles [J]. Journal of Finance, 2005, 61 (3): 1073 - 1117.

[135] Huberman G, Regev T. Contagious Speculation and a Cure for Cancer: A Nonevent That Made Stock Prices Soar [J]. Journal of Finance, 2001, 56 (1): 387 - 396.

[136] Jagannathan R, Wang Y. Lazy Investors, Discretionary Consumption, and the Cross - Section of Stock Returns [J]. Journal of Finance, 2007, 62 (4): 1623 - 1661.

[137] Jegadeesh N, Titman S. Returns to Buying Winners and Selling Losers: Implications for Stock Market Efficiency [J]. Journal of Finance, 1993, 48 (1): 65 - 91.

[138] Kabir M H, Shakur S. Regime - Dependent Herding Behavior in Asian and Latin American Stock Markets [J]. Pacific - basin Finance Journal,

2018, 47: 60 – 78.

[139] Kahneman D, Knetsch J L, Thaler R H. Anomalies: The Endowment Effect, Loss Aversion, and Status Quo Bias [J]. Journal of Economic Perspectives, 1991, 5 (1): 193 – 206.

[140] Kahneman D, Lovallo D. Timid Choices and Bold Forecasts: A Cognitive Perspective on Risk Taking [J]. Management Science, 1993, 39 (1): 17 – 31.

[141] Kahneman D, Tversky A. Prospect Theory: An Analysis of Decision under Risk [J]. Econometrica, 1979, 47 (2): 263 – 291.

[142] Kahneman D, Varey C A. Propensities and Counterfactuals: The Loser That Almost Won [J]. Journal of Personality and Social Psychology, 1990, 59 (6): 1101 – 1110.

[143] Kelly P J, Meschke F. Sentiment and Stock Returns: The Sad Anomaly Revisited [J]. Journal of Banking and Finance, 2010, 34 (6): 1308 – 1326.

[144] Keynes J M. The General Theory of Employment, Interest and Money [M]. Limnology & Oceanography. 1936: 28 – 36.

[145] Kiymaz H. The Effects of Stock Market Rumors on Stock Prices: Evidence from an Emerging Market [J]. Journal of Multinational Financial Management, 2001, 11 (1): 105 – 115.

[146] Ko K C, Lin S J, Su H J, Chang H H. Value Investing and Technical Analysis in Taiwan Stock Market [J]. Pacific – Basin Finance Journal, 2014, 26 (3): 14 – 36.

[147] Koop G, Korobilis D. Forecasting Inflation Using Dynamic Model Averaging [J]. International Economic Review, 2012, 53 (3): 867 – 886.

[148] Koop G, Korobilis D. Uk Macroeconomic Forecasting with Many Predictors: Which Models Forecast Best and When Do They Do So? [J]. Economic Modelling, 2011, 28 (5): 2307 – 2318.

[149] Koutmos G. Do Emerging and Developed Stock Markets Behave Alike? Evidence from Six Pacific Basin Stock Markets [J]. Journal of International Financial Markets Institutions & Money, 1997, 7 (3): 221 -234.

[150] Lakonishok J, Shleifer A, Vishny R W. Contrarian Investment, Extrapolation, and Risk [J]. Journal of Finance, 1994, 49 (5): 1541 -1578.

[151] Lakonishok J, Shleifer A, Vishny R W. The Impact of Institutional Trading on Stock Prices [J]. Journal of Financial Economics, 1992, 32 (1): 23 -43.

[152] Lettau M, Campbell J Y. Dispersion and Volatility in Stock Returns: An Empirical Investigation [J]. Cepr Discussion Papers, 1998:

[153] Lintner J. The Valuation of Risk Assets and the Selection of Risky Investments in Stock Portfolios and Capital Budgets [J]. The Review of Economics and Statistics, 1965, 47 (1): 13 -37.

[154] Loewenstein G F, Weber E U, Hsee C K, Welch N. Risk as Feelings [J]. Psychological Bulletin, 2001, 127 (2): 267.

[155] Lucas R E. Asset Prices in an Exchange Economy [J]. Econometrica, 1978, 46 (6): 1429 -1445.

[156] Lumsdaine, L. R. Correlation, Models, and Risk Management in Challenging Times [J]. Journal of Financial Econometrics, 7 (1): 40 -51.

[157] Markowitz H. Portfolio Selection [J]. Journal of Finance, 1952, 7 (1): 77 -91.

[158] Marwell G, Ames R E. Economists Free Ride, Does Anyone Else?: Experiments on the Provision of Public Goods, Iv [J]. Journal of Public Economics, 1981, 15 (3): 295 -310.

[159] Meyer B D. Natural and Quasi - Experiments in Economics [J]. Journal of Business & Economic Statistics, 1995, 13 (2): 151 -161.

[160] Milgram S. Obedience to Authority [J]. Anthropology Today, 1974, 39 (3).

[161] Morck R, Yeung B, Yu W. The Information Content of Stock Markets: Why Do Emerging Markets Have Synchronous Stock Price Movements? [J]. Journal of Financial Economics, 2000, 58 (1): 215 -260.

[162] Odean T. Are Investors Reluctant to Realize Their Losses [J]. Journal of Finance, 1998, 53 (5): 1775 -1798.

[163] Ozdenoren E, Yuan K. Feedback Effects and Asset Prices [J]. Journal of Finance, 2008, 63 (4): 1939 -1975.

[164] Peterson R L. "Buy on the Rumor:" Anticipatory Affect and Investor Behavior [J]. The Journal of Psychology and Financial Markets, 2002, 3 (4): 218 -226.

[165] Piotroski J D, So E C. Identifying Expectation Errors in Value/Glamour Strategies: A Fundamental Analysis Approach [J]. Review of Financial Studies, 2012, 25 (9): 2841 -2875.

[166] Polk C, Sapienza P. The Stock Market and Corporate Investment: A Test of Catering Theory [J]. Review of Financial Studies, 2009, 22 (1): 187 -217.

[167] Raftery A E, Karný M, Ettler P. Online Prediction under Model Uncertainty Via Dynamic Model Averaging: Application to a Cold Rolling Mill [J]. Technometrics, 2010, 52 (1): 52 -66.

[168] Redelmeier D A, Tversky A. On the Framing of Multiple Prospects [J]. Psychological Science, 1992, 3 (3): 191 -193.

[169] Roll R. Industrial Structure and the Comparative Behavior of International Stock Market Indices [J]. Journal of Finance, 1992, 47 (1): 3 -41.

[170] Ross S A. The Arbitrage Theory of Capital Asset Pricing [J]. Journal of Economic Theory, 1976, 13 (3): 341 -360.

[171] Rothchild J, Lynch P. Beating the Street [J]. 1994.

[172] Rubinstein M. The Valuation of Uncertain Income Streams and the Pricing of Options [J]. Bell Journal of Economics, 1976, 7 (2): 407 -425.

[173] Scharfstein D S, Stein J C. Herd Behavior and Investment [J]. American Economic Review, 1990, 80 (3): 465 -479.

[174] Seisuke S, Shotaro M. Fundamental Factor Models Using Machine Learning [J]. Journal of Mathematical Finance, 2018, (1).

[175] Sentana E, Wadhwani S. Feedback Traders and Stock Return Autocorrelations: Evidence from a Century of Daily Data [J]. Economic Journal, 1992, 102 (411): 415 -425.

[176] Sharpe W F. Capital Asset Prices: A Theory of Market Equilibrium under Conditions of Risk [J]. Journal of Finance, 1964, 19 (3): 425 -442.

[177] Shefrin H, Statman M. Behavioral Capital Asset Pricing Theory [J]. Journal of Financial & Quantitative Analysis, 1994, 29 (3): 323 -349.

[178] Shefrin H, Statman M. The Disposition to Sell Winners Too Early and Ride Losers Too Long: Theory and Evidence [J]. Journal of Finance, 1985, 40 (3): 777 -790.

[179] Tan L, Chiang T C, Mason J R, Nelling E. Herding Behavior in Chinese Stock Markets: An Examination of a and B Shares [J]. Pacific - Basin Finance Journal, 2008, 16 (1): 61 -77.

[180] Xue Y, Zhang C, Zhou C, Lin X, Li Q. An Effective News Recommendation in Social Media Based on Users' Preference; proceedings of the international workshop on education technology and training & international workshop on geoscience and remote sensing [C]. 2008.

[181] Zheng B, Ren F, Trimper S, Zheng D F. A Generalized Dynamic Herding Model withFeed - Back Interactions [J]. Physica A Statistical Mechanics & Its Applications, 2004, 343 (1): 653 -661.